河北省社会科学基金项目：乡村振兴视域下河北省农村基层党组织工作质量评价体系有效性研究。项目批准号：HB20MK020

乡村振兴下的河北农村基层党组织工作研究

郑时雨　史常秀　张金涛◎著

吉林大学出版社

·长春·

图书在版编目（CIP）数据

乡村振兴下的河北农村基层党组织工作研究 / 郑时雨, 史常秀, 张金涛著. -- 长春 : 吉林大学出版社, 2022.6

ISBN 978-7-5768-0455-3

Ⅰ. ①乡… Ⅱ. ①郑… ②史… ③张… Ⅲ. ①中国共产党—农村—基层组织—工作—研究—河北 Ⅳ. ① D267.2

中国版本图书馆 CIP 数据核字 (2022) 第 170451 号

书　　名	乡村振兴下的河北农村基层党组织工作研究 XIANGCUN ZHENXING XIA DE HEBEI NONGCUN JICENG DANGZUZHI GONGZUO YANJIU
作　　者	郑时雨　史常秀　张金涛　著
策划编辑	殷丽爽
责任编辑	董贵山
责任校对	矫　正
装帧设计	李文文
出版发行	吉林大学出版社
社　　址	长春市人民大街 4059 号
邮政编码	130021
发行电话	0431-89580028/29/21
网　　址	http:/ / www. jlup. com. cn
电子邮箱	jldxcbs@ sina. com
印　　刷	天津和萱印刷有限公司
开　　本	787mm × 1092mm　1/16
印　　张	12
字　　数	213 千字
版　　次	2023 年 1 月　第 1 版
印　　次	2023 年 1 月　第 1 次
书　　号	ISBN 978-7-5768-0455-3
定　　价	72. 00 元

前　言

在历史发展新阶段，乡村的振兴是党中央带领人民实现中国梦的一项重大任务。农村基层党组织作为党在农村全部工作和战斗力的基础，全面领导农村的各项工作和其他组织，是推动实施乡村振兴战略、实现两个百年奋斗目标的重要力量，具有重要的战斗堡垒作用。农村基层党组织作为党的基层组织，对于推动农村改革发展以及将党的路线、方针、政策落实到农村从而指导基层治理，占据着重要地位，具有不可或缺的作用。新形势下，如何发挥农村基层党组织引领农村社会发展的带头作用，如何满足新时代农村发展的现实需要、实现乡村振兴，需要我们深入地思考。

本书共六章，第一章为乡村振兴战略概述，分别介绍了乡村振兴战略的内容、背景、原则、基础和意义；本书第二章为农村基层党组织与乡村振兴的关系，主要内容依次为农村基层党组织介绍、乡村振兴对农村基层党组织工作提出的新要求和农村基层党组织工作在乡村振兴中的地位作用；本书第三章为乡村振兴视阈下河北农村基层党组织工作的内容，分别介绍了四个方面的内容，依次是基层党组织政治建设工作、基层党组织队伍建设工作、基层党组织制度建设工作和基层党组织能力建设工作；本书第四章为农村基层党组织工作考核评价体系构建的意义，分别从有助于更好地实施党的乡村振兴战略、有助于强化农村基层党组织的功能和有助于激发农村基层党组织和党员干部在乡村振兴中的内生动力三个方面进行介绍；本书第五章为农村基层党组织工作质量评价指标体系现状分析，主要介绍了四个方面的内容，分别是当前农村基层党组织工作质量考核评价工作的基本状况、存在的基本新问题、低效的考核评价工作所带来的危害和农村基层党组织工作质量考核评价工作低效的原因；本书第六章为河北省农村基层党组织工作质量评价体系优化，分别介绍了工作质量评价体系构建的理论依据、工作质量评价体系构建的原则和提升基层党组织工作质量评价的路径三个方面的内容。

在撰写本书的过程中，作者得到了许多专家学者的帮助和指导，参考了大量的学术文献，在此表示真诚的感谢！本书内容系统全面，论述条理清晰、深入浅出。

限于作者水平有不足，加之时间仓促，本书难免存在一些疏漏，在此，恳请同行专家和读者朋友批评指正！

作者

2022 年 2 月

目录

第一章 乡村振兴战略概述

本章为乡村振兴战略概述，共分为五节。第一节为乡村振兴战略的内容，第二章为乡村振兴战略的背景，第三节为乡村振兴战略的原则，第四节为乡村振兴战略的基础，第五节为乡村振兴战略的意义。

第一节 乡村振兴战略的内容

实施乡村振兴战略的“二十字”方针，即产业兴旺、生态宜居、乡风文明、治理有效、生活富裕。实施乡村振兴战略，实际上是对“新农村建设”的推进和升华。足可以看出其定位之高。它们之间的微妙的变化在哪里？从生产发展到产业兴旺，颠覆了我们现有的认识，农业不再是单一地提供农产品，它还能够带来非物质的精神享受，营造浓郁的人情味和自然情怀。从改变村容村貌到生态宜居，扩展了原有的内涵，农村要实现宜居、宜业、生产、生活、生态的统一。乡风文明就是要实现农村每一个角落都是祥和的。从管理民主到治理有效，拓宽了治理机制。我们把农民生活从吃饱饭提升到享受美好生活的层面上来。乡村振兴与以人为核心的新型城镇化，二者相辅相成、相互促进。从生活宽裕到生活富裕，可以看出实施乡村振兴战略就是实现共同富裕。乡村振兴战略保证了实现中国特色的城镇化的过程与必然走向高度城镇化的结果之间的一致性。乡村振兴战略的实施可以避免城镇化进程中可能会出现的一些不利的后果，如因为过度城镇化而导致的农业衰退、农村凋敝，农民生活的改善滞后于经济发展等情况。正如马克思强调：“只有使工业生产和农业生产发生密切的内部联系，并使交通工具随着由此产生的需要扩充起来……才能使农村人口从他们数千年来几乎一成不变地栖息在里面的那种孤立和愚昧的状态中挣脱出来。”[①]“把农业和工业结合起来，促使城乡

① 马克思，恩格斯．马克思恩格斯选集：第 2 卷 [M]. 北京：人民出版社，1995.

对立逐步消灭”。[①] 城镇化进程中农村也不能衰落，要相得益彰、相辅相成。

一、乡村振兴的总体要求

（一）产业兴旺

产业发展繁荣对于成功实现整个乡村经济快速振兴的重要意义就在于它如同一块好的基石一般，而成功实现这一点最重要的就在于要大力发展现代化农业。何为现代化农业？它是指主要通过体系机制创新、科技革命性创新、组织革命性创新和经营管理革命，提高农业机械化程度、良种化程度、标准化水平，促进农林牧渔和其他农产品加工业变革与改造。产业兴旺是乡村振兴战略的核心，其中农业现代化是重中之重，主要举措包括在坚持耕地红线和土地基本制度的前提下，通过科技创新、机制创新等深化农业产业和供给侧结构的改革，加快培育新型农民、引进新型农业技术、开发特色农产品，实现农业生产的规模化、技术化和集群化；在农业发展基础上，通过挖掘乡村文化特色，发展乡村旅游，加快文化产业孵化，加强乡村一二三产业融合，提高乡村发展的内生动力和吸引力。

经济基础决定上层建筑。乡村经济不发展，就无法实现振兴。而乡村经济发展的关键在于产业的发展。只有实现农村产业持续健康地发展，农村才能吸引更多的劳动力、资本、技术等生产要素。我国是一个农业大国，农业是乡村经济的支柱。在农业生产方面，要提高农业结构优化进程，推动增产向增优转变，注重农产品质量和效益，实现农业强国。但是，乡村的振兴不能完全依靠农业。在发展农业的同时，要充分利用各地的特色资源和文化基础，培育助推乡村发展的内生动能，在此基础上打造特色产业，实现乡村产业振兴。乡村的产业兴旺，不是单纯地强调产业的经济效益，而是乡村多元经济相互渗透、融合、发展的一种状态。它立足于农村发展的全局，强调乡村经济发展的综合能力。在乡村振兴战略的系统框架中，产业兴旺是首要任务，同时也是一项长期性的工程，需要整体规划、全面施策。

（二）生态宜居

提升乡村经济发展水平的一个重要保障就是实现生态宜居。生态宜居的内容非常广泛，它不仅指一个村庄的面貌整洁，社会基础设施健全，还指一种敬畏大自然、保护好大自然、顺应大环境的生态与文明观念。它倡导乡村生态系统的保

① 马克思，恩格斯．马克思恩格斯文集：第 2 卷 [M]. 北京：人民出版社，2009.

护、乡村环境污染的整治以及人和自然的和谐共生。生态宜居是对乡村环境提出的要求，主要指通过加强乡村基础设施建设、生活服务机构建设、推广清洁能源等改善乡村生态环境、优化乡村景观、加强乡村防灾减灾工作，转变乡村生产生活方式、提高乡村生活环境的舒适度和便利性、切实提高乡村生活的幸福感。

生态兴则文明兴，生态衰则文明衰。生态文明理念是推进乡村振兴的行动指南。过去，我们过于强调经济发展的速度和规模，忽视了生态环境的保护，导致近年来乡村“脏、乱、差”现象极其严重。生态问题不仅限制了农村地区的发展空间，也影响了农民群众日常的生产、生活。进入新时代，社会的主要矛盾发生了变化。人民在生存型需要已基本得到满足的基础上，产生了追求发展型、享受型的美好生活需要。显然，良好的生态环境是满足人民美好生活需要的前提。对于农民来说，良好的生态环境不仅仅是他们日常生活、生产的场所，也是农村与生俱来的潜在优势和可贵财富。因而，建设生态宜居的美丽乡村，既能保障农民的生活质量，又能推进农村经济良性发展。总的来说，打造生态宜居之地不仅是党和国家对农村环境的要求，也是满足农民美好生活需要的现实根基。它是一项庞大的系统工程，需要在观念、行为两个层面上统筹规划。

（三）乡风文明

乡风文明在精神风貌方面对乡村发展提出了内在要求，主要指大力发展公共文化事业，加快科学文化普及，丰富乡村精神文明生活，提高村民科学文化素质；挖掘乡村文明底蕴，传承弘扬乡村生态文化、农耕文化、民俗文化等传统文化，进一步建设当代乡村先进文化，提升乡村凝聚力和文化自信。文明的乡风是乡村建设的灵魂所在。推动乡村居民医疗卫生、教育等各项事业的繁荣和谐发展；不断提高农村居民基础性社会公共服务设施供给保障水平；努力坚持大力发展和弘扬中国民族特色科学社会主义精神为主要民族本质和核心的中国特色社会主义核心价值观，持续继承和弘扬中华优秀的民族传统美德；努力加快实现中国农村优秀传统文化与现代文明完美有机的结合，这些都是推进农村乡风文明发展的应有之义。

党的十六届五中全会第一次提出了“乡风文明”的概念。在随后国家的“十一五”规划纲要、“十二五”规划纲要以及“十三五”规划纲要中，均提出了乡风文明建设。党的十九大提出乡村振兴战略，仍将乡风文明作为目标要求之一。可见，乡风文明建设是我国农村发展过程中必不可少的关键环节。乡风文明，是一个乡村内在的涵养与气度，集中体现了乡村的精气神。在文明乡风的熏陶下，人们能养成淳朴、善良的品格。虽然乡风不成条文，但它获得人们的普遍认可，在一定程度上能牵制和规诫农民日常的言行举止。乡风的文明与否，关系到乡村的和谐。文明的乡风就是招牌，能为乡村带来良好的效应。若乡村缺失了乡风文明，它就只是一个空架子。即使堆砌得再宽再高，最终也会崩塌。乡风文明是乡村振兴的核心内涵。因此，我们要充分发挥乡风在乡村振兴当中的重要作用。

（四）治理有效

治理有效在乡村振兴中具有制度方面的基础性保障作用，主要指通过乡村基层组织建设，完善基层治理体系，实现乡村管理的科学化和高效率。其核心在于重塑乡村自治制度，建设以基层党组织为领导、村民广泛参与的民主化管理制度，加快建设村民意见反馈及村务参与渠道，实现乡村共建共治。乡村建设治理工作的核心问题在于如何实现治理高效。现代中国农村经济社会监督治理体系制度建设应当切实做到遵循党的领导、政府直接负责、社会主体协同、人民群众积极参与等原则；现代乡村社会管理体系建设应该真正做到自我监督治理、法律法规管理、道德规范管理的结合。

“治理有效”的最初表达，要溯源于社会主义新农村建设中的“管理民主”。“管理民主”强调的是主体的作用，核心在于制度建设。“治理有效”则更多强调治理主体多元化与治理结果有效性。从“管”到“治”，体现了新时代我国基层自治工作的新思路。实施乡村振兴战略，“治理有效”是根基。乡村治理的有效与否，在一定程度上能体现我国基层自治的成效，也能展现出农民群众对党和国家的信任。“治理有效”就好比乡村发展的一味定心丸，能给基层政府带来成就感，给农民群众带来归属感。同时，只有确保乡村治理有效，农村的经济、文化等方面的发展才有一个稳定的社会环境，乡村振兴战略的全面推进才有一个牢固的基础。

（五）生活富裕

生活富裕指乡村振兴要切实保障好村民的利益，让村民在乡村产业发展过程中切实获益，提高乡村收入水平和生活水平。有效遏制乡村以外出务工为主要收入来源导致人口外流、乡村发展活力降低等现象，立足乡村自身发展规律，通过挖掘乡村特色、明确乡村优势等，实现乡村收入结构优化，吸引人口回流。只有让农民收入继续保持较高或者更快的增长，不断地降低农民恩格尔系数，才能让广大农民群众有更多的闲钱可以用于其他消费，不断地减小我国广大城市和乡村农民收入水平差距，这样才能够让我们党和全国广大人民都有机会一起跨入全面小康，一起向着实现共同富裕的奋斗目标前行。

乡村振兴的终极目标是实现农民群众“生活富裕”。与新农村建设中的“生活宽裕”相比，“生活富裕”更加强调农民生活水准和生活品质的提升。生活富裕，不仅仅是农民物质上的富足，也包括教育、就业、基础设施、社会保障、医疗等方面的满足。首先，在教育方面要大力发展乡村教育。目前，乡村发展最欠缺的资源就是人才。乡村经济发展滞后，对外来人才没有吸引力。既然吸引不住外面的人才，那就发展乡村教育，造就一批本地人才。其次，在就业方面要促进农民就地就业。就业是增收的前提，要提供就业途径，增加就业机会，确保农民稳定就业、安全就业。再次，精心打造农村设备齐全、供应充足的基础设施。农村基础设施的建设一直是乡村治理中的薄弱环节。而要想提升农民生活质量，就必须在基础设施方面下功夫。接着，在社会保障方面要完善农村社会保障机制。努力满足农民对社会平等、自由等方面的需求，确保农民享有完备的社会保障。最后，在医疗方面要完善医保政策，保证农民群众的身心健康。如此一来，才能最大限度地解决农民群众在现实生活中最关心的利益问题，才能实现生活富裕。

这五个要求，相辅相成自成一个有机整体，它注重发挥乡村的主观能动性，在乡村本身的基础上刺激乡村迸发活力，在一定程度上可以提高穷困群众的内生动力和发展能力，有利于助力农村实现高质量脱贫，增加农民收入，走上致富之路。总体而言，乡村振兴战略是我国新时代在农村工作方面的伟大践诺。其中，产业兴旺是乡村振兴的稳固根基，反映了新时代农村经济发展的新要求。生态宜居是生态文明建设的首要任务，体现了农民群众对美好家园的向往。乡风文明是乡村振兴的铸魂工程，彰显了新时代农村的风采风貌。治理有效是乡村振兴的政治保障，明确了新时代乡村治理的新任务。生活富裕是乡村振兴的根本要求，表明了农民群众对未来生活的美好期盼。由此，我们要统一规划，全面发力，同时协调好这五个领域的发展，助推乡村全面振兴。

二、乡村振兴的五个方面

乡村振兴战略是用五大振兴来助力乡村振兴，这是具体措施。农民富、产业兴、农村有人气，要实现这样一个美丽的图景，就需要五大振兴共同发力、共同作用。

（一）产业振兴

乡村产业振兴是乡村全面振兴的物质保障。要在大力发展现代农业产业的基础上，推动乡村一二三产业相互促进、融合发展，有效拓展产业链条，逐步完善产业体系，致力于合力实现产业兴旺的发展目标。乡村产业振兴是乡村全面振兴的基础和前提。想要实现长远发展，归根结底要靠产业，通过发展壮大产业，让农村有“造血”能力，而不是一味依靠外部“输血”。要完善乡村产业发展政策，探索乡村产业发展新机制，为乡村产业发展扫清体制机构障碍。

一是要发展优势产业。可以兴办“田园综合体”和“特色小镇”，在不违背乡村特色和不破坏农村环境的基础上，充分利用农村地域和人文特色，促进城乡人口要素流动，带动农村经济发展。“惟此桃花源，四塞无他虞”这首诗是宋朝诗人沈晦在描述松阳的时候用的一句话，因此这个松阳也被看作诗人笔下的桃花源。而中国国家地理杂志则把松阳称之为“最后的江南秘境”。因为，移居这里的人们，早年的贫穷可谓是塞翁失马焉知非福，缺少财力、物力的他们保存了上百个让人惊艳的古村落，成就了最后的江南秘境，这是中国最古老的村庄，时间似乎在这里停止，现代生活似乎没有融入这里。这个浙江西南部的小镇——松阳被誉为世界的天堂。如今，松阳县坪田村已经改造了闲置的老房子，将传统与现代相结合，并将农业文化与城市文明相碰撞，老房子有了新气象，世外桃源焕发了新生机，乡村人气大涨，一派乡村振兴的新景象。乡村的振兴“使每个人都有充分的闲暇时间去获得历史上遗留下来的文化、科学、艺术、社交方式等等中一切真正有价值的东西”。① 二是要发展特色产业。湖北潜江，小龙虾趟出的三产融合之路，用“农户+公司”的模式，拓宽了农民就业增收的渠道。我们可以看到，乡村振兴的第一点就是必须要实现产业振兴，产业让乡村有活力。在城市里打拼困难的人们，或者在城镇化进程开始出去打拼的现在已经年老人，这些人可以回到农村，农村有了基本的产业做支撑，他们可以从事力所能及的工作，既留得住乡愁，也保住了自己的尊严。三是走科技兴农、智力支农的道路。马克思指出，“机器的改良和化学的进步使肥料具有了有用性”。② 首先党和国家要将传统农业部门的发展放在首位，完善农村基础设施建设，加快土地制度改革，建设高标准高质量农田，将传统农业部门的目标由追求高产量转向追求高质量。只有补齐农业部门的发展短板，才可以留住农村劳动力和高质量人才。其次，要加快农业现代化建设，建设现代农业产业园，将农业和休闲娱乐结合起来，为农业部门的创

① 马克思，恩格斯．马克思恩格斯选集：第 3 卷 [M]. 北京：人民出版社，1995.
② 马克思，恩格斯．马克思恩格斯文集：第 7 卷 [M]. 北京：人民出版社，2009.

新发展提供支持，从而促进传统农业部门向现代农业部门的转型升级。最后是发展规模经济。以工业化的方式从事农业劳动，“使小农明显地看到通过联合进行大规模经营的优越性”。[①] 恩格斯在《论住宅问题》中指出：“让联合起来的劳动者来经营大规模的农业，只有在这种巨大的规模下，才能应用一切现代工具、机器等等。”[②] 正如马克思恩格斯指出通过“实行强制性的干涉”，[③] 形成“按照一个统一的大的计划协调地配置自己的生产力的社会”。[④] 这也体现了要实现产业振兴，既要有“看不见的手”——运用市场规律整合资源、重新配置，又要有“看得见的手”——政府进行宏观调控。我们最终要实现的农业现代化，是在坚持农村土地集体所有制不变的基础上，实现小农户和现代农业发展的有机衔接。

（二）人才振兴

乡村人才振兴是乡村全面振兴的智力保障。要把人才培养和选拔放在更加突出的位置，不仅要加强对本地乡村人才的培养和选拔，还要注重吸引外地的乡村人才，做好招才引智工作。从外地吸引来的人才，要尽力服务好、保障好，努力让人才留得下、留得住。在本地培育的人才，既要注重技能的培养，也要重视情怀的培养，让培养出的人才真正为本地服务、为家乡服务。要创新人才振兴机制，愿意为人才开绿灯、走捷径，为乡村人才施展才华搭建平台，释放乡村人才的最大潜能。

要鼓励高素质人才进入农村，投身农村教育事业，鼓励农村劳动力由城市向农村有序合理回流，提高农村劳动力的收入，完善农业部门的分工，扩展劳动力在农业部门的就业渠道，继续改善乡村居民的居住环境，为农村留住人才提供外部条件。发展农业产业，提倡人才回乡。农村一定要后继有人，因为乡村振兴，人是关键，有了新鲜血液的持续输入，振兴乡村才不是无稽之谈。人才振兴需要的是新型的职业农民，一些农业社会化服务组织，一些真正的“新乡贤”，他们是未来乡村振兴的中坚力量。乡村振兴需要大量优秀的人才进入农村，需要爱农村、爱农业、懂生产、懂市场、有技术、会经营的新型职业人，让受过高等教育的年轻人作为“领头羊”，带领老乡增收致富，带动家乡振兴发展。

（三）文化振兴

乡村文化振兴是乡村全面振兴的精神保障。要注重保护本土特色文化和传统

① 马克思，恩格斯 . 马克思恩格斯选集：第 3 卷 [M]. 北京：人民出版社，1995.
② 马克思，恩格斯 . 马克思恩格斯选集：第 3 卷 [M]. 北京：人民出版社，2012.
③ 马克思，恩格斯 . 马克思恩格斯文集：第 2 卷 [M]. 北京：人民出版社，2009.
④ 马克思，恩格斯 . 马克思恩格斯文集：第 9 卷 [M]. 北京：人民出版社，2009.

风俗，在传承好农耕文化精髓、弘扬优秀传统文化的同时，也要注重对旧俗陈规的破除，消除不讲规矩讲人情、不讲规定讲面子的弊端。要激发农民的主人翁意识，激发农民积极主动参与乡村文化建设的热情，释放农民的主观能动性，形成农村文化农民建的发展共识。

要加大对农村资源的投资，提高农村人口文化素质，加强其思想品德教育，倡导农村人口加入到文化建设的队伍中。要延续传承农村文化，保护优秀的农村文化遗产，因为乡村文明是乡村振兴的强化剂。乡村振兴，产业是硬实力，文化是软实力，要让古老的农村焕发文明新风，就要发挥文化的作用。当农村进入崭新的繁荣时期，农民要实现“经济、政治、文化观念全面转变”。[①]让农民展现良好的精神风貌，农村拥有良好的社会秩序，在延续中华文明的同时，构建起现代化的乡村治理模式，实现乡村文明，增强乡村气质。惠州因地制宜借助本土文化打造特色乡村文化，以渔民文化创造乡村文化旅游特色，并以“百姓幸福舞台”等措施进一步净化乡村风貌，渗透到村民的生活中。增强农村的文明程度，法德同治、道德浸润群众心灵，成为这里一个重要的特征，农村整体风貌发生了变化。在乡村振兴过程中，文化振兴是一个非常重要的方面。

（四）生态振兴

乡村生态振兴是乡村全面振兴的环境保障。乡村振兴需要推动产业生态化，注重淘汰落后产能和高能耗、高污染的产业发展模式，引进更绿色、更环保、更可持续的发展项目。乡村振兴还要推动生态产业化，开发利用好乡村的生态资源，把更蓝的天、更清的水、更绿的草转换为发展优势，发展休闲农业、观光旅游，建设成“留得住乡愁”的美丽乡村。加强对农村突出环境的整治和生态环境的修复工作，完善农村生活设施设备，引导更加绿色的生活方式。

首先要促进农村绿色发展，充分利用农村良好的生态环境这一比较优势，发展农村经济，打造一条农业绿色发展产业链；其次要优化农村土地资源配置，加快农村土地制度改革，盘清农村闲置用地，将集体经济的发展落到实处；同时可以推进“农家乐”等生态体验类的服务供给，推进农村产业多元化发展。有了产业作支撑，有了人才作动力，又有了文化振兴作为软实力，生态振兴就是“人和自然之间矛盾的真正解决。”[②]“只有通过城市和乡村的融合，现在的空气、水和土地的污染才能排除”。[③]生态文明的价值堪比经济价值。乡村拥有其独特的自然风

① 马克思，恩格斯．马克思恩格斯文集：第 2 卷 [M]. 北京：人民出版社，2009.
② 马克思，恩格斯．马克思恩格斯文集：第 1 卷 [M]. 北京：人民出版社，2009.
③ 马克思，恩格斯．马克思恩格斯文集：第 3 卷 [M]. 北京：人民出版社，2009.

光，乡村田园风光，美丽而富有诗意，也许这就是城市居民所追求的“诗和远方”。拥有良好的生态环境，提升我们农村的村容村貌，这是农村发展的独特优势。乡村振兴不仅可以满足人们不断增长的物质和文化需求，更能满足人民群众对生态环境的需要。通过产业振兴打造和提升乡村价值，通过生态振兴打造和提升乡村“颜值”，使乡村兼具价值与颜值，这样的美丽乡村是我们所有人向往的地方。浙江安吉县是率先开展“中国美丽乡村”建设的，入选了全国幸福百强县。在有了一个基本的物质积累之后，我们更多地关注的是人文、生态的软环境。幸福是奋斗出来的，在生态振兴过程中，没有可以一蹴而就的事情，量变引起质变，只有脚踏实地一步一个脚印地改变，才能收获满满的幸福。

（五）组织振兴

乡村组织振兴是乡村全面振兴的组织保障。在当前乡村基层组织治理模式下，注重发挥选拔能人、贤人，吸收懂农业、爱农村、为农民的人才进入基层组织治理结构中，选好带头人、用好领路人、培养好接班人，打造有经验、有办法、有威望、有信仰的乡村振兴组织。

要完善农村政府部门职能，推进农村居民自治，要为农村基层党组织注入新鲜的血液。一方面，乡村振兴要坚持党管农村工作，加强农村基层党组织建设。一方面建立各类经济合作组织。我们看当年中国改革第一村安徽凤阳小岗村，它成立的“村企一体”性质的小岗村创业发展有限公司，负责集体资产的经营管理，年终村民可以以股东的身份参与分红。通过这样的一些经济组织，能够更有效地带领农民实现共同富裕，更好地实现双赢的发展。

所以，我们可以看到，产业、人才、文化、生态、组织振兴，这几大振兴的一个共同任务就是从不同的方面来推动乡村振兴的完成。实施乡村振兴战略需要科学谋划、统筹推进，乡村的建设是需要一砖一瓦堆砌而成的，实施乡村振兴战略，既要借鉴参考国际上的成功经验，同时也要立足于我们自己的情况，走出自己独特的发展道路。中国作为发展中国家，人多地少，面临的问题和困难最多，我们要努力通过实施乡村振兴战略探索出解决乡村问题的路径，走出中国特色现代化建设道路，发挥中国智慧，实现中国方案。

第二节　乡村振兴战略的背景

一、脱贫攻坚取得了重大历史性成就

（一）农村贫困人口实现全部脱贫

首先，党的十八大以来，农村脱贫不断取得显著成就，乡村全部实现了“两不愁三保障”，贫困人口不再为吃和穿担忧愁闷，生活质量显著提高，人们生活更有尊严，教育、医疗和住房都得到历史性解决，增强了人民的幸福感、获得感和安全感。其次，贫困地区和贫困人口的发展能力有所提高。一方面，水电路网道路交通等基础设施建设大幅增加，改变了以往闭塞和落后的状态，贫困人口能够更加便捷地获得资讯，从而使贫困群众更为开放多元，拥有更多发展机会。另一方面，国家加大对农村教育和职业技能培训投入力度，提高了贫困人口脱贫致富能力。所以，乡村环境的改善为农村产业发展带来活力，为乡村产业振兴奠定了坚实的基础。通过对乡村各个领域全方位的帮扶，最终中国共产党在2020年完成9899万农村贫困人口的全部脱贫，取得了令世界叹为观止的脱贫成绩，全国所有深度贫困地区全部脱贫，脱贫地区处处呈现山河巨变。当前，中国乡村消除了绝对贫困，脱贫攻坚的春风吹拂到祖国每个角落，无论是雪域高原、浩瀚沙漠，还是偏僻山区、壮阔秀美的梯田和石林，数以万计贫困人口的命运因此而改变，逐步过上了幸福生活。

（二）脱贫地区经济社会进步巨大

首先，经过多年脱贫奋斗，贫困地区经济实力持续增强，乡村产业得到历史性发展。一方面，现代农业得到发展，国家粮食安全得到保障，新一代信息技术向农业生产、经营、管理等方面延伸拓展，提高粮食产能。另一方面，产业形态不断丰富，依据各地不同的区域特色，培育新产业，例如特色旅游、休闲农业、乡村民宿等。逐步构建乡村利益联结机制，产业融合发展逐步成为趋势，回乡人员创业人数不断攀升，推动了乡村产业扎实推进。其次，农村基础设施建设进程取得重大进展，用电难、行路难、通信难、吃水难、就医难等问题得到解决。同时，交通、饮水、住房、教育等都得到保障，深度贫困山区的贫困人口告别溜索桥；人们饮水安全得到保障，喝上了干净水；住上整洁宽敞的砖瓦房，告别破败漏风的泥草屋。在教育方面，解决了农村学龄儿童上学难问题，义务教育阶段建档立卡，贫困家庭辍学学生实现动态清零，山区学校解决食宿问题。脱贫地区人们的生活产生翻天覆地的变化，生活更加幸福、便捷、有尊严。

（三）脱贫群众精神面貌焕然一新

脱贫攻坚不仅取得了物质上的累累硕果，精神上也收获颇丰，脱贫群众的精神面貌也焕然一新。第一，脱贫攻坚带来核心价值观的贯彻落实。在扶贫过程中，针对贫困户存在不文明、不健康、道德情感冷漠的观念和行为举办了一系列农村精神文明创建活动，以弘扬社会主义主流价值观，例如，道德讲堂、村综合文化服务中心、志愿服务活动、村民村规等都对村民精神面貌的改变起到潜移默化的作用。从思想层面激活贫困群众焕发积极向上的精气神，广泛弘扬文明新风，以艰苦奋斗的精神激励贫困群众用自己的双手创造幸福生活，使得撸起袖子加油干的精神在贫困地区蔚然成风。第二，脱贫攻坚整治了乡村的不良风气，如“天价彩礼”“薄养厚葬”等贫困地区盛行的风气，使农村风气更加清朗。脱贫攻坚大力开展移风易俗活动，通过从思想上规整观念，整治农村不良风气，激发贫困群众脱贫信心，激活贫困群众自主脱贫的动力。从精神层面为全面小康做出贡献，在一定程度上改变了贫困群众的精神面貌。第三，脱贫攻坚坚持以人民为中心的发展理念，不仅提供财政拨款、政策、物质资源的支持，还给予贫困人口职业技能培训以及精神观念的引导，帮助更多群众树立了更加积极向上的生活态度。因此，脱贫攻坚取得全面胜利，鼓励越来越多人民群众追求更加美好的生活，一改暮气沉沉、萎靡不振的状态，脱贫群众的精神世界在脱贫攻坚中得到充实和升华，变得自信、自强、自立、感恩，发生由内而外的深刻改变。

（四）农村地区党群关系明显改善

脱贫攻坚实施过程中形成了强有力的体制机制，塑造的一批党员干部和人才成为贫困地区扶贫事业顺利开展的智力保障，各级党组织和广大共产党员坚决响应党中央号召，为脱贫攻坚的艰巨事业鞠躬尽瘁、建功立业。经过多年来一系列党基层组织的建设，农村地区党群关系明显改善。第一，农村干部过度使用权利的现象逐渐减少，与群众的沟通变多，关系逐渐平等化。通过新闻媒体、村民大会、村务公示等途径，既尊重群众的主体地位，又带动群众一起解决困难，农村群众的主体意识和主张权利意识也逐渐增强。第二，广大扶贫干部舍小家为大家，一心一意为人民群众着想的无私行为感动了无数乡村群众。扶贫干部们常年加班加点、跋山涉水、任劳任怨，把心血和汗水洒遍祖国的大山大河以及每户人家，全心全意为人民服务。这种无私的真情实感一点一滴的感动着群众，使人们由衷感谢和认同扶贫干部的工作。基层党组织在抓党建促脱贫中得到锻造，治理能力明显提升。乡村群众更加信任和拥护中国共产党的领导，团结在党身边，坚信在党中央的领导下能够创造更加美好的未来，为开展乡村振兴工作奠定坚实的基础，为确保乡村振兴顺利推进创造有利条件。

（五）创造了减贫治理的中国样本

贫困问题始终是困扰发展的难题之一，党中央致力于解决贫富差距和城乡差距，经过多年反贫治理，我国脱贫攻坚取得全面胜利为世界提供了贫困治理的中国样本。我国地大物博，人口繁多，因此，罕见的国情给中国的扶贫任务带来许多难测因素，世界上没有先例可供参考，我们只能摸着石头过河。在总结扶贫实践经验的基础上，党中央基于乡村的实际情况提出了新时代贫困治理的一系列方案，政府、社会和个人全部参与其中为乡村扶贫工作贡献出一份力量。2021 年，全国脱贫攻坚总结表彰大会的召开，向世界宣告我国在战胜绝对贫困的路上取得了巨大进步，古往今来，世界上还没有一个国家能在如此短的时间内实现几亿人口的脱贫。但是，全球贫困状况依然严峻，贫困依然是纷繁世界里最令人牵挂的问题之一，特别是在一些国家贫富差距逐步扩大的背景下。同时，值得自豪和肯定的是，为世界上其他贫穷困扰的国家提供可借鉴的经验，极大鼓舞了贫困国家脱贫的决心，为他们带来脱贫信心和勇气。

二、相对贫困依然存在

非均衡发展理论认为，由于资源的稀缺性，使得在发展中必须通过重点发展一些地区或某些部门以带动区域经济的发展，进而实现可持续协调发展。改革开放后按照这一理论要求，以城市发展带动农村发展。农村发展仍然滞后，还存在众多的贫困人口，农村仍然是我国经济发展的短板地带。为解决“三农”问题，并实现国家的协调发展，基于非均衡发展理论和短板理论，我国提出精准扶贫战略。因为资源有限，不可能将所有农村和农民全覆盖，只能重点推进。虽然在现行标准下 9899 万农村贫困人口全部脱贫，但只是解决了绝对贫困问题，相对贫困依然存在。在精准扶贫时期虽然取得了诸多成就，但也带来一定的问题。例如，国家级贫困村、省级贫困村的划定，使得非贫困县、非贫困村、非贫困户逐渐被“边缘化”，对我国农村统筹兼顾和区域协调发展不利。在脱贫不脱政策、脱贫不脱帮扶的引领下，需要综合考虑这些不平衡问题。从村的维度看存在两方面不平衡问题，即原贫困村与非贫困村、原国家级贫困县中的贫困村与其他贫困村存在的不平衡。从人的维度看，同样有两方面不平衡问题，即原贫困人口与非贫困人口、原贫困村中的贫困人口与非贫困村中的贫困人口之间的不平衡。

（一）相对贫困与绝对贫困

绝对贫困与相对贫困是一个复杂的概念。在贫困研究的历史中，不同时间不同学者给出了不同的定义。研究贫困最早的经济学家朗特里将贫困定义为家庭总收入不足以支付仅仅维持家庭成员生理正常所需的最低生活必需品开支。特朗里给出的定义与人的生理上的最低需求相联系，这种贫困又称为绝对贫困、生存贫困。绝对贫困关注贫困人口的温饱问题，在衡量绝对贫困时，通常将维持个人或家庭成员基本生存所需的食物和非食物消费支出为基准，折算成一个可度量的货币量作为贫困标准。随后，一些学者质疑特朗里的定义，指出贫困受到自身收入的影响，也受到社会中其他人的影响。有学者认为一个人是否贫困不仅仅取决于他拥有多少收入，还取决于社会中其他人的收入水平。有学者提出相对贫困的概念，指出穷人们因为缺乏资源而被剥夺了享有常规社会生活水平和参与正常社会生活的权利。也有学者在总结前人的理论的基础上，提出相对贫困就是指个人或家庭所拥有的资源，虽然可以满足其基本的生活需要，但是不足以使其达到社会的平均生活水平，通常只能维持远远低于平均生活水平的状况。相对贫困的概念比绝对贫困的概念更为复杂。相对贫困是相对于社会整体而言，生活状况处于最底层状态的家庭，不仅仅关注贫困人口的收入和生活质量，而且关注贫困人口在社会中的相对状态，关注贫困人群在社会中面临的不平等，相对贫困不仅取决于个人的实际生活状况，还与社会制度安排、收入分配等密切相关。

（二）相对贫困的特征

第一，相对贫困具有相对性。相对贫困是在绝对贫困基础上的贫困。人们已经基本满足了温饱、穿暖、安全居住、拥有医疗保险、享有受教育权利等基本需要。但对比社会整体，仍有一些家庭收入和生活水平处于最下层，基本的生存权利得不到保障，表现为相对贫困状态。

第二，相对贫困具有主观性。绝对贫困基于一定的客观事实（满足基本维持稳定温饱需要的食物和非食物支出）来判定，而相对贫困的判定更依赖于贫困主体的主观感受与社会共识。如一些国家以收入的中位数的一定比例来确定相对贫困线标准，这一标准的制定并没有客观依据，更多的是主观认定，获得社会认可。

第三，相对贫困具有多维性。从贫困概念的发展来看，初期人们只关注收入贫困，随后开始关注教育、营养、资产、可行能力等等。相对贫困更是如此，它不仅仅包括收入、教育、健康等基本需要的贫困，也包括可行能力、权力的贫困，贫困主体的相对剥夺感等。更重要的是，相对贫困不仅仅关注“贫困”，而且也关注收入与生活质量的不平等，关注收入分配问题，因此，相对贫困的治理具有“双重目标”。相对贫困的多维性决定其贫困治理也要多维性。从多个维度提高贫困人口的权力、能力与机会，整体提升相对贫困人口的发展能力、收入和生活质量，缩小社会不公平。

（三）我国相对贫困的表现

第一，原贫困村与非贫困村之间存在明显的差异。具体表现为，其一，基础设施的不平衡，包括安全饮水、住房、供电、医疗、卫生、体育、文化等方面存在着明显的差异。大部分原贫困村，特别是原国家级贫困县中的村已经基本完成道路硬化、危房改造、文化广场和安全用水等，而有些非贫困村还只是泥土路，大多数无文化广场。其二，产业发展、技能培训等方面存在差异。原贫困村中有各种产业帮扶，如庭院经济、棚膜经济、光伏发电等，并有专门培训学习，而大多数非贫困村只能靠传统的种植业为生。

第二，原国家级贫困县中的贫困村与原省级贫困村也存在差异。具体表现在基础设施、产业上。原国家级贫困县覆盖下的贫困村发展较好，成为该省重点扶持和发展的对象，产业扶贫、教育扶贫、医疗扶贫、社保兜底等都做得较好，而且住房、饮水、通讯等都已改善。而一些原省级贫困村不仅没有任何产业扶持，而且没有基本的道路硬化，村民饮水成问题，人民群众生活水平提高程度有限。

第三，原贫困人口和非贫困人口之间的不平衡。在脱贫攻坚过程中，有的省在产业扶持时，每年春天会给原贫困人口发放种子、化肥、禽种等，这使得非贫困户不满。另外村中建立的工厂、企业和光伏发电等所得的收入几乎全部分给原贫困户，甚至有的村办企业的招工和盈利也主要针对原贫困户，而非贫困户不仅不能分得利益，若想承包经营还需要几十万元的担保和一系列烦琐的手续。另外，原贫困户若外出务工，不仅有技能培训，还会发放补贴，而非贫困户不可能有这种待遇。因此这使得原贫困户与非贫困户在农村内部易产生仇视和敌意，不利于乡村文明建设与和谐乡村的发展。

第四，原贫困村中的贫困户和非贫困村中的贫困户之间的不平衡。具体表现在：非贫困村的贫困户因为受非贫困村这一外界条件限制，使他们不能享受像原贫困村的基础设施建设和优惠政策，更没有相关产业的扶贫支持，生活较为困难。各级政府把调查研究、现场办公等精力重点放到了原贫困村，扶贫项目和资金扶持也进行重点倾斜。

三、致贫返贫的风险依然存在

全国贫困县已全部实现脱贫摘帽目标，但新的问题与风险随之而来，如何防范已经脱贫的人民群众不会因为其他因素致贫返贫，如何有效化解返贫致贫的风险，是巩固脱贫的成果面临的重要问题。当家庭受到外部风险冲击时，会造成家庭福利水平下降，贫困脆弱因子增大，有一部分已经脱贫的人口仍然会存在致贫返贫的风险。教育保障体系、医疗保险体系、易地扶贫搬迁、产业扶贫体系等诸多方面的政策存在不足之处，会让农村地区的农民增大其贫困的脆弱性。因此，需要国家和政府保证相关扶贫政策的持续稳定性。

（一）致贫返贫的内部风险因素

内部因素是指农民自身的能力与水平，自身是否具有防范抵御风险的能力。

1. 身体健康状况

身体健康状况对农民在增加经济收入方面起到至关重要的作用。有很多农民是因为疾病致使贫困或者重新返贫的，无力负担疾病的治理费用，为了省钱耽误最佳治疗时间，病情越拖越重，甚至丧失劳动能力，收入来源切断，陷入“疾病—贫困—疾病”的恶性循环圈中。

2. 教育状况

教育既可以改善父母认知，也可以阻隔贫困问题的代际传承。在贫困家庭中，父母对孩子的教育没有高度重视，有些适龄儿童辍学在家务农，导致贫困的代际传递。教育扶贫政策使这些儿童有学上，但部分上学的儿童素质能力仍不高，在就业中处于劣势地位。

3. 技能训练

在脱贫攻坚中，虽然已经广泛开展了技能训练，但缺乏系统性，大多局限于理论层面的技能讲解，科学理论与实践情况未能很好地结合起来，使技能训练背离初衷；有些基层干部在扶贫中未用心深入，并没有真正了解贫困户的真实需求，导致帮扶工作的效果不明显。

4. 村民缺乏内生动力

部分村民存在“等靠要”思想，这根本上是“精神上的贫困”，对外部依赖性过高，自己未能发挥主观能动性，使发展受到制约。

（二）致贫返贫的外部风险因素

外部因素包括经济、社会和自然三个方面的风险。

1. 经济风险

经济风险是指现行的对贫困地区和贫困人口的帮扶是由政府主导的，主要注重短期目标，对发展的可持续性关注不够。就业层面开展就业技能培训、劳务合作等，但这些远远不够。

2. 社会风险

社会风险是指贫困地区的治理模式风险，贫困地区的治理模式为“两委＋驻其所在地工作队”，该模式难以满足现有需求，需进一步提高治理能力。贫困地区的经济多为村集体经济，其市场机制不健全，发展存在短板；在扶贫过程中政府占据了主导位置，市场作用在大扶贫格局中未得到发挥。

3. 自然风险

自然风险是指贫困人口生活在不利于生活生产的偏远山区或土地贫瘠区域，靠天吃饭，难以靠自身能力摆脱贫困。因此，国家和政府出台了易地扶贫搬迁的相关扶持政策，将贫困人口搬出大山，集中安置，使他们摆脱贫困。但是这仅仅只是给他们“输血”，缺少具有“造血”功能的后续相关扶持政策，还需进一步完善，以保障他们搬得出、稳得住、有就业、能致富。

四、脱贫攻坚战成果需要乡村振兴的巩固

（一）需要从产业扶贫到产业兴旺

在脱贫攻坚中，为提升贫困落后地区的自我发展与创新能力，国家出台产业扶贫政策，把“发展生产脱贫一批”摆在“五个一批”之首，深刻体现了发展产业的重要性与必要性。一是通过对扶贫地区因地制宜实施特色产业提升工程；二是通过实施“一村一品”专项工程，积极培育和推广本村具有市场需求和经济效益的特色产品，吸引贫困户以不同的方式参与到项目中来。不仅可以解决贫困户的就业问题，还能实现贫困户家庭经济收入稳定增长，以此摆脱贫困群众身份。而在乡村振兴中，产业兴旺同样位居“二十字方针”之首，通过深化农业供给侧结构性改革与加快构建农业现代化体系，不断激化乡村产业的发展活力，促进传统农业向现代农业的转型升级，实现农业大国向农业强国的飞跃。

脱贫攻坚和乡村振兴的衔接中最重要的就是产业振兴，在脱贫攻坚阶段产业扶贫是重要的战略任务，其目的是通过发展产业项目实现贫困人口的增收；产业振兴的目标是通过发展产业，一方面增加贫困家庭收入，另一方面降低贫困家庭支出。要实现农村全面发展，必须摆脱贫困，从而实现农业农村现代化。产业振兴在脱贫攻坚与乡村振兴中的目标任务不同，却又都是在实现脱贫攻坚的基础上为全面更好地推进乡村振兴打牢基础，二者具有递进关系。接续脱贫攻坚促进农村一二三产业交叉融合发展，以提升整个产业链的抵御风险的性能，确保整条产业链的风险最小化，使利益更加稳固，确保群众持续稳定增收，很大程度上通过产业的发展，逐步推动乡村的产业振兴。

产业扶贫到产业振兴的发展是相互支撑与协同发展的一个过程。产业扶贫到产业兴旺却面临着重要考验：一方面是政府确定的主导产业与当地要素禀赋之间差距较大，贫困地区的产业发展必须坚持差异性原则，结合本地的生产要素，选择合适的产业项目，才能实现产业兴旺发展；另一方面是产业同质化严重，以及短期“摆脱贫困”与长期“兴旺发展”目标冲突影响产业发展可持续发展，需精准分析再选择适宜发展的乡村产业，把握产业发展新动向，做好产业转型升级准备，保证产业发展的特色性和可持续性。因此，产业兴旺要在产业扶贫所建立的各种基础上继续推进一二三产业融合发展，才能对乡村物质基础进一步巩固壮大。

（二）需要从生态扶贫到生态宜居

生态扶贫是一种新的扶贫方式，集绿色理念、先进技术、产业升级和组织创新为一体的新型扶贫机制。将生态环境保护和扶贫举措有机结合起来，在贫困地区开创一条生态环境保护和贫困户脱贫的“双赢”之路。生态扶贫主要包括生态工程扶贫、生态产业扶贫、生态搬迁扶贫、生态劳务与就业扶贫、生态补偿扶贫等几种主要路径，既能有效修复遭破坏的生态环境，又能加大对贫困地区天然林的保护力度，还可以为一部分农牧民提供就业岗位，促进贫困户在生态环境保护中增收脱贫。生态宜居以尊重自然、顺应自然、保护自然为原则，不仅仅是生态环境的保护与治理，还包括加快乡村生活方式的转变、提升村容村貌、改善人居环境、推动绿色农业发展、强化资源节约与保护等多方面的综合治理，打造人与自然和谐共生的乡村大环境。

在生态方面，由生态保护扶贫政策转变为生态宜居中的保护与修复双层目标。创造一个正常运转的农村环境，对保护和管理环境以及解决农村地区更大的生态问题产生重大影响。生态宜居坚持尊重自然、顺应自然、保护自然的理念，从而全面提升农村人居环境。绿水青山就是金山银山，脱贫攻坚与乡村振兴都将农村生态环境作为其工作内容的重要部分。考察生态环境的重要标准主要包括人民群众的生活环境、生活状况水平以及人文风貌等，脱贫攻坚旨在将农村不良对待环境的习惯加以改正，乡村振兴对生态环境的要求则在更多层面中体现出来，故而脱贫攻坚与乡村振兴在环境方面具有一脉相通的性质。

从生态扶贫到生态宜居是一个环境整治融合的过程。从国家层面看，中共中央国务院印发《生态环境损害赔偿制度改革方案》《“十三五”生态环境保护规划的通知》，国家林业局和生态环境部分别出台了《林业草原生态扶贫三年行动实施方案》《关于生态环境保护助力打赢精准脱贫攻坚战的指导意见》，紧紧围绕习近平总书记“绿水青山就是金山银山”“人不负青山、青山定不负我”的指导思想，践行长期性的地方生态扶贫，贫困地区的经济水平、生态发展以及民生现状都得到了极大的改善，极大地彰显了生态扶贫的减贫效应，也为2020年实现全面建成小康社会以后乡村生态宜居的实施推进奠定了基础。

（三）需要从志智双扶到乡风文明

两大战略都强调激发农民内生动力、提升乡村自我发展活力。在志智双扶的行动中，一是以保障义务教育为核心，加强教育引导，避免因家庭贫困而导致教育缺失的现象发生，从教育层面促进思想、文化、道德、法律教育；二是通过开展“技能培训班”等方式提高贫困群众的思想觉悟和技能水平，激发贫困群众的主动脱贫意识，吸引贫困群众积极主动参与到各种类型的扶贫项目中，摆脱“政策养懒汉”“争当贫困户”“等靠要”等不劳而获的不良社会风气。乡风文明的建设以社会主义核心价值观和优秀文化为统领，着力解决农民群众的思想问题，营造良好的人文环境，从而提升乡村自我发展内在活力，在乡村振兴中起着至关重要的作用

脱贫攻坚中教育扶贫的政策目标是提升贫困地区能够接受义务教育阶段孩子的升学率，目的是从本质上减少由于素质教育的缺乏而导致的贫困，并且通过这种方式培养贫困地区人民的脱贫能力。乡村振兴总要求里的乡风文明包括的内容和扶志行动有很多相似之处，例如推进移风易俗、提高村民思想道德水平，提升乡村文明水平等。农村乡村文明的进步是一个系统的、缓慢进化的过程，对其有最直接影响的是教育。要不断加大教育的力度，减少代际间受教育程度的差异，从而进一步培育文明乡风、良好家风、淳朴民风，建设邻里守望、诚信重礼、勤俭节约的文明乡村。

从志智双扶到乡风文明是一个文化挖掘融合的过程，是乡村社会风气转变的重要标志。原本落后的乡村，农村人口缺乏知识和技能教育，造成农村人口普遍素质低下、思想落后封建、安于现状，加上政策的大力扶持，更是催生了一批贫困人口“等靠要”思想的形成。随着志智双扶和乡风文明的实施，以教化和引导方式，加强农村地区精神文明建设，在乡村中营造积极向上、自强不息、勇于奋斗、团结友爱的社会风气。

（四）需要从脱贫攻坚责任制到治理有效

脱贫攻坚责任制是脱贫攻坚中一项重要的强化组织措施，实行中央统筹、省级总责、区县级落实的工作机制，层层签订责任书并落实责任，对脱贫攻坚的各项规划做好监督考核工作，强化区县党委班子在脱贫攻坚中领导组织能力，充分发挥区县党委班子在脱贫攻坚中的的带头模范作用和战斗堡垒作用。治理有效是乡村振兴的基础，以抓党建促进基层组织建设，强化基层党组织的领导地位，建立第一书记工作长效机制，提高村民自治能力，加快建设现代化乡村治理体系，确保乡村社会治理有序。

根深才能叶茂，本固才能枝荣。基层党组织是政策落地的实施者，是架在国家与社会、群众之间的桥梁。在脱贫攻坚中，基层党组织带领贫困群众学习知识、技术，号召社会各个主体参与扶贫事业，组成志愿扶贫队伍，带领和团结群众参与扶贫项目并增收致富，也为助农带贫企业提供惠农政策。在乡村振兴中，健全以党组织为核心的组织体系，加强农村基层党组织带头人服务建设、农村党员队伍建设，让农民也参与到乡村建设发展的过程中，形成乡村治理有效的新局面。

脱贫攻坚建立了责任分工清晰、各司其职、为共同目标而奋斗的体系，强化责任到位，为合力打赢脱贫战役奠定制度基础。同时，脱贫攻坚战役也鼓励全社会各类企业、社会组织等积极参与到这场战役之中。随着脱贫攻坚的胜利，扶贫工作也面临全新的形势，扶贫任务也发生了新变化，需要借鉴脱贫攻坚的制度基础从而制定对乡村振兴有效的制度，因地制宜地适用于乡村振兴的工作体系之中，推动减贫工作和乡村振兴向更高层次发展。

（五）需要从两不愁三保障到生活富裕

在脱贫攻坚中，“两不愁三保障”指的是到 2020 年实现贫困人口不愁吃、不愁穿，义务教育、基本医疗和住房安全有保障，稳定实现全体人民一同进入小康社会。乡村振兴中的生活富裕比“两不愁、三保障”具有更高层次的追求，不仅仅追求物质条件的提升，更加追求丰富多彩的精神生活，让乡村居民的生活水平和生活质量均得以提高。从脱贫攻坚到乡村振兴两大战略目标的转变，揭示了从脱贫攻坚到乡村振兴战略目标任务融合升级的变化，展现出的是量变到质变的飞跃，是对脱贫攻坚目标和农民生活质量的全面升级。在两大战略目标融合升级的过程中，两者之间存在差异性和发展性，如果两大战略得不到有效融合，这就会造成政策衔接的不畅，由此出现政策升级型空白。

脱贫攻坚战旨在解决贫困群众的基本生活保障问题，包括温饱问题、受教育问题、就医等问题，从而进一步实现全面小康这一脱贫攻坚的总体目标。乡村振兴战略总要求中的乡村“生活富裕”目标代表着相较于脱贫攻坚成果更高水平的生活要求与质量。总之，人民生活品质的上升通常是朝着减贫的理想目标迈出的一步，因此也是朝着提高农民生活质量迈出的一步。

第三节　乡村振兴战略的原则

一、坚持党的领导

第一，党在贫困治理中展现的超强使命感与群众路线传统可以为乡村组织振兴提供丰富的政治资源。在 1921 到 2011 年的征程中，从“站起来”“先富带动后富”再到追求“共同富裕”，中国共产党人无不传承着反贫困和实现人的全面发展这一目标，并且通过不间断的使命教育将其融入和贯穿于中国革命、建设和改革的全过程，让中共成为一个韧性强大、攻坚克难的使命型政党。从以星星之火点燃土地革命斗争，到中华人民共和国成立后在社会主义建设初步探索中实现减贫事业翻天覆地，到改革开放时期实现减贫事业日新月异，再到进入新时代打赢脱贫攻坚战实现减贫事业完满收官，中国共产党始终将人民的利益作为执政的第一要务。未来，更需要基层党组织加强人民至上的使命教育，将“农业强、农村美、农民富”作为推进扶贫使命的升级版，把乡村振兴作为重中之重。另外，面对千差万别的农业农村农民基础，党员干部应继承与发扬党在百年扶贫中形成的“到村入户、实地调查”的下乡助农传统，切实践行群众路线，掌握民情，推动精细化治理。

第二，党在贫困治理中形成的农村双层经营体制充分发挥了扶贫与发展的制度优势，可以为乡村产业振兴提供有力的制度支撑。在乡村产业发展方面，要激活农村统分结合的经营体制优势，发展新型农村集体经济，增强乡村整体发展后劲。无论是中华人民共和国成立之初的“生产队”，还是后来的“承包制”，都发挥了既推动乡村整体发展又促进农民增收的功能，未来中国特色农村经营体制的优势仍待进一步发挥。习近平关于新型农村集体经济的重要论述充分总结了以往的经验教训，倡导以家庭农场和农民合作社为主要形式，走组织化的农村市场化发展路子。在新时代通过基层党建引领的农民合作社进一步创新农村集体经营模式，激活农村地区大量沉睡的生态资源资产，构建生态化扶贫的长效机制，增强乡村产业对农村中低收入群体就业的吸纳能力和可持续脱贫的带动力，以巩固脱贫攻坚的成果。

第三，党在贫困治理中建立的以各级党委为中心的政府—市场—社会力量协同组织机制，调动了一切积极因素发展三农事业，可以为乡村人才振兴和城乡融合积累宝贵的组织创新经验。中共领导的贫困治理是政府、市场与社会参与的“多元协同治理”格局，发挥各方优势和减贫功能，形成一幅“有指挥的即兴发挥”的治理图景，而不是党员和政府干部唱独角戏。在中国治理语境下，党的领导具有高效整合跨部门、跨地域资源的政治势能，同时党“总揽全局、协调各方”的结构位置是政府联系一切市场与社会中的积极因素开展协同治理的最大社会资本优势。一方面，以各级党委组织部与农业农村行政部门为牵头单位，继续动员党员干部适时调整工作方向，缓解快速城市化和城乡分治格局导致的乡村人才流失问题。另一方面，随着基层区域化党建、两新党组织全覆盖等党建机制的普及，搭建基层党组织与市场组织、社会组织的协同网络成为富有中国特色的协同治理经验，这为未来城乡要素的双向融合奠定组织条件。在脱贫攻坚过程中形成的以贵州“塘约经验”、山东“烟台经验”为代表的“党组织＋企业＋合作社＋农户”农业产业化模式，把党组织的政治优势与企业的市场优势、合作社的组织优势结合起来，建立起小农户与现代农业的联结机制，有效解决贫困户和产业、市场的对接问题，促进农业产业转型升级，为群众稳定增收致富提供持续动力。因此，可以说搭建党建引领的多元协同治理桥梁，既是未来破除乡村人才资源匮乏困境、也是以较低成本打通城乡融合通道的一条可行路径。

二、坚持农村农业优先发展

第一，坚持农业农村优先发展是实际需要。立足乡村振兴，需要坚持农业农村优先发展，补齐乡村与城市历史遗留下来的发展差距。目前，中国在此方面，还存在实践行动上打折扣、政府财政支持力度不够、资金来源较为单一、农业支持政策分散化、乡村公共事业发展不足、乡村振兴缺乏人力资源等实际难题。为此，各级党委和政府要坚决落实“四个优先”，以懂农业、爱农民、爱农村作为选拔“三农”干部的基本素养与标准，以内部培养与外部引进相结合方式拓宽选拔干部渠道，积极推动优秀人才、干部向乡村流动，同时把坚持农业农村优先发展作为基层干部政绩考核工作内容，实现干部配备上优先考虑；要发挥竞争政策的基础作用，培养有利于“三农”发展的市场环境。加快推动农业农村领域市场化改革，推动人才、资金、管理要素等向乡村合理流动，实现要素配置优先满足；积极推动公共财政向乡村流动，统筹使用涉农财政资金，拓宽政府筹资方式。政府及社会要积极降低“三农”融资的风险与成本，使金融机构将金融资源顺利向“三农”倾斜，实现资金投入优先保障；要优先安排乡村公共基础设施建设，加快乡村生产生活娱乐设施建设步伐。重点整治乡村人居环境，改善村容村貌。同时，新增教育、文化、医疗卫生等社会事业经费重点向乡村投入，逐步提高乡村社会公共服务质量，实现公共服务优先安排。

第二，坚持农村农业优先发展也是坚持唯物辩证法发展观的体现。世界处于百年未有之大变局，国际秩序在发生着变化，我国目前处于近代以来最好的发展时期。科学技术、人工智能等现代技术带动社会的发展变化，在多种变化中往往蕴含着发展之机。开展乡村建设随着时代内涵的变化也在不断向前发展，新时代乡村振兴战略在新的历史环境下，推进乡村社会治理的向前发展。乡村振兴战略内涵丰富，蕴含着深刻的辩证唯物主义的哲学意蕴。

首先，乡村振兴的动力：内外矛盾的相互作用。在实施乡村振兴战略的过程当中要综合国际国内趋势，综合考量乡村发展的方向。新时代实施乡村振兴战略，要同时看到内因外因。内外因辩证发展思维是以变化发展视角去认识事物，方法论要求我们在考量问题时，秉承以动态发展的原则去分析问题，学会将外因转化为内因。在事物发展的过程当中，人们只有懂得运用发展观看待问题，才能看到事物未来发展趋向，才能真正认识问题的全部。在实施乡村振兴战略的过程中，要充分重视乡村发展的根本原因，将乡村这个整体分解为各个部分、方面、要素，然后逐个加以探索研究，从各个地区的现实实践出发，运用历史的方法做出逻辑的说明，达成历史与逻辑之间的相互统一。

其次，乡村发展的状态：量变到质变的发展过程。量变是质变的必要前提。当前我国经济呈现高质量发展阶段的态势，实施乡村振兴战略要坚持质量兴农之路，坚持效益优先，实现产品质量、生态质量、结构质量多向综合齐发力，实现农业的全面现代化。实施乡村振兴战略，不仅仅是要完成农产品的量产，解决饭碗问题，最重要的是还要保证产品的质量和安全性。质变是量变的必然结果。以往多方面乡村建设的量变逐渐积累都影响并改变着新时代乡村振兴战略发生质的变化。实施乡村振兴战略，大幅提升农业的整体效益，在既定的资源条件下，取得最优化的生产效益，实现农业的高质量发展，实现农业的全面现代化。新时代乡村振兴战略在随着时代内涵的演变过程中不断发生着质变，新的机遇与挑战下产生的乡村面貌焕然一新。要确定和把握乡村的新发展，应当把乡村本身的客观属性和乡村实践发展需要两个维度结合起来，进行全面而具体的分析。实施乡村振兴战略，要把握好适度的原则，注意生态保护红线，控制好农业生产中化肥和农药的投入，处理好农村生活垃圾问题以及农业生产垃圾，其中包括农作物秸秆焚烧问题以及畜禽的粪便处理问题。

世界是由无数相互联系的事物构成的一个统一的整体，实施乡村振兴战略，在处理和观察乡村发展问题的过程中，要做出最优化的战略部署及决策。

三、坚持农民主体地位

第一，农民群众是乡村振兴的推动者。人民群众是历史的真正创造者。任何个体，无论才能多大、本领多大，都不能超越人民群众。中国共产党所领导的乡村振兴战略，以满足广大人民群众最根本的利益为目的，倡导鼓励人民群众自己动手参与并创造出新时代乡村发展历史。

首先，人民群众是社会物质财富的创造者。以农民为主的群体创造了基本的物质生产资料，并逐渐意识到，要更新改进生产工具、促进乡村生产力的向前发展，进而决定生产关系的深刻变化。党和政府引进优秀企业，发展当地特色产业，倡导当地人民群众积极创造社会物质财富，提升农业发展质量，激发农民的内生动力。

其次，人民群众是社会精神财富的创造者。人民群众的生活实践深刻影响着其精神财富形成和发展。新时代乡村振兴战略以人民为中心，发挥人民群众的主体作用。培育“四好公民”，在乡村范围内就要不断加强思想道德建设。农村优秀传统文化是精神财富的载体，要对乡村内的历史文物古迹、农业遗迹等丰富的精神文化财富予以高度保护。同时，要发挥农民主体的主观能动性，对传统文化进行创造性转化、创新性发展。建设乡村要融合当地传统文化元素，让作为乡村这个系统里的农民群体，发挥其主导性的作用。

最后，人民群众是创造社会财富和精神财富的主体。农民作为社会群体结构中人数较多的物质生产领域中的基础群体，其多方面能力的提升在一定程度上制约着社会文明发展的步伐和程度，这是中国长期实践经验的积累，是尊重历史规律的必然选择。在乡村发展的过程中，人民群众完全可以通过劳动解放自己。乡村振兴与以往乡村建设的创新点关键在于塑造人、发展人，农民群众是乡村发展历史的主人和创造者，推动农民自身自由而全面发展是乡村发展的最高境界。在新时代帮助农民重新定位自己的身份与角色，培养社会主义新农民是适应时代的发展需求。

第二，坚持农民主体地位的基本原则有其必然性。中国乡村地域广袤，不同村庄发展的自然基础、历史传统各具特色。农民是乡村的主要居民，多数农民家庭依山傍水聚集在地理位置相对较好的乡村区域。中国乡村的发展体现出了不同时代的农民生活在同一片土地上形成的相对稳定的乡村文化与乡村特性，在长期的农耕生活中，农民形成了特有的风俗习惯、生活理念与行为方式。这要求乡村振兴要尊重农民的意愿，以“坚持农民主体地位”的基本原则建设具有乡土特色的新乡村。乡村振兴的参与主体广泛，实施过程复杂。推进乡村建设需要党和国家细致谋划，精心布局。坚持农民主体地位，是保证乡村振兴能够回应农民对美好生活期待的现实需要。以人民为中心是党治国理政的核心理念与价值取向，新时代乡村社会主要矛盾发生转化，农民对制度供给与精神供给的需求幅度大大提升。因此，推进乡村振兴首要的是需要回应农民在新时代对美好生活的期待。坚持农民主体地位，才能把农民的需要作为开展乡村振兴工作的逻辑起点，满足农民处于不断变动中的美好生活需求。

第三，需要从认知度、参与度、获得感等方面体现出“坚持农民主体地位”的基本原则。坚持农民主体地位，要体现于农民对乡村振兴的认知度这个前提上。党的十九大赋予了乡村建设新的时代内涵与目标要求，但农民对乡村振兴的认识还不够全面、深刻，乡村振兴仍倾向于政府主导型。农民对乡村振兴的认知度决定着其支持参与的深度。乡村振兴是一个重在建设的实践问题，每一阶段的每一项工程提出的任务，必须在农民的实践参与中才能落地生根。提升农民在乡村振兴中的参与度，要对农民参与乡村振兴赋权增能。重点赋予农民社会权利与文化权利，加强乡村公共文化建设，为农民提供更多文化选择的平台，提升农民文化选择能力。只有实现了农民充分参与的乡村振兴，才准确把握了坚持农民主体地位的原则。乡风振兴要尊重农民真实意愿，以农民心中理想的田园生活为蓝图构建乡村振兴建设目标。

第四，农民的需求是多样性的复合体。新时代要满足人民对美好生活的需要，其中也包括农民群体多维度、个性化的多种需要。实施乡村振兴战略，追求美好生活的多维度需求更多的还有公平正义、民主法治、健康安全、生态宜居等多方面的需要。

人的需要具有社会性，随着实践的变化，人的精神亟需调整，以适应新时代的变化。农民的需要是发展中的需求体。发展中的需要是主体人为了满足自身的发展和提高文明程度，为了增强人的自由个性且全面发展产生的需要。新时代乡村振兴战略发展的需要主要体现在农民群体作为劳动者不仅仅需要满足经济需求，还要满足在基本的物质生产资料满足生存问题后所进行的发展自身的劳动自由需求，在创造物质精神活动过程中不断提高自己反思生活的智慧，从而进一步升华到获得精神层面的愉悦，在劳动过程获得积极的精神体验。

第五，农民的价值是贡献和满足的统一。新时代乡村振兴战略力求满足人民对美好生活的向往，而美好生活是人的一种的价值引领。生活是一个存在论事实，美好生活在哲学意义上才形成问题。什么样的生活方式才是有价值的，满足农民对美好生活的向往，是在实施乡村振兴战略的过程中，一个由乡村建设主体创造的具有永恒意义的生活，从五大振兴出发，全方位满足乡村居民的主体需求。实施乡村振兴战略，满足农民对美好生活的向往是其最高价值，紧紧贴合农民的切身关怀，去重塑一个有意义的生活，并将这种意义最大化。

幸福与美好生活只有在哲学意义上才形成问题，关于美好生活的问题实际上是关于人民生活方式的问题探讨，在满足人的价值基础上，必然引起内心幸福感的产生。实施乡村振兴战略，五大振兴相较于以前的乡村建设更加全面且系统，从创造物质财富、精神财富到创造生态效益等，在多个层面为乡村增能，为农民群体赋能。重复性生活只是生存，幸福生活基本来自创造性生活的价值满足。在实施乡村振兴战略的过程当中，不仅仅要有积极意义的生活，还要赋予农民内生动力，秉承助人自助的理念，促进农民群体能够创造性地生活。

农民的价值在于贡献和满足的统一。人具有感性思维和理性思维，在理性思维指导下的理性能力并非只包括主体人的逻辑思辨能力，而是普遍具备一种反思性的生活智慧。主体人根据现存生活场域，从自己的生活过程中汲取生活实践智慧，综合考虑自身现实利益。实施乡村振兴战略，农民只有能够成为自由自觉的劳动主体，才能创造价值，为乡村建设做出贡献。实现农业农村现代化成为价值客体，对农民主体具有实现价值。农民根据乡村战略的总体目标与核心要义的引导，创造物质与精神财富以满足自身或社会的需要，实现自身价值与社会价值的相统一。在实施乡村振兴战略的过程当中，实现农业现代化，在乡村内引进企业，农民主动成为积极的“打工人”，贡献自己的个人力量，通过劳动满足自己的个人经济需求，在振兴乡村中实现个人价值。

四、坚持乡村全面振兴

坚持乡村全面振兴是唯物辩证法实践观的表现。在人类社会，没有不受人的实践影响的感觉对象或自然物，包括人自身。

首先，实践是乡村社会关系的发源地。实践是一种物质性活动，通过一定的物质手段作用在乡村这个外部对象，利用物质手段去改造乡村。实践是一种对象性的活动，通过基层实践将实施主体人与乡村之间搭建起桥梁，构建起特定的联系，共同构成乡村振兴这种客观活动时，人的目的、意图等精神性因素便被物化在乡村这个对象之中，并使得乡村这个对象发生某种物质性变化。实践是一种创造性的物质活动，创造性主要表现在它的目的性、计划性、客观对象的被变革性和实践结果的创新性上。实施乡村振兴战略是一种带有目的性的实践，力图实现农业农村现代化的伟大目标。实施乡村振兴战略是一种带有创造性的实践，是不同于以往乡村建设、新农村建设的新型基层实践活动。这种基层实践具有直接的现实性以及客观实在性，是农民主体通过运用主观能动性作用于乡村各个方面的有效实践，在乡村的基层实践活动能够将人的目的变为直接的现实，是可以看得见的变化，着力实现农业农村现代化，完成满足人民对美好生活向往的期待。

其次，实践是乡村社会生活的基本领域。实施乡村振兴战略是在中国农村范围内变革生产力与生产关系的社会运动，在振兴的过程中，不断变革不适应社会生产力的生产关系，淘汰掉落后的生产方式，更新生产工具，将科学技术与农业生产相结合。在新时代乡村发展中，发展壮大集体经济，推动乡村全面全方位振兴。乡村振兴战略从五大振兴入手，立足产业带头发展经济作为基础，带动人才留在乡村作为振兴乡村的引擎，留住乡村的优秀传统文化作为重新振兴乡村的保障，在发展经济的同时注重生态红线不越线是关键，尤其是把握住党组织振兴乡村这个“领头雁”，听党指挥，能打“胜仗”。乡村振兴战略是全方位深入乡村，进行经济、政治、文化、生态等全方面振兴，走中国特色社会主义乡村振兴道路。

最后，实践推动乡村生产力的向前发展。对乡村的进一步认识是以实践特别是物质精神等多方面的生产实践活动为内容和基础的，农民群众作为实施主体，以实践作为桥梁推动乡村生产力的向前发展，实践活动的发展必然推动对乡村的认识与发展。新时代乡村振兴战略是基于多次乡村建设的认识与实践基础上所形成的伟大科学战略，多次实践推动着新时代乡村的向前发展。

五、坚持城乡融合发展

第一，坚持城乡融合发展是客观要求。立足乡村振兴，并不是要割裂城乡的联系，而是要坚持走乡村振兴引领下的城乡融合发展之路。长久以来，城市巨大的虹吸效应使乡村的人口、土地、资金逐渐单向流入城市，导致乡村发展动力不足、农业边缘化明显、农民贫困问题突出，城乡发展水平差距过大。因此，坚持城乡融合发展，要摒弃“去乡村化”思路，将乡村振兴与城市建设有机结合起来，构建具有新的文化形态与价值体系的现代化乡村；要坚持传统乡村文明的价值核心，从乡村的自然禀赋、历史文化传统和制度体制出发，尊重乡村文明的自然属性，传承乡村文明的乡土韵味、人伦情怀、价值规范。同时，乡村振兴要顺应新型城镇化发展逻辑，吸纳城市的优点，合理选择乡村的存在样态与发展模式，构建城乡共荣共生的新型城乡关系。要以新型城镇化发展带动乡村振兴，以城乡均衡方式化解二元对抗。依托乡村振兴战略的政策取向，调整城镇化资源配置的城市优先取向，不断打破阻碍城乡互融互通的制度壁垒，加快构建有利于城乡融合发展的制度和政策体系。使城乡在平等地位上，实现人口、土地、资金等要素双向流动，还原城市与农村互为发展条件的自洽关系。同时，增大对农业农村基础设施投入力度，提升城乡基础设施统一规划建设、统一享有、统一管理的实现程度，逐步构建全国统一标准的基础设施服务网络。加快形成更公平的城乡基本公共服务供给模式，并使城市公共服务向乡村延伸，促进城乡一体化发展。

第二，坚持城乡融合发展体现了唯物辩证法的整体观。新时代乡村振兴战略的基本任务是实现农业农村现代化，加强城乡融合发展，实现部分与整体的有效统一。

首先，坚持“过程”的整体性，完成基本任务。马克思主义认为社会作为一个有机整体，系统之间相互制约，相互影响，整体并不是部分个体的简单相加，而是内部结构之间的紧密联系，多种不同的要素共同推进人类社会的整体发展。社会作为一个由低级向高级发展的有机整体，涉及多方面的建设与研究，是由前后相接的发展阶段衔接起来的统一整体，用整体观考察社会的发展，有利于深化我们对社会的认识。“一切事物本身都自在地是矛盾的”[①]黑格尔认为世界上任何

① 黑格尔．小逻辑 [M]. 北京：商务印书馆，2019.

事物内部都存在着矛盾，矛盾的存在是必然的、正常的现象，黑格尔将对立统一关系的研究与表述更加理论与系统，这种对立统一是基于整体观的角度审视。实施乡村振兴战略遵循了对立统一规律，一方面在城市、乡村的功能定位上，两者即是构成社会的统一体，又是相互区别的空间结构，城市和乡村现代化建设过程当中以及在人类理想生活的选择趋向中，本质上有所区别。另一方面，城市文明和乡村文明又是统一的，是物质文明与精神文明的相互统一，其在功能上是互补的，都是为了促进社会文明的进步与发展。人们对物质生活与精神生活的追求，是一种必然的存在，追求美好生活的状态就要将其作为一个整体看待，即拥有城市和乡村两种精神文明。实施乡村振兴的过程，遵循对立统一的规律，将乡村的建设看作是一个统一体。正确看待长期目标与短期目标的整体关系，新时代乡村振兴战略总结过去经验着眼当下展望未来，坚持整体性的科学规划，又聚焦阶段任务。正确看待党中央的顶层设计与基层探索的整体关系，跟随新时代乡村振兴战略的政策调整，解决好基层实践落实问题，既要按照整体的发展规划走，又要科学把握乡村的差异性。新时代乡村振兴战略不仅要科学评估衡量财政支出状况和群众的承受力，加快补齐民生短板，还要增强亿万农民的获得感、幸福感。在战略的实施过程中，大力发展农村集体经济，助力农民提高主动适应市场经济的能力，坚持过程的整体性，化解农民发展能力与市场经济之间的矛盾的。在战略实施过程中走集体经济的道路，巩固完善农村基本经营制度，深化农村土地制度改革，克服资本对自然力的破坏，建设宜居宜业宜游的乡村。

其次，坚持“系统”的整体性，加强城乡融合。“以知统行”意在告诉我们实践行动受思维的影响。主体人用头脑进行逻辑推导的属性、能力和过程。坚持系统的整体性，在实施乡村振兴战略的过程中，将乡村与城市看作一个整体，以原则性与灵活性有机结合注重抓住整体与要害所在。发展农村是关键，将城市与乡村两个客观对象中叠合的结构和功能作为一个整体系统的认识。坚持系统性的整体性，在整体与部分的相互作用过程中认识和把握城乡融合，注重实现乡村发展效益与社会整体效益的相统一。乡村振兴战略基于前期的新农村建设，从五大内部结构入手，不断寻找乡村最优结构，获得最佳乡村系统功能。在产业振兴的过程中，要秉承好“绿水青山就是金山银山”的绿色发展理念，实现生态振兴；在乡村引进“新乡贤”中，要利用人才振兴带动文化振兴与组织振兴。在实施乡村振兴战略的过程当中，坚持系统思维的整体性，将乡村这个研究对象作为系统来认识，并将其乡村产业、生态、文化、人才、组织五方面加以考察和把握，最后还要将乡村整体发展作为认识的最终归宿，满足农民对美好生活的向往；坚持系统思维的立体性，促使乡村处于纵横交错的交叉点上，将乡村进行横向比较与纵向比较，注重乡村与城市之间的横向经济联系，认识到乡村的纵向发展，满足人民群众的精神生活需求，全面准确地把握乡村这个思维对象的规定性，实现横向诸要素与纵向层次发展之间的有机耦合。坚持系统思维的动态性，不能一味地进行乡村振兴，而要注重巩固脱贫攻坚的成果。随着外部环境的变换呈现出动态幅度，注重脱贫攻坚与乡村振兴的有效衔接，以及深度衔接等问题，认识把握好系统的稳定结构，促使在乡村振兴这个系统工程的演化过程中逐渐呈现出规律有序化的态势。坚持系统思维的综合性，从整体上综合把握对象，呈现出“综合—分析—综合”的双向思维，两者相互渗透，相互反馈。在实施乡村振兴战略中，农业为现代化生产提供基础的物质生产资料，不断加强农业生产工具智能化，农业生产信息化，农民发展现代化。

六、坚持因地制宜、循序渐进

乡村人居环境整治要扎实推进“保护乡村自然生态环境，改善农民日常生活环境”这一基础性工作。在生态保护方面，积极开展生态治理工作，保护自然生态环境。要“推进农村水系综合整治”，加大科研投入力度与人才储备量。组织相关科研单位研发乡村人居环境整治需要的核心技术与设施，加快培养乡村规划设计师、乡村环境保护项目运营管理人才等。在生活理念方面，要重视乡村文明健康生活理念与农民群众文明卫生观念的培育践行。开展乡村环境整治知识培训、爱国卫生运动、卫生示范村评比等实践活动，发动农民参与乡村人居环境整治，从而树立农民绿色环保生活态度与生态保护自觉性，增强农民生态环境保护的使命感。另一方面，提升乡村人居环境整治水平需要不断加强乡村建设的规划性，实现自然规律与美的规律相统一。现如今，大拆大建、千村一面、有新房没新村的乡村建设情况已成为困扰乡村规划建设的突出问题。中国各地乡村经济发展水平差异较大、自然条件与资源禀赋各异、地域文化差异明显、村庄发展的起点与类型各有不同。

针对数量众多的集聚提升类村庄，要在原有的规模基础上，发展产业，美化环境，保持原有村庄风貌，建设宜居宜业宜游的村庄。这类村庄可以通过美丽乡村建设改善村庄内部人居环境，利用古朴自然的民族文化实现村庄经济社会协调发展。同时，也可发挥村庄的比较优势，向农业强村、经济强村、服务强村等专业类型村庄发展，如华北地区的部分乡村可利用平原地形的优势，发展大规模大豆、花生等作物的种植；南方丘陵地区可种植特色瓜果、蔬菜、中药材等经济特色农作物；具有区位优势的村庄也可重点发展乡村集体产业，通过做大做强乡村集体经济实现村庄发展；针对城郊融合类村庄，要充分利用其拥有的得天独厚的城市资源优势，通过与城市的发展战略融合、空间布局功能融合、交通网络融合、基础设施融合促进此类村庄发展；对于特色保护类村庄，要特别注重保护，不破坏村庄原有自然的空间与文化形态、环境，全面保护具有文化传承价值的物质文化遗产。同时，根据不同村庄特色资源，合理开发村庄的旅游资源、康养资源等，实现在利用中保护与传承；搬迁撤并类村庄主要是为了解决农民生活问题与生态环境保护问题而对村庄空间布局重新进行人为规划的村庄类型。

总之，坚持因地制宜、循序渐进原则要求乡村建设树立战略思维，步步为营，不搞突击性进攻。无论是何种类型的村庄规划建设，都要先规划蓝图，后进行乡村建设，对于暂时无法归类的村庄要明确了方向后再进行规划建设。同时，要突出地方传统特色，不搞一刀切，细化不同地区村庄的发展目标与实施路径，一桩一件接着干，积小胜为大胜，循序渐进地开展村庄规划建设工作，分阶段、有计划地逐步完善乡村规划建设布局。

七、坚持人与自然和谐共生

中华民族自古以来就尊重自然、热爱自然，这是我们优良的传统，人类的行为方式必须符合自然规律，人类在从事经济活动时，首先要认识自然规律，再科学利用自然规律。良好的环境是最大的生产力。在社会经济发展中，如果破坏并牺牲了环境，再想补回去，需要花很大的成本代价，得不偿失。坚持生态优先与经济发展相互协调、并行不悖，是高质量生态经济发展可予以探索的路径。绿水青山就是金山银山，只有坚持生态优先，才能实现绿色发展。随着经济社会的高速发展，人民对良好生态环境的需求日益增长，使我国的自然环境不断优美，是民生所向。

人与自然和谐共生，立足于马克思主义关于人与自然关系作为人类社会最基本关系的学说，进一步强调和谐共生，统筹发展与保护，实现内在有机统一。习近平总书记关于生态环境保护与生产力发展的论述，再次拓展了马克思主义生产力的外延，坚持在实现社会主义共同富裕基础上，突出人与自然相互依存、共生共赢的本质特征。以尊重自然为前提，顺应自然为基点，保护自然为根本，追求更高层次的共生局面，有助于重新认识人与自然的关系，正确处理环境保护和经济发展的关系，建设高质量、高水平的社会主义现代化。

人与自然和谐共生，牢牢把握住了马克思主义关于生态哲学的根本要素，体现出党执政兴国的人民立场，满足了人民群众的现实需求，在社会主义现代化建设中，“两山”理念提纲挈领，互为表里，坚持节约资源和环境保护两手抓，总揽生态文明建设全局。

八、坚持整体协调发展

乡村振兴应该是一个整体性的协调发展过程。整体是前提，协调是方法，发展是目的。坚持整体性与协调性是理解乡村振兴的一个宏观原则，坚持整体性与协调性的目的是促进乡村的可持续发展。因此，乡村振兴要坚持整体协调发展的原则。

第一，坚持整体协调发展体现了事物的普遍联系性理念。社会系统内部存在着经济、政治、文化、自然生态等子系统，这些子系统之间也处于相互联系与影响中，并最终影响着整个社会系统运行。坚持整体协调发展无疑是基于对事物普遍联系性的认知，依赖系统论观点分析解决乡村振兴遇到的现实问题。坚持整体协调发展，打破了以往对乡村发展维度单一性的理解，将乡村振兴看成促进社会系统全方位丰富与扩展的过程，更注重乡村振兴建设与社会系统发展布局、空间、要素、进程之间的整体性与平衡性；坚持整体协调发展体现了事物的动态发展理念。事物普遍联系的同时也必然带来事物的运动。事物的发展本身就是一种积极的运动状态。坚持发展的整体性与协调性是建立在事物的动态发展理念之上凝练出的一种价值准则。坚持整体协调发展，是将乡村振兴本身看作是处于一个不断变动的社会系统背景中，能够对乡村振兴发展中所遇到的具体性、动态性的现实问题做出合理的解决方案；坚持整体协调发展体现了事物发展的人民指向，继而规定了乡村振兴的发展取向。坚持整体协调发展强调人民群众利益的整体性以及利益实现方式的协调性，不仅要实现满足人民群众生理需要的物质利益，还要协调兼顾其精神文化生活的利益。在乡村振兴建设中坚持整体协调发展，有利于保证社会发展的全面协调可持续，为实现全体人民的自由全面发展做了必要准备。

第二，坚持乡村振兴发展的整体性，从根本上受制于中国特色社会主义现代化整体发展水平。推进乡村振兴建设，不仅需要以乡村地域内的振兴为基础，更召唤国家整体的进步与发展。从乡村的发展历程看，乡村振兴只有在国家整体发展进程中才能获得旺盛生命力。另一方面，乡村振兴的整体性发展体现在“全面”

上，意味着任何促进乡村振兴的手段，都要以“全面”作为标尺衡量其实践行动的合理性与有效性，不能把乡村振兴工作的乡村产业、生态、人才、组织振兴工作割裂开来。因此，坚持乡村振兴发展的整体性，体现为要将乡村产业、生态、文化、人才、组织振兴看成相互作用的有机生命体系统，促进乡村全面振兴。

第三，坚持乡村振兴发展的协调性，即在坚持整体性发展基础上，乡村振兴建设要注重与涉及中国特色社会主义现代化整体发展的各方面工作统筹兼顾、协调发展。现代化内涵既包含了物的现代化，也包含人的现代化。乡村振兴作为一个不断实现现代化的过程，能够不断提升农民的现代化发展水平，使农村现代化全面发展。现代化本身是一个整体协调发展的历史过程，乡村振兴发展要协调好其与城乡发展的关系，这也是中国特色社会主义现代化发展的重要课题。乡村振兴发展要基于城乡二元结构的现实社会制度环境，协调好其与城市文明发展的关系，协调好与新型城镇化发展理念和实践的关系。另外，实施乡村振兴战略是新时代实现农业农村现代化的重要手段，乡村振兴要协调乡村产业发展、人居环境治理、基层治理、文化传承等各方面的内容，使彼此之间互相促进，共同推动乡村振兴战略顺利实施。

第四节　乡村振兴战略的基础

新时代乡村振兴战略是深深植根于中国的历史传统与文化积淀之中。乡村是社会发展之魂，乡村是中华文明之源，是国家强盛之根，实施乡村振兴战略有着深厚的历史基础。乡村作为实现社会主义现代化强国重要的一部分，厘清新时代乡村振兴战略的理论渊源及其广泛的现实基础，有利于我们实现乡村的高质量发展。

一、中国传统文化中的“三农”政策

乡村传统文化作为现代化建设的土壤与资源，是有意识挑选出来的符号，为乡村的建设提供智识资源。实施新时代乡村振兴战略，重视并借鉴优秀传统文化中的资源，有利于传承好、发展好乡村内的优秀文化。乡村曾经作为无数文人墨客流连忘返的栖息地，陶渊明曾“采菊东篱下，悠然见南山。”杜甫以乡村作为基本场域，作诗“锄禾日当午，汗滴禾下土”更是成为千古绝唱。

第一，加强对农业的重视。中国自古以来就注重以农治国，借助发展农业进

行治国理政。秦朝时期十分注重农民发挥的作用，商鞅所推行的军功制度，让普通老百姓也可以上战场杀敌，凭人头加官进爵得以翻身晋升，不仅如此，其中以激励措施为指引，手中人头数越多，平民也可向贵族势力发起冲击，这便给予了农民群体很大的鼓励，以民为本为基础，真正为大众谋利，变法得到了大多数人，尤其是得到了农民的支持和拥护。西汉时期，我国农业发展的重要阶段，封建政权借用经济法规加强对商贾的打击，加强对农业的重视。辽代统治者给贫困百姓免费赠予生产工具，比如恩赐牛用以协助农民进行生产、开垦荒地可免除赋税的缴纳等措施，以大力发展农业。为了加强指导农业生产，元世祖向全国颁发《农桑辑要》一书，在中央设立负责农业和水利的机构大司农司。

第二，推行不同的土地政策。土地作为农民息息相关的物质资料获取载体，古代统治者或是执政党在治国理政时，根据一定时期的政治经济任务，便借以依靠土地关系来调动农民农业生产的积极性。春秋时期，齐国国相管仲在齐国农业方面实施了一系列的改革，他推行在“均田分力”基础上的“相地而衰征”的政策，承认土地私有，顺应时代的发展，适应当时的生产力与生产关系，加速了奴隶制度的瓦解。鲁国的“初税亩”不再区分公田、私田，在全国范围内推行按亩收取土地税，不断促进土地由国有制向私有制转化。秦国商鞅变法主张废除井田制度，继续主张推行土地私有化，农民有了自己的耕种土地，只需要缴纳一定的粮食，便可拥有维持生计的生产工具，增强了农民的获得感，进一步增加了劳动人民投入生产的积极性。

第三，建立不同的赋税制度。唐朝时期，唐太宗劝课农桑，多次减免租税，激发农民的生产积极性，支持农业发展。对减免农民缴税的政策，减轻农民负担，直到清政府时期，统治者设定了作为征收丁税的固定丁数，即以康熙五十年的人丁数为基本标准，此后如果再增加人丁，便可永远不叠加赋税。雍正帝时期，废除了自唐以来实行的人头税，进一步优化了赋税政策，推行“摊丁入亩”的政策。

第四，加强农产品商品化。随着社会历史背景的变换，生产关系发生变化，农业开始以市场需求为主要导向，借助市场实现农村生产要素的合理流动与优化配置，促进农产品不再仅仅满足自己的生活与上缴国家，农产品开始出现商品化，拓宽了农民的收入来源。北宋时期，南北农作物品种开始出现交换，农产品的商品化加强。清代前期，对一些经济作物给予更多的政策支持，加大作物的生产量，诸如在江南一带种桑树、卖桑叶，也奠定了后来该区域成为农业商品生产重要部门的基础，不断促进农业的向前发展。

第五，大力兴修水利。古代的水利工程修建为农业发展提供可靠的保障，大力开展兴修水利，发展农业生产。魏晋南北朝由于五胡乱华常常发生战乱，统治者兴修水利以安抚流民，完成农业水利灌溉等多项作业。五代十国时期，长期战乱导致社会经济遭到了巨大的破坏，北方经济重心向南转移，地处长江和珠江流域的大部分南方诸国战乱较少，统治者招抚流亡，借助兴修水利等恢复农业生产和招揽民心，促使了农业发展有了重大成效。元朝末年，农民起义军领袖朱元璋在夺取政权后，先加强中央集权，进一步巩固统一，积极大力开展兴修水利，减轻洪、涝、旱、碱灾害，以发展农业生产。

二、马克思恩格斯城乡融合观

城乡观是马克思与恩格斯的主要观点之一，城乡观并未集中在马恩经典文本中独自成章呈现给读者，而是将这一观点分散渗透于多个经典著作之中。城乡分工会造成人和劳动之间向畸形发展，因此在和谐社会当中是没有城乡对立分离的，城市并非农村的主宰，农村也不是城市的附庸，两者在地位上是平等的，这便为马克思主义的城乡观奠定了基础，虽然城乡对立是历史发展的产物，其消灭也是历史的必然，城乡融合发展是城乡关系发展的必然趋势。“城乡关系”是城市与乡村之间的对立统一关系，对立体现在，随着生产力的大力发展，社会分工的出现导致各种矛盾冲突逐渐外显出来，加大了城乡分离的速度，进而导致城乡之间因在经济、文化等多方面大相径庭。统一主要体现在，城市是从乡村这个母体中所剥离出来的，在一定程度上两者本为一体，城乡之间隶属于一种相互依存、相互作用的关系，有望实现城乡再次融合发展。诚如，马克思所提出的观点，社会分工直接推动了城乡关系的演变，消灭私有制实现共产主义社会才能达到城乡融合的发展目标。

三、中国共产党历届领导人的思想引领

乡村振兴战略的提出，不是无源之水，有着其内在的历史逻辑。实施乡村振兴战略与中国近百年来的乡村建设实践一脉相承。近代以来，中华农耕文明在与西方工商文明冲撞摩擦中，受到严重重创，这直接激起了中国社会各界仁人志士的强烈反思，使他们走上了旨在“复兴”乡村的乡村建设之路。中国近百年的乡村建设历程大致可分为三个阶段：一是民国初期以拯救乡村为目的的乡村建设阶段。这其中首先包含了国民政府主导的乡村复兴计划，国民政府成立乡村复兴委员会负责乡村建设的全部事宜，但乡村复兴委员会是以对外抗日和对内剿匪为根

本目的而设立的乡村建设机构，因此终将不能承担起改变乡村社会结构和社会运行秩序的重任，无法实际解决乡村复兴问题。此外是由社会力量主导、较为分散的以进行乡村社会建设为宗旨的乡村建设运动，其中以梁漱溟、晏阳初等人发起并组织实施的乡村建设实践影响最为深远。他们虽然通过发展乡村组织、开展平民教育、开办乡村实业等措施对乡村进行不断改良，但均因为没有认清乡村存在的阶级矛盾而使运动纷纷失败。二是中华人民共和国成立初期以改造为特征的乡村建设阶段。这一阶段党围绕农民与土地的关系开展了乡村土地改革运动和乡村合作化运动，通过农业合作社和人民公社形式实现了乡村社会结构与社会秩序的重组，乡村呈现出高度集体化状态。但由于这一阶段的乡村建设仍从属于国家现代化建设战略目标，因而这一时期的乡村发展主体性偏低，整体发展水平不高。三是改革开放以来以实现现代化发展为目标的乡村重建阶段。1978 年党的十一届三中全会把乡村经济体制改革作为中国实行改革开放的开端，自此乡村建设逐渐开展起来。党通过改革乡村基本经营制度、实行村民自治制度、发展乡镇企业、建设社会主义新农村、统筹城乡发展、促进城乡一体化发展等实际措施悄然改变了乡村的社会结构、社会秩序与社会生活，并把乡村建设与全面建成小康社会、实现社会主义现代化等国家建设目标结合。但同时由于长期城乡二元结构体制的限制，城乡发展差距明显，部分乡村出现空心化趋势，乡村建设面临着乡村文明逐渐衰落的严峻形势，实现乡村振兴，成为乡村建设新的发展诉求。因此，实施乡村振兴战略，是对以往中国乡村建设实践经验的总结和升华，恰逢其时地回应了新时代乡村建设的发展诉求，启动了新时代乡村建设新阶段，意味着中国近百年的乡村建设实践正式走上了新时代乡村振兴之路。

习近平总书记在回顾改革开放 40 周年时最先提到的就是农村改革，农村改革以家庭联产承包责任制为改革开放伟大征程的起点，极大程度上调动了农民积极性和提高农业生产效率，导致农村大量富余劳动力需要寻找更多的就业与增收空间。20 世纪 80 年代，农民群众再次开创乡镇企业的道路，满足乡村居民的基本物质生活需求。

20 世纪 20 年代，毛泽东结合当时中国乡村的实际情况提出了诸多关于建设乡村的理论，形成了毛泽东自己的乡村建设理论。其中最具有代表性的是确立了“农村包围城市，武装夺取政权”的策略，带领广大贫苦人民发动了农民武装运动，建立了人民军队，最终并取得了全国胜利。在毛泽东同志的科学带领下，中国农民获得了相应的社会地位，有了实现共同富裕的参与权。1949 年前，毛泽东以土地革命为中心争取解放农民并建立政治革命。之后，他主张在乡村大搞生产力图实现农村社会主义现代化，进而实现全社会的共同富裕。无论是在什么历史背景下，农民问题始终是实现伟大民族复兴的中国梦的头等难题，汲取毛泽东在探索中国农民问题出路上的经验与教训，有利于新时代乡村振兴战略的有效实施。中国几千年以来，土地所赋予农民的意义远远大于其他，抓住了农民所关注的重点问题就等于抓住了问题的要点，解决了农民的土地问题就是在建立自己的群众基础，增加生产主力军保护革命，增强了经济落后国家的生产力。

邓小平结合当时乡村的基本状况，具体问题具体分析。“工业越发展，越要把农业放在第一位”，[①] 调动农民的积极性，减轻农民的负担，才能够在农村农业发展过程中发挥农民的主观能动性。城乡协调发展，工业与农业互促互进，工业应援农业发展，积极促进农业的现代化发展，农业需要进行农林牧渔综合经营、全面发展，在发展的过程中进行产业结构调整。我国历代领导人在前人的理论基础上，结合中国乡村发展实情，注意农业的可持续发展，强调科学技术在农业农村中发挥的重要作用，提高引进人才的待遇，留住人才，并且以之前领导集体的理论观念作为基础，提出了符合时代发展的乡村建设理论，重视“三农”问题，将农业放在首位，重视调动农民的积极性，减轻农民负担，同时注重统筹城乡共同发展，大力支持农村的发展，促进农业科技进步，提高农产品的科技含量。

四、“三农”工作的经验总结

（一）20 世纪农村运动与改革发展

近代百年中国乡村发展的历史实践表明，农村、农业和农民是中国经济社会稳定发展的坚实基础。中国乡村建设大潮，肇始于 20 世纪初的文化教育、救亡图存和乡村改造尝试，发展于中国共产党领导下的农民土地所有制变革，兴盛于 21 世纪新农村建设和新时代乡村振兴战略。

20 世纪前中期的中国农村改造与变革尝试。20 纪前中期的中国乡村建设以农村运动与发展为主线，最早关于中国农村改革发展的主题可追溯至 1904 年米迪刚先生提出的“村治”理念。一方面，“五四运动”后，以梁漱溟、晏阳初、卢作孚等为代表的知识分子，积极倡导的乡村建设运动、平民教育运动和乡村教师等实践，并号召了一大批地方乡绅、实业家和仁人志士加入乡村建设运动，开展了最早的轰轰烈烈的“乡村复兴运动”。如面对民国时期农村的衰败、落后问题，以救济农村、复兴农村为主要任务，出现了梁漱溟的邹平乡村建设实验、晏阳初

① 邓小平．邓小平文选（第 2 卷）[M]，北京：人民出版社，1994.

基于河北定县农村实际的“四教三式”乡村治理实践等，希望通过开办培训班、训练部、短训班、平民学校等达到救济农村、复兴农村的目的。另一方面，中国共产党以农民普遍关心的土地和生活问题为突破口，实行农村土地改革运动和生产运动，极大地促进了农村经济社会发展，并为后来新中国农村集体经济发展提供实践基础。

20 世纪中叶后的中国农村集体化发展。这一时期可分为两个阶段，第一阶段是中华人民共和国成立到改革开放前的农村集体化发展阶段，初期大锅饭和社会主义农村改造，使得乡村面貌和农民生活条件得到极大改善，但是随着农村改造的持续推进，同吃同住同生产的农村大锅饭生产形式的弊端开始凸显。第二阶段是改革开放后的农村家庭联产承包责任制，进一步解放农村生产力，农民收入显著提高，中国乡村建设开始面向农民生活，从温饱向小康稳步推进。这期间一批社会学家、人类学家深入田间地头进行调查研究，为中国乡村建设提供了重要的学理支持。这一历史时期，从国家到地方，确保了国家粮食安全和社会稳定。农业、农村和农民为国家发展做出了直接且不可替代的贡献。

（二）21 世纪新农村建设与发展

进入 21 世纪后，随着中国城市化进程的逐渐加快，城乡二元结构性矛盾开始凸显，城乡发展的不平衡开始显现。2005 年面对农村发展相对滞后问题，以农村农业农民为中心的新农村建设成为国家社会关注的焦点，乡村建设迎来难得的发展机遇期，国家对解决“三农”问题的认识不断突破。这一时期国家大力发展农村及设施建设，千方百计促进农民增收，深化农村体制机制改革，尝试理顺城市与乡村的关系，推进城乡统筹与一体化发展，积极应对全球化对农业农村带来的竞争，极大提高了农业、农村的生产生活水平，为国家综合实力的发展，尤其是经济的创新和环境的可持续发展提供了重要支撑。

乡村振兴战略的提出，不是空中楼阁，有着其深厚的现实基础，主要表现为“三农”发展取得的重大成就和积累的工作经验。在党和政府高度重视农业农村发展的情况下，中国农业农村发展水平提升明显。一是以粮食总产量为指标来看，2012—2019 年乡村粮食总产量整体上逐年增加。截至 2019 年，乡村粮食总产量已达 66384 万吨，近年来农业生产能力显著提高。二是以农民收入消费状况为指标来看，2019 年乡村居民人均可支配收入达 16020.7 元，继续保持较快增长速度。同时，近几年农民恩格尔系数明显下降，即将进入 30% 以下的富足阶段，这说明农民进行发展型与享受型消费的支出能力越来越强，农民生活的经济条件与社会保障水平得到有效改善。三是以脱贫攻坚成果为指标来看，按现行乡村贫困标准衡量，改革开放四十年来乡村减贫人口多达 7 亿，尤其是在党的十八大以来，脱贫攻坚的速度、力度与效度显著提升。截至 2020 年末，99% 以上的行政村有村级综合服务设施，99.95 农户饮水无困难，国家贫困县居民居住生活条件大幅改善；国家贫困县中 99.6% 的行政村可以用宽带上网，99.6% 的行政村有硬化处理过的主干道，农民享受基本生活服务水平明显提高；国家贫困县中 98.5% 的乡镇有小学，94.1% 的乡镇有寄宿制学校。99.8% 的所在行政村有卫生站，贫困地区教育、文化、卫生水平大幅提高，得到基本保障，中国区域性整体贫困得到解决。由此可见，脱贫攻坚战果斐然。以上关于农业农村发展取得的重大成就与长久以来党和政府开展的一系列“三农”工作密不可分。21 世纪以来党和国家开始以工哺农，从 2004 年开始连年颁布中央一号涉农文件，各有侧重地对每年的“三农”工作进行全面部署。2005 年正式提出“建设社会主义新农村”，接着下一年中央一号文件规定了具体推进新农村建设的相关事宜。尤其在党的十八大以来，国家对乡村的公共预算财政支出显著增加，2018 年相关支出已高达 238858.4 亿，与 2011 年相比增长了一倍之多。改革开放 40 年来，国家在农业税收补贴、乡村义务教育、乡村医疗养老等方面给予“三农”工作大力支持与引导，实施了一系列惠农政策，由此积累了大量乡村实地工作经验，这为党和国家今后解决“三农”问题奠定了坚实经验基础。这说明，中国已具备提出和实施乡村振兴战略的条件和能力。

五、新时代关于乡村振兴战略的重要论述

从历史的角度来看，习近平总书记的重要论述是站在新的起点总结过去、着眼当下、展望未来，对新时代乡村发展的新要求与新蓝图的创新性规划与设计。从理论的角度来看，它是进一步深化马克思主义中国化新思想的重要抓手。从实践的角度看，它是习近平在基层实践积累，在梁家河、正定、福建、浙江等多地的实践探索总结，真正看清了老百姓需要什么，呼应了老百姓的新期待，始终秉承以人民为中心。

在正定的实践探索，是习近平总书记形成乡村振兴战略的根源所在。1984 年习近平立足实际，提出“半城郊型”经济发展路线，这种新模式的经济在一定程度上摆脱了农村经济产品单一，经营思想的窠臼，树立起农林牧渔全面发展以及农工商综合经营的大农业思想。不仅仅如此，在生态建设方面，习近平认为我们在促进发展经济的同时还要协调好生态自然的保护。在福建的实践探索，是习近

平乡村振兴战略思想形成的萌芽阶段。在福建时，他多次强调到农业发展要放在重要的战略位置，结合福建省的实际情况，建立起“大农业”的概念，用科技作为先导来引领农业的高效发展，提高农民的科学文化素养，优化基层人才队伍建设。提倡在农村发展集体经济，调整农业生产结构，增加经济效益，提高农民收入，构建高产出、低消耗、质量优的生态农业生产体系。在浙江的实践探索，是习近平乡村振兴战略思想的成熟阶段。农业的稳定是国家稳定的基础，结合客观实际，习近平总书记当时就提出了“绿水青山就是金山银山”的发展理念，要发展具有中国特色的高效生态农业来实现农业的发展。

“民不贱农，则国安不殆”“务农重本，国之大纲”，新时代乡村振兴战略是我们党开展“三农”工作的基本指导。坚持党领导的政治优势，坚持社会主义的制度优势，坚持以人民为中心的价值优势，实施乡村振兴战略也为发展中国家解决乡村问题，贡献出优秀的示范。实施乡村振兴战略，要结合当地实际，比如海南发挥热带地区气候优势，以热带特色产业为引擎，打造国家热带现代农业基地，打造体现热带风情的精品小镇。2018 年 4 月 26 日习近平在深入推动长江经济带发展座谈会上的讲话强调：“正确把握生态环境保护和经济发展的关系，探索协同推进生态优先和绿色发展新路子”。[①] 发挥农村生态资源丰富的优势，把绿水青山变成金山银山，实现生态建设、脱贫攻坚、乡村振兴协同推进。

2020 年习近平在多次重要讲话当中提及乡村振兴战略。全球应对新型冠状病毒疫情，讲话中也不忘重提乡村振兴的重要性，在关键时刻，要聚焦攻克脱贫攻坚最后堡垒，结合乡村振兴战略，确保重大项目特别是制造业项目及时开工建设。2020 年 3 月 6 日在决战决胜脱贫攻坚座谈会上的讲话再次重申强调“接续推进全面脱贫与乡村振兴有效衔接……理清工作思路……推动减贫战略和工作体系平稳转型”。[②]2020 年在制定“十四五”规划当中，农业农村优先发展被列入“十四五”规划建议中，“实施乡村建设行动”是“十四五”规划的新提法，加强乡村社会治理能力建设，将乡村建设成为与城市有差异无差距的理想家园。2020 年 12 月 29 日习近平在中央农村工作会议中，再次强调乡村振兴的重要性：“全党务必充分认识新发展阶段做好‘三农’工作的重要性和紧迫性”。[③] 重视乡村振兴战略的深度、广度、难度，要实施乡村建设行动，推动城乡融合发展见实效，着力推动乡村治理现代化进程。2021 年 1 月 4 日中央 1 号文件发布，立足新发展阶段全面

① 2018 年 4 月 26 日，习近平在深入推动长江经济带发展座谈会上的讲话.
② 2020 年 3 月 6 日，习近平在决战决胜脱贫攻坚座谈会上的讲话.
③ 2020 年 12 月 29 日，习近平在中央农村工作会议上的讲话.

推进乡村振兴总体部署，“十四五”规划时期，民族要复兴，乡村必振兴。加快实现农村现代化，在新时代要汇聚一切磅礴之力，让广大农民过上更加美好的生活。

自2017年中共十九大报告中提出实施乡村振兴战略，到2021年中央一号文件部署全面推进乡村振兴，加快农业农村现代化。系列文件的颁布，体现了党和国家领导人对农业农村发展问题的持续关注。实施乡村振兴战略，需要处理好乡村文明建设和城市文明建设、乡村文明建设的时代性和超越性以及乡村文明建设与整个社会发展目标之间的关系，如何在新时代把握新形势、明确新任务、展现新作为，推动农村一二三产业融合发展，丰富乡村经济业态，拓展农民增收空间，需要保护传统村落和乡村特色风貌，盘活用好村落直接资源要素，包括村落本身具有的文化资源、人才资源、环境资源等。振兴乡村，是要留住中华民族文化的根，在全面建设社会主义现代化国家中保留中华民族的特质，使现代与传统交融互补、城市与农村协调发展。

第五节　乡村振兴战略的意义

一、政治价值

（一）为夯实中国共产党的执政基础指明方向

习近平总书记关于乡村振兴重要论述中，强调不断提升乡村治理能力。乡村振兴既有利于巩固党执政的阶级基础，又推动扩大党执政的群众基础。

第一，巩固了党执政的阶级基础。乡村振兴中包含了加强基层党组织的领导观点。加强基层党组织对乡村的领导，有利于促进其更加全面地认识乡村、理解乡村，从而提升基层党组织自身制定重大政策和规定的能力。同时，乡村振兴中包含了吸纳优秀党员的观点。优秀党员作为一股新生力量能够为基层党组织带来新的活力。通过完善乡村基层干部选拔任用制度等方式来不断为基层党组织输送新生力量，促进基层党组织在治理理念、方式、途径等方面不断走向现代化，形成乡村善治格局。乡村振兴通过加强基层党组织的领导、吸纳优秀党员，进而巩固基层党组织在乡村各项工作中的领导核心地位。

第二，扩大了党执政的群众基础。执政基础是指一个执政党赖以维持与巩固的条件，其中，群众基础是核心。因为只有得到人民群众的认可、授权与支持的政党才能够执政、执好政。乡村振兴中包含的以人民为中心思想，有利于扩大党执政的群众基础。在乡村治理场域中，坚持以人民为中心就是要基层党组织做到发展为人民、发展靠人民、发展成果由人民共享。所谓发展为人民，即基层党组织必须把人民群众放在首位，保障人民群众的合法权利和利益。而发展靠人民，则要求基层党组织将人民群众组织起来，共同参与到复杂多变的乡村振兴过程之中，并在一定程度上加强了人民群众对各项政策措施的认同感。最后，发展成果由人民群众共享，就强调要以人民群众的需求为导向，让治理的成果能够改善人民的生活水平和质量，从而增进人民福祉，加强人民的幸福感。总之，基层党组织坚持以人民为中心的理念，乡村振兴有利于拉近基层党组织与人民群众的关系，增强两者之间的信任感，从而保障党的方针政策得以在人民群众中得到始终如一的贯彻。

（二）为展现人民当家做主提供方法

人民当家做主是社会主义民主的本质特征。乡村振兴非常重视人民的主体地位，强调用制度保障人民当家做主、用改革落实人民当家做主。

第一，用制度保障人民当家做主。自中华人民共和国成立之日起，中国共产党就以实现人民当家做主为己任。习近平关于乡村振兴重要论述中包含的乡村法治思想，强调要“用制度体系保证人民当家做主。”① 一方面，更为完善的制度体系为人民当家做主提供了基本遵循。当前我国乡村的法律制度体系极不完善，导致了乡村人民参与到乡村治理之中有着重重困难。因此加强乡村制度体系建设有利于乡村人民群众能够根据细化的法律规定，通过各种途径与方式依法参与到乡村治理中来，从而凸显人民群众的主体地位。另一方面，制度体系的建设体现了人民意志。尊重人民群众的意愿、维护人民群众的利益是各项法律法规制定和实施的出发点和落脚点。只有构建满足乡村人民不断增长的对美好生活需要的制度体系才能够为人民群众所支持、所拥护，从而真正做到保障人民当家做主。

第二，用改革落实人民当家做主。改革是乡村振兴的重要法宝，而改革也是一条贯穿习近平总书记关于乡村振兴重要论述的重要红线，通过改革来保证人民当家做主体现在乡村治理的方方面面。其一，改革有利于破除一切束缚乡村的限制和歧视。乡村中的各项改革是为了破除窠臼，充分激发人民群众的活力，保障在乡村治理中人民群众的主体地位。例如通过不断深化村民自治改革来促进乡村

① 2017 年 10 月 18 日.《习近平在中国共产党第十九次全国代表大会上的报告》

人民群众有渠道、有途径参与到乡村民主政治生活之中，最终实现乡村各项工作中充分体现人民的意愿。其二，通过改革来保障人民的合法权益。改革的目的是为了人民。乡村改革就是要革除不利于人民利益的体制机制，建立充分保障人民利益的新的法规体系。例如通过加快推进民生领域体制机制创新，促进教育、医疗等等资源向乡村延伸、覆盖，从而既促进人民基本生活得到保障，又提高了人民的生活质量。

二、理论价值

（一）传承了中国传统文化的重农思想

中国自古以来就以农业大国著称，统治者主张一切围绕农事治国，以农业作为稳定天下的根本所在，将农业农村作为治国理政的主要内容，甚至大力实施重农抑商的治国策略，把农业视为天下根本。农业作为一切的经济来源，为手工业和商业的发展提供了原材料和市场，奠定了社会经济的基础，农耕文明也推进了华夏文明的进程，长期以来的重农思想在人民心中地位不断得到固化。

中国传统文化中重视农业农村问题、土地政策、赋税制度、加强农产品商品化、兴修水利等多项措施充分论证了中国古代的重农思想一直备受传承并不断得到优化。中国传统文化为新时代乡村振兴战略提供丰富的文化土壤资源，新时代乡村振兴战略传承和发展了传统文化中的重农思想，进一步加强了中国的文化自信，以“传统”实现“现代化”。新时代乡村如何走上现代化，遵循乡土中国的文化逻辑，培养民族的新生命，破除“传统”与“现代”的二元对立，构建现代语境下的传统重农思想。

（二）创新了马克思恩格斯的城乡融合观

中国共产党是马克思主义性质的政党，新时代乡村振兴战略是在中国共产党的领导下，不断丰富马克思恩格斯的三农观。马克思恩格斯的“三农”思想是建立在长期的实践基础之上的伟大探索，其城乡融合思想以及注重农民问题的思想都是其站在无产阶级的立场出发。新时代乡村振兴战略在处理城乡问题上是以马恩城乡融合为落脚点。

马克思恩格斯认为消灭私有制，实现共产主义才能达到城乡融合。农业与农民问题必须得到重视，在更为进步的资本主义大农业的竞争中，小农经济将会被社会大生产所取代，因为小农天生所存在的有限弊端，致使农村生产方式相对于城市极其落后，但是我们不能过分干预小农的发展。新时代乡村振兴战略结合马克思恩格斯的城乡融合观，并综合中国“三农”的实际建设问题，形成新时代的乡村建设新理论。新时代振兴战略在马克思恩格斯城乡融合观的基础上，创新型地突破了乡村建设是主要针对当时资本主义私有制下的欧洲国家的政策，新时代实施乡村振兴战略所构建的新型工农城乡关系，是要将农业农村问题放在第一位，工业去反哺农业，城市带动乡村发展，两者协调发展，加快农业农村现代化。新时代乡村振兴战略中的农民主体也赋予了更加丰富的内涵，新时代的农民不再是传统落后的农民，农民成为自由自觉的劳动主体，创造了更多的物质财富与精神财富，实现自我价值。

（三）丰富了中国化的马克思主义“三农”思想

时代实现乡村的高质量发展，要立足新的思维方法结合中国新时代乡村的发展实情，思考如何实施乡村振兴战略，进一步丰富了以往的乡村建设，尤其是新农村建设理论。新时代乡村振兴更加注重城乡平等发展，生产要素的合理配置与流动，实现公共服务的均等化，促进农民主体自由而全面的发展。

新时代乡村振兴战略顺应了当前中国的时代发展潮流，在原有的新农村建设的基础上，不仅仅只是推进经济的繁荣发展，满足物质资料的生产，还要建立健全基层公共设施体系，建设环境优美和文明和谐的社会主义新农村。新时代的乡村振兴在经济上要求产业为主抓点，促进农村产业不断转型升级，推动农业生产不断趋向现代化，注重小农户与现代农业的接轨，引进新理念，主要加强农民主体思想观念的更新迭代。政治上要求进一步加强基层振兴与基层党员人才队伍建设，不只是基本设施设备完善就能满足乡村的发展。文化上更加注重度乡村优秀传统文化的保护继承与创新，进一步增强乡村文化自信。生态上丰富了环境优美这一含义，新时代乡村振兴战略需要重视自然环境与人居环境之间的辩证关系，进一步促进乡村自然环境与人的和谐共生，共建“诗意栖居地”。新时代乡村振兴战略丰富了原有的乡村社会治理方式，更加丰富了农民主体的内涵与内在价值，深刻把握住了“以人民为中心”的发展立场，着力提高农民的综合素质，培育新型的职业农民群体。

乡村振兴战略作为一种制度构想，不仅仅是一种整合机制，它的价值事实上是乡村社会的一种行为引导机制，也正是其首先作为一种权利—义务关系出现，引导乡村居民去关注它的公正性，是否可以实现城乡之间的一种均衡发展，农民社会地位与城市居民之间的公正平等发展。

（四）继承和创新了马克思恩格斯社会管理思想

任何思想都不是凭空产生的，乡村振兴战略的产生也不是偶然，而是根源于马克思恩格斯的社会管理思想。马克思、恩格斯所著的《论犹太人问题》《德意志意识形态》等文章中蕴含着社会管理的思想。其中，马克思、恩格斯主要从两个方面来强调社会管理：一是强调市民社会作为社会组织的出现对于社会发展大有裨益；二是通过创新各种方式方法来不断推动实现社会管理的价值目标，即公平正义。但是由于受时代背景所限，马克思、恩格斯对于如何促进社会组织的发展、实现公平正义并未做过多的详细阐释。

党的十八大以来，习近平总书记站在党和国家发展全局的高度，在继承马克思恩格斯社会管理思想的基础上，进一步丰富了社会治理思想。一方面，通过不断培育乡村各类组织，并明晰各类组织的权责，既促进乡村治理能力主体的多元化，又能够最大限度发挥各类组织的重要作用。另一方面，习近平总书记高度重视社会的公平正义。公平正义的核心在人。习近平总书记强调以制度为保证，推进乡村社会的民生建设，在增进人民福祉的基础上实现公平正义。此外，习近平总书记还结合时代背景，提出许多的乡村振兴新论述。如通过将新时代下的新方法、新技术运用到乡村振兴之中，以提升乡村振兴的有效性等等观点。总之，乡村振兴极大地丰富了马克思恩格斯社会治理思想。

（五）丰富了习近平新时代中国特色社会主义思想

党的十八大以来，习近平把提升乡村治理能力摆在更加突出的位置，不断深化对乡村治理发展规律的认识，形成极具特色的乡村治理能力重要论述。从党的十九大习近平提出乡村振兴战略，注重在以实现治理有效为总要求之一，到2017年在中央农村工作会议上的讲话中首次指出当前乡村治理中，亟待加强乡村治理体系及其能力现代化建设，到2019年《关于加强和改进乡村治理的指导意见》中将乡村治理体系及其能力作为主攻方向，再到2020年的“十四五规划”中提出实施乡村建设行动。都能够充分体现习近平在面对乡村振兴的新情况、新形势，紧密结合了新时代的新实践和新要求，以全新的视野不断加深了对乡村振兴的认识，从而不断丰富习近平新时代中国特色社会主义思想。

乡村振兴是习近平社会治理思想的重要组成部分。乡村治理一直是社会治理中的重要突破口。一方面，乡村振兴从治理主体、治理过程、治理方式等等方面详细阐释新时代打造乡村善治的方向和途径，丰富了习近平社会治理思想宝库。另一方面，乡村振兴中的治理经验和方法为城市治理带了一定的启示，有助于推动城市治理更新理念与方式，从而不断完善习近平社会治理思想的内容。

（六）促进和发展了国家治理现代化思想

推进国家治理体系和治理能力现代化是全面深化改革的总目标之一。而乡村振兴作为国家治理体系及其能力现代化的重要内容，促进其不断完善与发展。

第一，丰富了国家治理现代化思想。作为国家治理体系和治理能力中重要一环的乡村治理存在许多亟待解决的突出问题，包括民主选举、民主决策、民主监督、民主协商等基层民主制度还不健全；公共权力并未得到完全的制约；“城管式困境”还未寻找到有效的化解途径等等，都极大阻碍了乡村走向现代化的步伐。而乡村振兴依据新时代的新情况、新问题，创造性地提出提升乡村治理能力必须以现代化为目标，通过提升能力主体的个人素质、规范治理过程、用制度来保障治理结果，从而不断破解乡村治理中的难题，推动完善乡村治理体系和治理能力现代化。因此，从基层治理现代化的角度，乡村振兴丰富了国家治理体系和能力现代化思想。

第二，促进国家治理现代化思想的发展。乡村振兴中包含的激发多元化能力主体活力、加强乡村制度建设、利用现代化技术推动乡村治理精准性和有效性等等观点，不仅为实现乡村治理体系和能力的现代化打下基础，更为推进国家治理体系及其能力现代化做好铺垫。因此，补齐乡村治理这一作为国家治理现代化发展主线上的短板，能够在不断完善这一思想内容的基础上，推动国家治理体系和治理能力顺利完成每一步的目标。

三、实践价值

（一）乡村振兴战略作为新时代“三农”工作的基本指导

“三农”问题一直以来都受到党和中央的高度重视，它关系到社会的稳定团结、经济的繁荣发展以及中华民族的伟大复兴。乡村振兴战略为新时代有效解决“三农”问题提供了清晰的思路和方法，推动了“三农”问题的根本解决。

乡村振兴战略作为新时代“三农”工作的基本指导，有利于解决新时代的农业问题，农业的发展不仅仅关系到农业农村现代化的进程，还关系到我国经济的繁荣与发展。实施乡村振兴战略，将科学技术融入农业发展当中，加强农业科技的有效支撑，促进现代科学技术在农业生产当中的高效运用，可有效解决农业的“四化”短板。实施乡村振兴战略有利于解决新时代的乡村问题，从根本上依靠广大农民，以及发挥农民的创造力，以深入推进农村的制度创新与农村改革，激发农村的发展活力，有利于解决新时代的农民问题。进入新时代，虽然农村经济有了很大的发展，农民收入有了一定的增加，但城乡居民之间的收入差距还存在一定的差距。乡村振兴战略作为新时代“三农”工作的指导思想，指引我们如何促进脱贫攻坚与乡村振兴两大战略的有效衔接，通过精准扶贫与脱贫攻坚战略的有效推进，培养出实施乡村振兴战略培育新型的职业农民，农民职业技能空前提升，激发农民的创造力与创新力，在未来的发展中如何通过自身自主的获得物质财富与精神财富。

乡村振兴结合了新时代下的新实践，为实现美丽新乡村的建设提供了行动指南。当前，随着现代化进程的不断加快，要求乡村经历一场蜕变和重生，但是在实际过程中，乡村的发展陷入了内卷化的状态。从乡村党建来看，乡村党组织中的组成人员的个人能力和素质参差不齐，这导致了党总揽全局、协调各方的领导核心作用并未完全发挥出来。从经济上来看，我国大多数乡村的经济发展缓慢，而乡村人口的空心化更是加剧这一过程。从政治上来看，我国的乡村各项民主制度还不够健全，村民自治能力较弱。从文化上来看，乡村传统文化衰落甚至消失的步伐并未减慢。从社会和谐来看，在乡村中，由于人民日益增长对美好乡村生活的需要同不平衡不充分的乡村发展之间的矛盾，引发了一系列的冲突与对立。从生态来看，乡村人民的生态意识薄弱，保护生态环境的政策措施有限，导致乡村生态环境越来越脆弱。因此，乡村振兴必须要高度重视这些难题、破解这些难题。

“中国要美，农村必须美。”只有广大乡村变得美丽了，中国才能够变得更美。因此，乡村振兴包含许多促进美丽新乡村建设的重要举措，包括通过强化乡村基层党组织职能来不断增强战斗堡垒作用、激发多元化主体活力来留住乡贤，促进乡村经济的发展、完善乡村各类制度来推动基层民主政治建设、加强和保障民生来缓解乡村矛盾，促进社会和谐、以绿色发展理念来引领乡村生态文明建设等等。而这些举措充分体现了针对性和指向性的特点，即强调构建美丽新乡村必须有着强烈的问题意识，针对每一个难点、难题，应当具体问题具体分析，用不同的方式方法去破解。总而言之，乡村振兴为美丽新乡村建设提供了新的破解思路和破解途径。

（二）乡村振兴战略作为新时代“三农”工作的发展动力

新时代乡村振兴战略的实施有利于实现乡村经济可持续发展。在科学战略的规划指导下，对原有相对落后的农业生产方式进行优化和创新，形成并提高健康又稳定的农业生产效率，确保国家粮食安全，为人民群众提供优质、放心的绿色产品。在科学战略的规划指导下，加快农业农村现代化向前发展的进程，促进小农户与现代化农业的有效衔接，让农业生产水平与现代农业接轨，激活乡村经济发展动力。在科学战略的规划指导下，对农业生产方式进行优化和创新，加快农业资源的优化配置与良性循环利用，发展农业循环经济。

新时代乡村振兴战略的实施有利于实现乡村生态可持续发展。以保留生态本底为原则，打造宜居宜业宜游的人居环境，促进乡村旅游开发与发展满足当代人及子孙后代的需要。以科学战略的规划为指导，打造美丽乡村精品加农业产业与旅游线路的建设元素，推进第一二三产业的深度融合发展，以旅游服务设施建设带动村庄和产业的发展。以科学战略的规划为指导，建设美丽乡村改造村庄外貌，提升村庄人居风貌，连线成片打造乡村振兴示范带，增加村级集体经济的渠道。以科学战略的规划为指导，基于新的发展理念，对乡村的生态建设不仅仅只是传统的生态文明建设，而是重视发挥系统的整合作用，发挥乡村经济、资源、社会、文化等多项要素的整合，实现各个要素之间的相互影响、相互促进，达到最优化的可持续发展效果。

新时代乡村振兴战略的实施有利于实现乡村社会治理可持续发展。进一步加强农村基层组织建设，创新乡村社会治理手段，逐步充实基层党组织治理内容，保持乡村社会治理秩序的稳定可持续发展。以科学战略为指导，实现乡村善治，打造集成社会治理各项功能的全科网络，实现乡村社会治理的可持续发展。实现可持续化发展是一种可以长久维持的过程和状态，实现乡村社会发展的持续性就要在战略实施的过程中注重生态持续性、经济持续性和社会可持续性以及三者之间的相互制约关系。乡村振兴战略根本上是从经济方面来促进乡村社会的经济可持续发展，并注重生态的永续发展，创新乡村社会治理方式，满足人民对美好生活的向往，实现社会的可持续性。

实施乡村振兴战略是由党的使命所决定的。实现中华民族的伟大复兴离不开乡村的振兴，因此，党一直把为乡村人民谋幸福、谋发展作为重要使命。而乡村振兴为进一步推进“三农”工作提供了动力支持。新时代下，乡村的发展关乎着建设富强、民主、文明、和谐、美丽的社会主义现代化强国。因此，建设什么样的乡村，怎样建设乡村是一个亟待回答的问题。党的十九大提出了乡村振兴战略，强调乡村振兴战略是“三农”工作的总抓手。同时，乡村振兴战略也明确了具体实施目标。乡村的建设与发展必须紧紧围绕着乡村振兴的任务与目标来开展工作，从而促进乡村早日步入现代化的正轨。

乡村振兴战略坚持自治、法治和德治的相辅相成，并统一于乡村治理实践之中。加强乡村自治、法治和德治建设有利于细化乡村振兴战略的方针部署，广泛组织人民群众积极参与其中，从而助力各项政策与工作在实践中落地生根。而在乡村振兴之中，乡村治理能力是促进乡村自治、法治、德治不断完善发展的重要变量。乡村振兴包括增强基层党组织的组织能力、提升多元化主体的素质、加强乡村制度建设、加快大数据嵌入乡村治理的步伐等等，都不同程度地推动和完善了乡村自治、法治和德治建设，从而提升乡村治理效能，最终促进乡村振兴战略在广大乡村中稳步前行。

（三）乡村振兴战略对乡村治理制度建设提出了新要求

制度是规范乡村权力运行的重要保障。乡村振兴对乡村治理制度建设提出了新的要求。乡村振兴强调从党建引领力、组织协调力、依法行政力、管理服务力、矛盾化解力来全方位提升乡村治理能力，构建共建共治共享的善治新格局。然而在当前对于保障乡村治理能力有效实行的相关制度还不健全。在我国大多乡村治理场域之中，仍然是处于“人治能力强，法治能力弱”的局面。这归根到底是由于我国乡村的法治建设不健全，相关的法律制度缺乏，没有能够完全严格规范和约束权力运行者的活动与行为。例如政府权力的滥用、监督机制的不透明等等，都导致了我国乡村体制机制改革的效果不佳。因此，必须高度重视乡村治理相关制度建设。同时，乡村振兴为乡村治理制度建设提供了方向性引领。乡村治理是一个庞大而复杂的系统工程，囊括了乡村的方方面面，那么乡村制度建设的重点在哪里，如何建设，怎样建设，这都是当前亟待解决的重要问题。新的时代背景需要提升乡村自身的治理能力，而提升乡村治理能力就要求孕育新的制度体系来保障其合理有效的运行。

（四）乡村振兴战略作为全球减贫事业的“中国方案”

新时代乡村振兴战略是全球减贫事业的“中国方案”，是中国与世界良性互动视角下提出的具有中国特色的话语表达。中国特色社会主义进入新时代，乡村振兴战略是一项长期性战略任务，是全球的“中国减贫方案”，在国际上彰显社会主义制度的优越性。

全球减贫事业的“中国方案”彰显了中国特色社会主义的制度的优越性。实现乡村振兴，关键在党。实施乡村振兴战略是加强中国共产党领导的重要体现，是我们国家的政治优势所在，是社会主义的制度优势。党为全面实施乡村振兴战略把好发展的“脉”，党为开展五大振兴开好“良方”，发挥党的主心骨作用。新时代乡村振兴战略进一步丰富和发展了党的理论创新成果，在党的领导下集中力量办大事，在如此短时间内取得超凡的脱贫成效，巩固脱贫成果并有效衔接到实施乡村振兴战略。加强和改善党的领导是乡村振兴的根本保证，党委和政府一把手是第一负责人，五级书记齐抓乡村振兴，县委书记当好“一线总指挥”。

全球减贫事业的“中国方案”彰显了全球反贫事业的大国责任担当。面对百年未有之大变局，波诡云谲的国际国内形势，新冠疫情威胁人类的生命健康安全，加重了全球的贫困程度，解决共同性问题需要全人类共同参与，共同承担起全球返贫事业是每一个国家的责任与担当。在特殊时期坚持全面实施新时代乡村振兴战略，中国在特殊时期成为减贫事业榜样示范者，彰显了中国作为发展中国家的大国责任与担当。在脱贫攻坚取得重大成果后，积极推进脱贫攻坚与乡村振兴战略的有效衔接，加快减贫进程，促进减贫合作。尤其是“十四五”规划之后，全面推进实施乡村振兴战略，为全球减贫事业可持续发展开好了良好的开端。

第二章　农村基层党组织与乡村振兴的关系

本章为农村基层党组织与乡村振兴的关系，共三节。第一节为农村基层党组织介绍，第二节为乡村振兴对农村基层党组织工作提出的新要求，第三节为农村基层党组织工作在乡村振兴中的地位作用。

第一节　农村基层党组织介绍

一、农村基层党组织的内涵

坚持党管农村是我们党的优良传统，为了巩固党在农村的执政基础，中国共产党的组织设置从上到下一以贯之，各级党组织具体的权力、地位及所起的作用有所不同。2019 年 1 月中共中央印发的《中国共产党农村基层组织工作条例》明确提出，“乡镇党的委员会（乡镇党委）和村党组织（村指行政村）是党在农村的基层组织，是党在农村全部工作和战斗力的基础。”[①]

《条例》从组织建设、职责任务、经济建设、队伍建设等方面对农村基层党组织的工作做出明确要求。农村基层党组织处在联系、发动和服务群众的最前沿，其建设水平直接影响农村社会发展和农民利益，直接关系到乡村振兴战略的落地实施。所以，农村基层党组织建设要围绕如何正确开展农村工作和如何提高执政能力展开，坚持群众路线，突出政治功能，做到总揽全局和协调各方，巩固党在农村的执政地位。

① 2019 年 1 月，中共中央印发《中国共产党农村基层组织工作条例》.

二、农村基层党组织的组织力

（一）组织力的基本内涵

从词根来看，组织力是由“组织”和“力”构成。关于“组织”的解读，既有名词含义，也有动词含义。最早是编织的意思，如“执辔成组”，就是指纺织品的纱线结构，也指编织而成的织物或诗文的词句结构等。从物理学角度来讲，“力”指的是物体与物体相互作用而产生的，根据研究对象可分为外力和内力；也指一种力量或能力，如理解力、战斗力、凝聚力、协调力等。

随着人类社会的发展，“组织力”一词的应用范围越来越广，后来延伸到社会管理上来，是一个与管理学中的“组织”密切相关的概念。“组织”指的是一种同组织目标密切相关的活动或实体性组织，并且这种组织具有相对独立性，对组织及其成员，乃至对社会都发挥着重要影响。从管理学角度来讲，组织是指目标明确、结构合理、具有协调性的一种活动系统，是与外部环境保持密切联系的社会实体。从广义上来说，组织是许多要素以一定形式互相联系起来的一种体系；从狭义上来说，组织是以目标为导向，通过相互协作的方式，形成如党团组织、工会组织等形式的集体或团体，代表的是某一实体本身。可以说，组织是社会的重要组成部分，是社会的基础。

“组织力”就是社会通过高效协作，以实现一定目标的能力。“能力”指的是某一方面的才能和潜力，“力量”则是各要素的集中体现，相对而言，“力量”的内涵和外延比“能力”要深要广。从管理学角度，有学者认为，组织力是组织为了维持内部结构的稳定性以实现持续发展的能力，主要包括凝聚力、领导力、经营力、执行力、激励力、文化力和变革力等。组织力作为组织的核心竞争力，组织力的强弱与组织的凝聚力和战斗力息息相关。对于一个集体而言，建立科学高效、分工合理、职责明确、制度健全的组织体系，是实现集体目标的重要保证，也是组织力建设的关键。对于个人而言，组织能力是对个人如何把力的各种要素合理、有效地组织协调起来的考验，是个人知识、素质等各方面基本条件的外在综合表现。简言之，组织力即是指通过组织的合理安排，使组织内的各要素充分发挥其积极作用，以实现一定的目标和任务而形成的一种能力和力量。

总之，“组织”一词由来已久，最初具有象征性含义，是指将丝麻织成布帛。随着生产力的逐渐提高，经济与社会的快速发展和进步，“组织”一词有了新的引申含义，即为了实现既定目标，一个部门内的多个成员充分发挥个人专长或才能，通过集体协作、互相配合而形成的集体或团体，这样的集体或团体就是组织。

组织力涉及学科较广，马克思主义理论、政治学、管理学、社会学等学科都对其下有定义。但大体上可以理解为以组织为主体，对组织内部的各项资源进行合理分配的一种能力。“组织力”一词有着重要的现实意义和研究意义。

（二）党组织组织力的基本内涵

“组织”一词，在党的建设领域，是最常用的概念之一。中国共产党自成立以来，始终在实践中不断增强和提升党组织的战斗力和凝聚力。特别是党建设新的伟大工程的提出，为党组织加强组织力建设指明了方向。党组织在推进伟大工程和奋进伟大事业的过程中，要不断推进和加强“四力”建设，提升党组织为人民服务、为社会主义现代化服务的能力，以推进伟大事业。

1. 政治领导力

政治领导力是衡量一个政党执政能力和领导能力的重要因素，是党对国家全局性问题的一种领导和主导能力，也是党占主导地位的集中体现。政治领导力主要包括“政治判断力、政治领悟力、政治执行力”三个方面的内容，是党组织坚定政治立场，在正确判断国内外发展形势的基础上，对国家发展做出战略规划，并团结领导人民群众执行战略部署的能力的体现。革命时期与建设、改革时期，党组织的政治领导力既有所区别，又具有一致性。在革命战争时期，党组织的政治领导力主要表现为团结领导人民群众，夺取政权并掌握国家政权，使人民真正成为国家的主人。在建设、改革时期，党组织的政治领导力则主要是团结、动员、领导人民群众，开展社会主义现代化建设，提升人民群众的幸福感、安全感和获得感。而无论是哪一时期，党的政治领导力始终都是处于主导地位的，并且党始终保持敏锐的政治判断力，始终保持为最广大人民群众服务的初心和方向，并依靠人民群众，积极应对各种困难和挑战，带领人民群众迈向一个又一个新的台阶。新时代，政治建设是党建设的核心和统领，这决定了政治领导力是党的领导力的核心。方向决定道路，政治方向决定党建设的方向、立场和成效。旗帜鲜明讲政治，是我们党的鲜明特色。把控政治方向，确保方向和立场是完全正确的，是我们党从革命、建设到改革的过程中始终坚持的政治底色。要坚持马克思主义的根本指导，坚定走中国特色社会主义。新时代要夺取中国特色社会主义伟大胜利，需要党的坚强领导来保持战略定力、找准道路方向。新时代提升政治领导力，需要坚定马克思主义信仰，坚定中国特色社会主义的“四个自信”，在道路、制度、理论和文化上保持政治上的清醒，提升统筹推进“五位一体”总体布局和协调推进“四个全面”战略布局的能力，在政治立场和方向上保持战略定力。始终坚持“四个意识”特别是政治意识，在重大问题的认识和处理上提升党员领导干部的辨别力和洞察力，在政治上做到“两个维护”。

在当代中国，党是领导一切的最高政治力量。党的领导力体现为党的建设的影响力和战斗力。健全党的全面领导制度，是十九届五中全会的战略部署。党的领导作用是总揽全局、协调各方，要求把党的领导贯穿到治国理政的全过程和各领域，调动和凝聚起推动事业发展的各方面的力量和积极因素，带领人民创造美好生活。新时代加强党的建设，核心指向是巩固和提升党的领导力，坚持人民为中心的发展，通过伟大工程实现伟大梦想。同时，要把政治建设作为党的建设的统领，在政治上保证党的各项建设的顺利推进。还要把党的政治建设与事业发展工作有效结合起来，以党建引领发展，以党的领导保证发展的成效，特别是在领导干部的选拔任用上，要突出政治标准，严明政治纪律和政治规矩，为干事业创造良好政治生态，确保事业发展的正确政治方向。

提升党的政治领导力，还要维护党的政治权威，在关于政治方向和政治原则的重大根本性问题上做到政治清醒，有效防范和化解可能出现的政治风险。要坚决维护党中央权威和习近平总书记的核心地位，这是提升政治领导力、化解政治风险的关键所在。恩格斯曾对权威做出论述，认为问题和风险的化解，要靠党的权威来解决。党的权威体现出人民对党的领导能力和政治威信的认同和主动服从，是党领导的影响力和有效性的直接体现。新时代，党员干部要坚定维护党中央权威和习近平总书记的核心地位，形成对权威、核心的政治共识和思想一致，在关于立场、方向、原则等政治性问题上与党中央保持高度一致，增强“四个意识”，坚持民主集中制的根本原则，增强有效防范和化解政治风险的政治能力和定力。

提升党的政治领导力，要求全体党员干部做到政治上的忠诚，做到政治信仰的坚定，做到对党绝对忠诚。对党绝对的政治忠诚，不是一个抽象的原则，也不是可以讲条件的，这是一个共产党员必须坚定的政治信仰和政治灵魂。做到政治忠诚，需要通过加强党的建设来巩固和提升党的领导能力和执政水平，让党员在信仰、组织、理论和路线上做到对党忠诚。另外，还要着眼于新时代党的建设总要求和新时代牢记党的初心使命，全面增强领导本领，尤其是要增强政治领导本领，把党的路线方针政策以及党的领导落到实处，在面对世界变化大局和国内战略全局上，善于把控和驾驭政治局面，实现政治上的锻造和历练，通过政治强党为实现伟大梦想保驾护航。

2. 思想引领力

思想引领力是党通过不断提出新的思想和观点，组织引导人民群众进行社会实践的能力，是党保持先进性、增强生命力和战斗力的重要基础。思想是行动的先导，只有不断地提出新的思想和观点，用先进的理论来武装头脑，才能进一步指导社会实践活动的展开。中国共产党善于运用马克思主义科学的世界观和方法论，指导社会实践。如在抗战时期，毛泽东以马克思列宁主义为指导思想，根据当时国家面临的具体实际，提出了解放思想、农村包围城市、武装夺取政权等一系列指导思想，并且通过这些思想的指导，取得了抗战的胜利。同时，思想引领力是与党组织组织力的其他几个方面相互融会贯通的，它是加强和改进党的建设的基础性工程。因此，在新时代，应不断推进理论创新，提升党的思想引领力。

注重思想建党，是我们党加强党的建设的优良传统。新时代，思想建设是党的建设的基础性建设，要努力实现思想建党、理论强党，用党的创新理论武装全党。新时代不断提升党的领导力，必须把握思想引领力这个关键。要推进理论创新，讲好党的百年故事，增强党在思想理论上的科学性和引领力。

要通过党的思想建设来坚定全党的理想信念，坚定马克思主义的信仰，胸怀远大理想，践行共同理想。还要从传统文化、革命文化和先进文化中汲取文化涵养，践行社会主义核心价值观，在现实实践中不断坚定理想信念。要把理想信念内化于心、外化于行，转化为干事创业的现实物质力量，推进伟大事业，实现伟大梦想。

要提升党的思想引领力，发挥党的思想的引领作用，需要大力推进党的理论创新。一要坚定理论自信，全面把握马克思主义的科学性。二要把握时代脉搏，在新时代结合中国实际发展马克思主义，深入理解中国之治的思想理论根源。三要打造话语体系，加快构建具有中国特色的党建理论和哲学社会科学，把握思想理论传播和意识形态工作的话语权和主动权。

习近平新时代中国特色社会主义思想是马克思主义在当代中国发展的最新境界，具有强大的真理性、人民性、科学性、引领力。要求全党党员增强对习近平中国特色社会主义的思想认同、政治认同、情感认同，把思想引领力转化为现实行动力，实现党在新时代的新气象和新作为。要坚持科学的方式方法强化理论武装，尊重理论传播规律，坚持正确导向，利用新媒体等载体和手电，创新宣传教育形式和传播手段，用深刻的思想吸引群众，用讲理的方式去说服群众，用思想理论的真理力量和道义优势打动人，从而转化为话语力量和实践力量。

3. 群众组织力

群众组织力是党通过依靠、动员、组织群众，进行社会各项活动的能力，是党执政能力和治理能力的具体体现。强大的群众组织力，是中国共产党区别于其他政党之所在。如孙中山领导的辛亥革命，就只是依靠精英阶层来组织革命和改造中国，而也正是由于他所依靠的是人民群众中的少数，代表的是少数人的利益，才最终导致了辛亥革命的失败。但是与资产阶级民主革命不同的是，中国共产党自成立以来，就一直高度重视群众的力量，主张将人民群众与党组织密切联系起来，走群众路线，要代表最广大人民群众的利益。党正是认识到了群众的力量，认识到了人民群众的战略性地位，不断发展壮大党的群众基础，才使我国在各个时期、各项建设上都取得了巨大成就。

群众组织力是党领导力的关键所在。新时代提升党的群众组织力，是习近平总书记对党的群众观点、群众路线和群众工作的最新把握和认识深化。我们党自建党开始，就始终不渝地把人民放在最高位置。在党的发展历史的不同阶段，工作任务、内容方式也有所变化。

在建党百年的历史过程中，人民群众都是党取得胜利的主体动力和力量源泉。进入新时代，人民群众更是中国共产党实现全面领导和长期执政的根基和命脉所在。要在新时代统揽“四个伟大”，实现民族复兴的中国梦，需要党的坚强领导和人民群众积极参与的良性互动。有效组织群众是新时代党的领导力的重要内容，需要坚持人民至上的政治立场，坚持以人民为中心的发展，不断提升党的群众组织力，凝心聚力，汇聚起推进伟大事业的主体力量。

群众组织力是我们党的独特优势和形成强大领导力的基础。善于发动群众，学会组织群众，是新时代中国共产党必须增强的群众工作能力。要坚持马克思主义的群众观点和贯彻党的群众路线，明确为了群众、依靠群众、成果由群众共享的工作原则，有效组织群众，调动起人民群众参与改革发展的积极性创造性。

4. 社会号召力

社会号召力是党对社会各个阶层的号召能力，主要表现为在政策、主张、要求方面体现出来的能力。随着经济社会的不断发展，人民的思想、生活、利益诉求等方面不断呈现多样化、多元化的趋势，导致社会责任感、信念感缺失，特别是新的组织形式的出现，也对党组织如何增强社会号召力提出了新的要求。因此，党应当适应时代变化特征，调整好社会各阶层人民的利益关系，以共同的价值追求和奋斗目标为价值取向，鼓舞、引导、号召人民和社会各阶层参与到社会建设之中。之所以要重视党的社会号召力，原因在于它是关系一个政党影响力和凝聚力的重要因素，是党的组织力和动员力的重要体现，也是检验社会各阶层对党是否忠诚的重要向度。只有处理好人民根本利益问题，以社会主流意识形态增强人民群众对党的政治认同和价值认同，才能在政策、主张、要求等方面，赢得人民和社会各阶层的支持，凝聚社会各阶层的力量，从而促进经济社会发展。

党的社会号召力体现在党对社会影响的范围以及对各种力量动员的力度。中国共产党不但要统揽全局，考虑自身治国理政的政治使命，还要协调各方，处理好自身与其他政党和群体的关系，实现中国共产党领导的多党合作和政治协商。我们党之所以具有强大的社会号召力，是由党的性质宗旨意识和路线方针政策决定的。正是源于这种强大的社会号召力，党领导人民取得了革命胜利，实现了站起来。领导人民进行社会主义建设和改革，实现了富起来。进入新时代，领导人民坚持和发展中国特色社会主义，要实现强起来。可见，我们党在建党百年的发展历程中，在提升党的社会号召力方面有着优良的传统和宝贵的经验，也有着充分的自信。在新时代、新发展阶段，我们党也需要改革创新、不断发展，来提升自身社会号召力的水平。这是新时代党的建设的必然要求，更是统揽“四个伟大”的现实需要。

总结管党治党的历史经验，要在新时代提升党的社会号召力必须秉持初心，担负使命，坚定党的理想信念和宗旨意识。一要坚定理想信念，深刻把握习近平新时代中国特色社会主义思想的人民性，坚持人民至上的政治理想，带领人民创造美好生活，通过党的政治目标凝心聚力，实现社会动员。二要坚持全心全意为人民服务的宗旨，坚持群众观点，走群众路线，发挥党紧密联系群众的最大优势，获得人民群众的支持和拥护。三要加强党性教育，在自我革命的大熔炉中锻造坚强党性，坚持以人民为中心的发展，回应人民群众的诉求，切实解决人民群众最关心的利益问题。还要在新发展阶段远景发展目标的蓝图指引下，不断带领人民创造美好生活，在迈向共同富裕的道路上取得实质性进展，从而使党具有更强大的社会号召力，动员、号召、组织社会各方面力量，一张蓝图绘到底，努力实现中国梦。还要创新形式，丰富手段，在网络信息时代，主动做好意识形态工作，确保党的政治领导力和社会号召力。

（三）基层党组织组织力的基本内涵

基层党组织组织力指的是基层党组织通过领导、组织、动员群众，在基层社会建设中体现的能力，其与党组织组织力的区别就在于主体不同，基层党组织指的是基层单位中具体的党组织。基层党组织作为党在基层全部工作和战斗力的基础，担负着重要的职责和使命，担负着把党的路线方针政策落实到基层的重担，其组织力概念是对党组织组织力概念的延伸。

1. 基层党组织政治领导力

（1）基层党组织政治领导力概念

基层党组织政治领导力是基层党组织在基层社会中占主导地位，通过直接或间接的领导方式，组织和引领人民进行基层社会建设的能力。这种直接或间接的领导，不等同于直接控制，它是党的基层组织在正确判断基层发展局势的基础之上，根据党中央的政策方针、战略部署、科学理论，组织、领导人民群众开展基层社会生产生活实践的能力。政治领导力要求基层党组织要在思想上、政治上、行动上始终与党中央保持一致，要紧跟党中央发展步伐，将党的战略部署、政策规划落实到基层社会之中。同时，基层党组织要发展基层民主政治，对基层社会中的重大问题、重要事项、重要决定、重要工作，要充分尊重基层人民的话语权。

（2）农村党组织政治领导力的体现

作为村党组织驾驭乡村发展全局、全面领导乡村各类组织及各项工作的能力，村党组织政治领导力具体体现为维护和坚持党中央权威和集中统一领导的能力，贯彻落实党的路线方针政策的能力及领导加强村党组织自身建设的能力。

第一，维护和坚持党中央权威和集中统一领导的能力，是村党组织政治领导力的重要体现。村党组织作为党的基层组织，是党执政大厦的地基所在。正所谓地基固则大厦固，地基松则大厦倾。

第二，贯彻落实党的路线方针政策的能力，是村党组织政治领导力的又一重要体现。党的各项路线方针政策是党的基本理论的具体体现。贯彻落实党的路线方针政策，就是在实践中坚持党的基本理论。村党组织是党领导下的基层组织，贯彻落实党的路线方针政策是其职责所在。中国特色社会主义进入新时代，党的路线方针政策反映着习近平新时代中国特色社会主义思想。农村基层党组织要制定合适的宣传方案和实施办法，同时强化政治引领，发挥党的各项工作优势，引领乡村各类组织和广大村民自觉贯彻落实党的政策主张。这同样是村党组织加强自身政治建设的重要任务，亦是村党组织政治领导力的重要体现。

第三，领导加强村党组织自身建设的能力，这也是村党组织政治领导力的重要体现。村党组织是乡村的领导核心，全面领导乡村各类工作，这要求村党组织必须强而有力，否则就无法担负起领导乡村各方面建设的职责和任务。故而，村党组织要具有领导加强村党组织自身建设的能力。这一能力主要体现在，强化党员队伍建设，建立党建工作长效机制，形成适合乡村党的建设的工作格局。

2. 基层党组织思想引领力

（1）基层党组织思想引领力概念

基层党组织思想引领力是基层党组织以党的科学理论、党的号召、政策方针等为指导，引领基层人民树立共同理想和奋斗目标，并以党的创新理论、科学理论来指导基层组织领导人民进行社会实践的能力。思想是行动的先导，作为党的基层组织，只有做好思想政治工作，以党的创新理论加强对人民的思想政治引导，才能更好地领导和组织人民建设好基层社会。因此，基层党组织应重视从思想上加强党的建设，也就是加强党的思想引领力建设。而增强党的思想引领力，关键在于基层党员干部。基层党员干部应发挥先锋模范作用，讲学习、讲政治，用科学的理论武装头脑，坚定政治信仰和政治立场，坚守组织纪律，才能防止思想滑坡，为人民做表率。

（2）村党组织思想引领力的体现

村党组织思想引领力主要是指村党组织坚持与时俱进，正视自身问题并不断进行革故鼎新的能力和水平。在实践中，村党组织思想引领力主要体现为坚持问题导向的能力、勇于创新的能力及善于学习的能力。

第一，坚持问题导向的能力。坚持问题导向是思想引领的前提。如果做到思想引领，就要正视自身的问题与不足，革除内部存在的不合理因素，而要做到这些，必须要坚持问题导向。在实践中，村党组织坚持问题导向的能力主要体现在，一是善于发现乡村发展中存在的各种问题；二是要立足乡村实际，在调查研究的基础上，采取正确的方式方法，对乡村发展过程中存在的具体问题进行具体分析，进而找到解决问题的正确途径；三是有效解决乡村发展中存在的各种问题。

第二，破除不良之风的能力。在实际中，村党组织所具有的破除不良之风的能力主要在于，一是坚定理想信念的能力；二是严明党的政治纪律能力。政治纪律是我们党最根本最重要的纪律，村党组织要教育引导党员干部认真学习和严格遵守党章，坚决做到“两个维护”；三是勇于进行批评与自我批评的能力。村党组织要经常带领党员干部进行批评与自我批评，通过批评与自我批评发现自身的缺点与不足，并不断克服缺点，促进村党组织健康发展。

第三，勇于创新的能力。创新是一个政党永葆生机活力的源泉。村党组织要始终保持生机活力，始终成为乡村社会的坚强领导核心，就必须勇于创新。在实际工作中，村党组织勇于创新的能力主要体现在，一是牢固树立创新理念，破除思想僵化和因循守旧，善于结合乡村发展实际创造性地推动工作；二是创新组织设置形式。随着生产生活方式、社会组织形态等的深刻变化，传统村党组织的设置形式已无法适应新形势的变化，因此，村党组织要不断创新组织设置形式，扩大组织覆盖范围，实现党组织在乡村的有效嵌入；三是创新工作手段，与时俱进，运用好新媒体、大数据等数字技术，通过数字技术准确掌握群众需求，进而有针对性地开展线上线下工作，进一步提升村党组织的影响力。

3. 基层党组织群众组织力

基层党组织群众组织力是基层党组织密切联系群众、组织群众、动员群众、凝聚群众、服务群众的能力。人民是历史的创造者，主要包括工人、农民、知识分子等在内的人民群众，他们是党进行社会建设的领导力量和依靠力量。马克思说过："工人的一个成功因素就在于人的数量；但是只有当工人通过组织联合起来，并以知识予以指导，人数才能发挥作用。"① 可见，将人民群众组织起来、团结起来，所产生的力量和作用多么重大。因此，基层党组织加强群众组织力建设，既是对党的群众路线的贯彻落实，同时对于密切党与人民群众的血肉联系、巩固党的群众基础也具有重要作用。只有增强基层党组织的群众组织力，将基层人民动员起来、组织起来、凝聚起来，才能激发他们参与基层社会建设的积极性、主动性和创造性，从而为推进国家现代化建设提供坚实的力量支撑。

（2）农村党组织群众组织力的体现

作为村党组织动员组织群众进行乡村建设的能力，村党组织群众组织力具体体现为做好组织群众工作、凝聚人心、服务群众等能力。

第一，做好组织群众工作的能力，是村党组织群众组织力的重要体现。村党组织能否做好组织群众工作直接关系到党在乡村执政的群众基础。所以，村党组织要通过密切联系群众，不断倾听群众呼声，以群众的意愿和利益作为想事情办事情的出发点和落脚点，使村民自愿接受村党组织的安排。与此同时，大多数村民都是从事分散的家庭经营，一家一户是乡村基本的生产单位，由此将广大村民组织起来有一定难度。村党组织以村级各类经济和社会组织为依托，将分散的"原子化"农民组织起来，做好组织群众工作，既是村党组织提升群众组织力的重要任务，亦是村党组织群众组织力的重要体现。

第二，凝聚人心的能力，亦是村党组织群众组织力的重要体现。人心向背关系党的生死存亡，村党组织群众组织力的高低与其凝聚人心的能力密切相关。随着经济社会的不断进步，传媒手段逐渐多样化，村民获取信息更加方便快捷，但这也导致各种思想在乡村得以传播，对乡村的传统文化造成冲击，再加之市场经济的发展，使得村民对个人利益的关注度较高，集体观念和意识相对淡薄。为改

① 马克思，恩格斯．马克思恩格斯选集：第 3 卷 [M]. 北京：人民出版社，2012.

变这一现象，村党组织需要富有凝聚人心的能力，这就是说，村党组织要为广大村民所认可和支持。为此，村党组织要大力弘扬社会主义核心价值观及乡村优秀传统文化等，充分发挥主流价值观及优秀文化的引领作用，整合乡村各种社会思潮，培育农民的集体主义精神，以更好地凝聚群众。

第三，服务群众的能力。是村党组织群众组织力的又一重要体现。党的性质和宗旨决定了村党组织必须具备服务群众的能力。村党组织服务群众的内容较为广泛，既包括村民的日常小事，亦包括修建乡村公共设施等一些乡村公共产品的供给问题。村党组织服务群众的能力是其群众组织力的关键。村党组织只有不断强化自身的服务意识，增强服务群众的能力，多为群众办好事实事，才能够不断满足人民日益增长的美好生活需要，增强群众对党组织的认同感，使村党组织的群众组织力在服务群众的过程中得以提升。

4. 基层党组织社会号召力

（1）基层党组织社会号召力的概念

基层党组织社会号召力是检验人民群众对基层党组织满意度的重要指向，是基层党组织是否具有良好组织力的重要体现。基层党组织永葆先进性和纯洁性，是其具有强大社会号召力的重要源泉，而广泛的社会号召力，则是基层党组织动员、组织、领导人民群众，贯彻落实国家方针政策的重要法宝。但是当前基层党组织中弱化、虚化、边缘化现象突出，部分党员干部能力不强、素质不高、作风不够明朗，导致人民群众对基层党组织缺乏认同感和信任感。加之基层人口流动较大，以及“两新组织”的出现，使得基层党组织亟须提升社会号召力，以巩固党在基层人民群众中的威信力。因此，在基层治理和建设过程中，基层党组织应积极寻求上级党组织的指引、支持和帮助，不断加强自身建设，扩宽发展渠道，吸引社会各阶层人民群众投身于基层社会建设之中，并让他们享受到发展带来的成果，以此才能不断扩大基层党组织的社会号召力。

（2）农村党组织社会号召力的体现

社会号召力，是能够最大限度影响、动员和激发社会成员，最广泛地、最有效地将社会不同群体、不同团体和社会各个阶层动员起来，从而发挥出基层党组织的凝聚作用的一种社会能力。社会号召力作为组织力建设的主要依托与凭借，是提高农村基层党组织组织力的重要途径和突破口。改革开放以来，组织、动员人民群众依然需要依靠党的社会号召力，通过激发社会号召力，形成农村基层党组织的强大合力。

第一，组织引领群众自觉学党史、感恩党、跟党走。新时代下，党的群众工作也发生了新变化，我们要密切关注新状况，适应新变化，把握新特点，提高工作能力和效率，切实做好新时代的群众工作，采取有效措施教育好，引领好人民群众。新时代以来，农村基层党组织围绕“服务群众，为群众办实事”的精神要求，在教育实践活动中创新理念机制，取得了明显成效，有力有效地组织群众，引领人民群众了解党史、学习党史、通过教育引导，有效激发各族人民群众对党的感情，感恩党、跟党走。中国共产党走过百年风雨，一部党史就是一部奋斗史。在庆祝建党 100 周年之际，号召广大党员干部和群众认真学习党史，知史爱党，引领群众深入学习贯彻，从党史中汲取信仰力量，从党和国家的历史中汲取经验教训，牢记党的“初心和使命”，听党话，跟党走，传递党对人民群众的深厚情感。饮水思源，没有共产党，就没有新中国；没有党带领人民群众推翻三座大山，就没有今天的幸福生活。一代代共产党人不忘初心和使命，带领人民群众砥砺前行、励精图治，改革开放以来，以经济建设为中心，取得了辉煌成就。因此，不论是普通群众还是党员干部都要常怀感恩之心、报恩之道，自觉做到“学党史、感党恩、跟党走”。

第二，坚持党的群众纪律，全心全意服务人民。历史与实践证明，任何一个政党，想要有统一的行动，就必须要有严明的纪律，若要实现党的奋斗目标和宗旨，就必须严格执行党的纪律。只有严明的纪律，才能充分动员群众，调动一切群众力量投身到党和国家的建设事业中去。群众路线是党的生命线，因此我们要严格遵守党的群众纪律，才能稳固好党的生命线。当前，我们党面临的最大危险就是脱离群众，因此，我们要特别强调和坚持党的群众纪律，坚决反对形式主义、官僚主义等不正之风，反对搞“形象工程”“政绩工程”，坚决抵制各种弄虚作假、欺上瞒下、追名逐利、阳奉阴违等损害群众利益的歪风邪气。

第三，引导群众参与社会治理，稳步推进农村基层民主建设。所谓基层民主，就是要让基层群众通过有效的方式方法，行使自身权利，参与到公共事务管理中。实践证明，层面民主建设的稳步推进，需要坚持党在基层民主建设中的领导地位，发挥出领导作用，从而保障广大人民群众有效行使民主权利。我国很早就提出了“发展社会主义民主政治”相对明确的基层民主概念。在中国广袤的农村大地上，基层民主在农村基层党组织中具有较强的现实意义，充分发挥基层民主，有利于对农村地区整体利益进行充分考虑，从而实现基层权力关系的转化，使得基层群众可以直接参与到行政管理中去，真正实现权利行使的主体性。农村基层民主所指的是，在坚持党的领导下，通过不断地改革调整相关管理制度等，对农村基层党组织的管理体制进行结构化创新和构建，以便更好地适应当前的经济环境，扩大基层民主政治的范围，切实维护人民群众的利益，在法律制度的框架下，开展民主实践活动。在农村基层民主政治中，利用有效的方式鼓励村民积极参加，有利于发挥出村民的主观能动性，一方面，在参与自身管理的同时，基层党委能够实现对村民意见的吸取，从而保障决策计划的有效性。另一方面，村民积极行使自身的民主权利，可以有效对基层组织进行监督，使得农村建设真正为民服务，符合村民利益。十八大以来，我国在基层民主建设方面取得了较好的成果，为农村基层党组织的民主注入了更加深刻的内涵，以更加全新的视角对农村基层民主建设进行审视，如提高农村组织制度、农村社区的建立、城乡一体化发展等，一系列新改革的推出，提高了基层民主政治建设的整体发展水平。进入新时代，农村基层民主需要在管理制度和管理模式下进行改革创新，使得适应社会发展需要，满足人民群众对美好生活的向往。同时，还需要进一步完善基层民主政治建设，特别是健全相关制度保障，使得广大群众能够更为有效地参与到基层公共事务的管理中去，实现全过程参与、全过程管理。

三、农村基层党组织的构成

农村基层党组织作为组织，是由若干要素和资源集合而成的，主要由组织成员即党员、组织目标、组织制度及机制、组织环境这四个基本要素构成，其中每个要素都是构成农村基层党组织的重要组成部分。

第一，关于组织成员。组织是一定数量的成员为实现一定的目标而组成的集合体。对于农村基层党组织而言，其成员即是指党员。党员是构成农村基层党组织的基本要素。根据党员在农村基层党组织中的地位及实际发挥的作用，大致可将党员分为领导干部和普通党员两类。一是领导干部。农村基层党组织的领导干部是从优秀党员中选拔出来的，主要由农村基层党组织书记、副书记、组织委员、宣传委员及纪检委员等构成。其中，农村基层党组织书记是农村基层党组织的领导核心，全面主持农村基层党组织的各项工作，督促组织的其他委员履行职责和发挥作用，抓好农村基层党组织自身建设。农村基层党组织书记的素质与能力关系到农村基层党组织的整体素质和战斗力，进而关系到农村基层党组织领导乡村各方面建设的实际效果。二是普通党员。对于农村基层党组织而言，普通党员指被编入农村基层党组织但并不在组织中担任任何职务的党员。农村基层党组织作为乡村的领导核心，要想领导好乡村各方面建设，除依靠领导干部强有力的领导外，还必须依靠普通党员的积极参与，形成农村基层党组织强大的凝聚力和战斗力。农村基层党组织作为中国共产党的基层组织，对党员有着十分严格的要求。例如，要求党员必须定期认真参加组织生活，严格遵守党的纪律，并制定了相应的规章制度对党员进行严格的监督和管理等。

第二，关于组织目标。组织目标是组织的重要构成要素之一。农村基层党组织作为党的基层组织，也具有特定的组织目标。农村基层党组织的组织目标主要在于：一是强化自身生命力和战斗力。农村基层党组织为实现党中央及上级党组织部署的各项任务，自身素质必须始终过硬。自党的十八大以来，习近平多次明确指出要加强农村基层党组织建设，从某种意义上看，就是为了提升农村基层党组织的各项素质，强化党组织的生命力和战斗力，充分发挥党组织在农村经济社会发展中的战斗堡垒作用。二是实现共产主义，这是农村基层党组织作为中国共产党基层组织的一项重要目标。由于共产主义的目标要在一个长期历史过程中得以实现，因而在全面建设社会主义现代化强国新的征程中，对于农村基层党组织而言，实现共产主义奋斗目标，就是领导实施乡村振兴战略，实现乡村振兴，助力社会主义现代化建设。

第三，关于组织制度及机制。任何组织都有其特定的组织制度及机制，组织的制度化水平在某种程度上体现了组织的发展水平与成熟程度。农村基层党组织作为一个组织，亦拥有配套的组织制度及机制。主要在于，一是农村基层党组织以党章为根本遵循。党章是党的总章程，集中体现了党的性质宗旨及路线方针政策，规定了党的体制机制及一些重要制度，是全党必须遵守的根本大法。农村基层党组织作为党的基层组织，必须始终以党章为根本遵循，教育广大党员自觉认真学习党章，严格遵守和贯彻党章，不断增强党员党性修养。二是农村基层党组织以民主集中制为根本组织原则。三是农村基层党组织为保持自身科学高效运行而建立的具体制度及工作机制，主要包括民主生活会和组织生活会制度、三会一课制度、民主评议党员制度及谈心谈话制度等。农村基层党组织通过制定制度并教育引导党员严格执行制度，实现对党员及乡村各方面事务的领导和管理。

第四，关于组织环境。任何一个组织都存在于某一特定的并且必须适应的环境中，通过从环境中汲取资源并对环境进行有效输出彰显自身的价值。可以说，环境是组织获得输入的源泉，也是其输出的场所。一般意义上，组织环境可分为内部环境和外部环境，农村基层党组织也不例外。一是农村基层党组织内部环境。农村基层党组织的内部环境主要是指组织文化。由于农村基层党组织是一个政治组织，所以其内部环境表现为农村基层党组织内部的政治文化与生态，农村基层党组织内部的政治文化与生态良好地体现在党员干部始终坚持对马克思主义的真理信仰，坚持以全心全意为人民服务为根本宗旨，同农民群众保持密切联系，充分尊重农民的主体地位，善于调动农民的积极性、主动性和创造性。二是农村基层党组织外部环境。新时代，在党的坚强领导下，农业农村的改革和发展取得了历史性成就、发生了历史性变革，农村经济、政治、文化等各方面建设正在加速推进，农村焕发出新气象；新时代农业农村的改革发展面临深层次的矛盾和新的挑战，等等。这些都是农村基层党组织的外部环境。

四、农村基层党组织的特点

截至 2019 年，中国共产党党员总数达到了 9191.4 万人，同比净增 132.0 万人。党的基层组织共有 468.1 万个，同比净增 7.1 万个，增长幅度达到了 1.5%。同时全国所有的街道、社区和乡镇都建立了党组织，党组织覆盖率超过了 99%。党在农村可以发挥出强大的作用，主要得益于党在农村大量的基层党组织。要全面实现乡村振兴，必须要建设基础更加扎实的农村基层党组织。农村基层党组织在我国发展中起着重要的作用，特别是在农村地区，是党的基层组织中不可或缺的一部分。乡村振兴战略的提出，更加需要农村基层党组织，体现了农村基层党组织的重要性，充分发挥农村基层党组织的作用。

农村基层党组织有着自身独特的优势和特点，这些独特优势更加突出了其在乡村振兴中的重要作用。首先，农村基层党组织常年处在最基层，与农民长期保持着亲密的关系。农村基层党组织可以通过与农民群众的沟通交流直接了解他们的想法，既可以在上级党组织做出决定时为其提供可靠的依据，也可以从农民主体出发，激发他们参与乡村振兴的积极性和自觉性，更加了解并配合乡村振兴的工作推进。其次，农村基层党组织是农村各利益关系的汇合点，农村基层党组织在利益协调和整合时，对于理顺农村各项利益关系、化解农村各种矛盾纠纷、维护农村和谐秩序都有着天然的优势。最后，一直以来，广大农村党员始终同舟共济，在克服困难中努力形成强大合力，发挥党的组织优势，使农村各项工作可以和谐有序开展。各行各业优秀的党员，在乡村振兴中更能为乡村经济、文化等各方面贡献智慧。

第二节　乡村振兴对农村基层党组织工作提出的新要求

我国进入新时代，也就是全面高质量发展的阶段，过去新农村建设的要求已经不能满足国家现代化以及农民群众对生产、生态、文化的需要。乡村振兴战略在内涵和目标要求上都有了新的指向，必然对农村基层党组织的治理能力提出更高愿景。在乡村发展的大背景下要求把农村基层党组织的建设和领导置于关键方位来抓，按照乡村振兴总要求制定愿景，充分发挥党组织战斗堡垒作用和党员先锋模范作用。

一、以产业兴旺提升培育乡村发展新动力

（一）发展壮大乡村产业

“产业兴旺”位居乡村振兴战略总要求之首，是乡村政治、文化、社会以及生态文明建设的基础和前提，奠定了乡村振兴的物质基础，是乡村振兴的关键。产业兴旺可给农民提供更多就业岗位，有助于解决农民找工作难的问题。2018 年，习近平在讲话时提到“乡村振兴，关键是产业要振兴。”[①] 只有实现产业兴旺，才能增加农民的收入，推动乡村生活富裕，使乡村得以振兴。

第一，稳固农业基础地位。农业是我国社会发展的重要支柱，必须予以稳固。粮食安全是农业生产的基础，必须予以保障，这是我们实现乡村振兴所要关注的重点。我国人口众多，保证重要农产品的供给是极其重要的，2013 年中央一号文件中指出“确保国家粮食安全，保障重要农产品供给。”[②] 习近平多次强调要提高对粮食安全问题的重视，保证粮食安全问题。在新时代的背景下走新型农业发展之路，首先要采取措施促进农业高质量发展。要充分发挥政府的保护作用，政策实施以惠农富农为根本出发点，制定相关政策保障粮食和重要农产品的安全，支出资金扶持乡村的发展。确保粮食产量稳定，首先要保证耕地的安全，坚决制止耕地非农化，守好其保护红线，在此基础上，也要通过对科学技术的运用，提高粮食产量，保证重要农产品的供给，保障人民群众的口粮安全。在保障农产品增产的同时，要兼顾其产出的质量。食品安全与人民的生命健康息息相关，要给予高度重视。新时代背景下要高度重视食品安全问题，建立并完善食品安全监督机制，确保市场上流通的农产品的质量是安全可靠的，实现乡村振兴发展。

① 2018 年 4 月 11 日至 13 日，习近平在海南考察时的讲话．

② 2012 年 12 月 31 日，中共中央 国务院关于加快发展现代农业进一步增强农村发展活力的若干意见．

第二，推动农村产业深度融合。产业兴旺的第一要求就是要促进农村产业的融合，延长农村发展的产业链。我国农业占比较大，产业发展比较单一，以第一产业为主，第二三产业严重不足，统筹处理好三大产业之间的关系，有助于农村实现新发展。2017 年习近平提出“促进农村一二三产业融合发展”[①] 这既要求兼顾粮食安全、保证第一产业的稳定发展，又要求切实促进产业的融合，多渠道、多方式来提高农民的收入。新时代背景下强调了促进产业融合、培育新产业新业态、发展融合型企业的同时，也要做好长远的规划和分析，保证其发展的持续性，提高农业质量效益和竞争力。农村一二三产业融合发展是党中央根据乡村发展的现实情况提出的创新理论，目的是使资本、技术以及资源要素得到合理的优化，实现跨界流动、跨界融合，丰富乡村经济业态，拓展农民增收空间。建设融合发展体系，促进农村产业在产前、产中、产后这三个环节的有效衔接，构建多种形式的合作模式，为实现乡村振兴奠定基础。在乡村振兴促进法中，明确规定要“以乡村优势特色资源为依托”发展现代化乡村，使产业经营范围得到拓展，给农民提供多样化的就业机会，解决农民找工作难的问题，拓宽农业农村的发展空间，从而为实现乡村振兴奠定基础。在此过程中保护好农民的权益是至关重要的，绝对“不能富了老板、丢了老乡。”要多方式地为农民群众提供更多就业机会，使其生活殷实富足，这样才算是切实实现了产业融合，对于维护人民群众的利益、促进乡村振兴发挥着重要作用。

第三，激发农业科技创新活力。农民要富起来，发展产业、创造就业是重中之重。当前，我国农业大而不强，科技创新水平整体较低。对科学技术的应用程度不足是乡村发展落后的主要原因，乡村振兴面临挑战。农业科技创新对于农业发展有重要的促进作用，乡村振兴要更加重视和依靠农业科技进步。科学技术的创新是保障我国口粮绝对安全、实现农业现代化的关键所在。促进乡村振兴，要以科技为支撑，在实现农村新发展的进程中要善于运用先进的科技，提高农民的劳动效率。因此，要对农业创新予以足够的重视，强化科技支撑能力，逐步优化农业经营体系，即“靠科技改善农业生产条件。”要通过发展科学技术提高粮食生产能力，使农民可以用更少的精力和时间去收获更多的粮食，从而有力保障国家粮食安全。要努力提高相关科研人员推进农业科技创新的积极性，给予他们施展才华的空间，对做出成绩的给予表彰和奖励。农业科技创新带来的成效十分显著，农业农村部发布“十三五”时期农业现代化发展情况报告，指出 2020 年我

① 2017 年 10 月 18 日，习近平在中国共产党第十九次全国代表大会上的报告.

国农业科技进步贡献率达到60%。[①] 推广科学技术的运用，能加快乡村建设的进程，真正实现乡村振兴。

（二）提升培育乡村发展新动力

乡村振兴战略是在新农村建设总要求基础上的凝练，是要在产业发展扩大村民受益，实现村民稳定增收、安居乐业。产业兴旺的实现意味着生产要素在更广阔的市场空间内得到充分利用，由此作为生产要素所有者的农民可以获得更多财产性收入。

产业兴旺是核心，是多样化的选择途径。由于城市发展速度快吸引了大量的青壮力，使得农村增产有限。因此，只有产业振兴才能给乡村振兴注入新动能，才能吸引更多人才来农村创业。"产业兴旺"有新的务求：要立足农村、发动农民、跳出农业，在发展生产的基础上培育新产业、业态新创新，立足实际，选定因地制宜的特色产业，使农村经济更加繁荣；构建产业共同体，从而实现城乡资源自主对流、市场自主对接、居民自主流动、权益自主平衡、环境自主融合、体系自主完善，实现城乡同频成长。

产业兴旺是乡村进步的基石，2020年一号文件指出"组织群众发展乡村产业，增强集体经济实力。"[②] 这就要求基层党组织要有更高的组织力和动员力围绕"两山"理念来领办合作经济，通过结合景观、田野、湖泊和草地的完整系统的发展，促进农林、畜牧、渔业和农产品行业的转型升级。同时，要求基层党组织根据当地情况做出正确的决定。一方面，培育新型农业主体，以新型农民专业化推动规模发展；另一方面，要建立现代农业生产体系，必须按照法律法规引入资金，必须转让土地，其主要目的是深化农业供给方面的结构性改革，坚持质量兴农的重要要求，探索"六产融合"发展，调整优化农业生产力布局，促进农业产业链延伸，推动农业由增产转向提质。

二、以生态宜居增强打造共生发展新格局能力

（一）建设生态宜居美丽乡村

良好的生态环境是乡村的巨大财富。加快乡村生态振兴，建设美丽乡村，意

① 2021年5月10日，中华人民共和国农业农村部发展规划司.《农业现代化辉煌五年系列宣传之二：守住粮食安全底线·端牢中国人的铁饭碗》.

② 2020年1月2日，中共中央国务院关于抓好"三农"领域重点工作确保如期实现全面小康的意见.

义重大。2013年习近平提出“良好生态环境是最普惠的民生福祉。”①。同年，中央农村工作会议指出“中国要美，农村必须美。”② 提升乡村的生态发展水平，是创造美满祥和的生态环境和提升人民生活幸福感的一项关键任务。

第一，推进农业绿色发展。新时代背景下，结合当前乡村发展的现实情况，要求农业发展同保护环境相协调，逐步改善现有环境状况，并且在促进乡村建设的过程中，要遵守“绿色”的原则，打造绿色农业，推进乡村的健康、永续发展。农民是推动农业建设的力量保障，推进绿色发展进程，就要提升农民群众的绿色环保意识。可利用多种传播媒体、多途径提高农民的环保意识，使他们自觉朝着实现农业可持续发展的目标迈进。同时也要建立完善相关监测体系，严禁处理未达标的城镇污水和其他污染物流入农村，集中治理农业环境的突出问题。针对农业发展的形式，以因地制宜为主要原则，结合乡村各个地区发展的区域特色，发掘产品特色，打造绿色农产品，提高农业可持续发展的能力。有条件的地区可打造彰显地方特色的农产品品牌，通过产业化经营，打造优质纵深产业链，促进企业的进步，为人民群众创造更多找工作的机会，使农产品品牌成为地区推广的一张名片，多形式推动农业的转型发展。农业绿色发展就是要遵循生态系统原理和生态经济规律，要促进资源的集约利用，同时要加强环境的治理，提高农民的环保意识。

第二，持续改善人居环境。优化乡村的居住环境，提升环境质量是推进乡村发展的主要内容。新时代背景下，生态保护和经济发展相互促进，保护好山水田园，有助于实现乡村的绿色可持续发展。要把乡村建设摆在社会主义现代化建设的重要位置，因地制宜推进农村改厕、生活垃圾处理和污水治理，改善农村人居环境。改善农村生活环境也是帮助农民创造美好生活的内在要求。习近平重视农村的厕所改造，指出“解决好厕所问题在新农村建设中具有标志性意义”。③ 农民基本物质生活条件得到满足后，对改善居住环境的要求也有所提高。改善环境是一项长期任务，只靠政府投入将影响此项任务的进展。因此，在以政府投入为主的前提下，鼓励社会资本参与，倡导社会组织、企业、乡贤等以帮助、扶持的形式积极参与进来，要鼓励农村公众一起参与环境管制，构建一定的协同治理机制，及时发展治理中可能出现的各种问题，形成一种良性互动的治理模式。截至2020年年底，全国农村卫生厕所普及率超过68%，农村生活垃圾收运处置体系覆盖

① 2013年4月，习近平在海南考察工作时指出.
② 2013年12月，中央农村工作会议内容.
③ 2014年12月13日，习近平总书记在江苏镇江市丹徒区世业镇永茂圩自然村调研时的讲话.

90%以上的行政村，基本实现村庄干净整洁。关于改善农村人居环境的一系列措施已被写进第十四个五年规划远景目标的建议中，可见农村人居环境的整治是乡村未来发展中重要的政策目标。

第三，加强乡村生态保护与修复。在我国广袤的乡村，有丰富的自然生态，是生态文明的宝库，是我们赖以生存的家园，且居住着多半数的人口，乡村生态环境问题不容忽视。乡村生态的保护与修复要在新时代生态文明思想的指导下，逐步改善乡村的生活环境，同时也要进一步重视人文生态环境的保护。习近平2013年考察时指出“古村落要保护好。”① 强调“让居民望得见山、看得见水、记得住乡愁。”② 在保护环境时，要注意保留村落原貌，深入挖掘乡村的生态、文化、乡愁，并展现出来，以此为指导，培养村民生态观念，引领乡村振兴。针对新农村建设，习近平总书记认为我们的建设道路一定要适应农村的实际情况，“我们既要绿水青山，也要金山银山。”③ 在习近平“两山”理论的指导下，提升人民群众的生态保护能力，是实现生态文明的重要途径，同时要完善健全相关体制机制，鼓励、引导社会各界以及当地农民加入到环境的保护与修复之中。

（二）增强打造共生发展新格局能力

生态宜居更加注重和谐，是发展兑现“质的提升”的必由之路。坚持以人为本的发展理念，坚持以建设生态文明为指导，回归自然，协调发展，促成人与自然的共同繁荣共生，优化对生态振兴的支持。

2007年提出了生态文明发展的概念，2012年将其列入国家发展战略，这意味着中国已经走出了工业文明时代的序幕。在生态文明的新时代，标志着向高质量经济成长的过渡。乡村振兴中的生态振兴是我们贯彻生态文明重要的基础性战略，这就意味着必须转变基层组织在工业文明时代建立的制度体系、结构体系和治理体系，以满足生态文明组织建设的需要。基层组织只有把农业和农村的绿色建设放在首位，才能实现人文与自然结合，实现“见山见水”。使村庄发展状态、自然环境、人文习俗和工业发展相辅相成，使村庄得以成长，走上质量发展之路。

乡村是中国社会发展软着陆的承载地，承载着数百万亿、甚至难以计数的生态资源价值。要提升协调统筹各方力量和资源的能力，将动员一切力量突出环境问题的综合治理，整合各种资源，加强各种措施，并加速填补农村环境中的特殊空白。作为生态发展“管理员”，生态振兴要求提升组织力，科学规划生态振兴

---

① 2013年07月23日，习近平在城乡一体化试点的鄂州市长港镇峒山村的讲话．
② 2013年12月12日，习近平在中央城镇化工作会议讲话上的讲话．
③ 2013年9月7日，习近平在哈萨克斯坦纳扎尔巴耶夫大学的演讲．

蓝图，帮助村民树立生态环保意识，接受思想，以村容村貌提升作为主攻基准，让村民从自己实际行动出发为生态振兴做出贡献。

加强农村生态保护和恢复，有意识地立足于当地自然生态，使用新型技术手段发展生态经济，创造多元化、相互依存、和谐的共生生产方式和生活方式，并真正实现当地的“生态工业化”和“产业生态化”。

三、以乡风文明增强焕发乡风文明新气象能力

（一）繁荣发展乡村文化

乡村文化中大量的人文、科学知识是难得的精神财富，需要绵绵用力、下足功夫，利用乡村文化孕育农村社会新风尚，激发农民精气神。新时代背景下要求发展乡村文化，为促进乡村的新发展提供精神支柱。文化工作是整个乡村建设的重中之重，能为农村实现新发展提供精神支撑。习近平指出要“传承发展提升农耕文明。”[①]强调了要积极推进文化的繁荣，提高农民的文明程度。习近平对实现农村发展的论述，有助于指导人民自觉保护文化资源，并在保护的基础上加以传承。农民群众对文化的了解学习，有助于其积极主动参与文化传承的相关活动，并在学习活动中提升自身素质，改善精神风貌。从政府的角度出发，健全完善促进文化发展的相关体制是十分必要的，同时也要投入相应的人力、物力对优秀文化加以传承、发扬，这对于提高乡村的文明程度具有重要的促进作用。去粗存精、向上向善的优秀文化才能广为流传，且可以随着时代的发展不断兼收并蓄。优秀的文化可以为农村的进步提供源源不断的精神动力。在乡村文化中，除了优秀的流传至今的传统文化，也有融合了时代特色的现代乡村文化，它们都能够为乡村的发展带来活力，加大对优秀文化的传承力度，加强对其的保护，充分利用好这一精神资源，以此来实现乡村的新发展。

第一，加强农村思想道德建设。人民才是农村现代化发展的核心资源。人是推动乡村发展的重要因素。通过对农民进行科学文化知识和相关劳动技能的教育，开阔他们的视野，提升他们的觉悟，从根本上改良他们的思想境界。现今，部分村庄存在着优秀道德风俗衰落、丢失的现象，习近平提出一定要“提高乡村社会文明程度。”[②]各乡镇政府要开发多种途径引导当地农村学习优秀道德规范，充分发挥基层干部的“领头羊”作用。比如在农闲时开办学校，请本地德高望重的人

① 2017年12月28日，习近平在中央农村工作会议上讲话的讲话.

② 2018年3月8日，习近平总书记在参加十三届全国人大一次会议山东代表团审议时发表的讲话.

开展专题讲座对民众进行宣传教育，以此途径教授给农民基本知识，传授其先进的思想观念；通过制作墙体标语、手册等，引导农民学习先进的理念；发挥好村规民约对村民的约束作用，等等。以多样化的渠道潜移默化的对村民进行思想文化教育，传播正确的思想观念，对农民进行正确价值观的引导，不断深化其认知，从而规范自身言行，提升乡村的文明发展程度。同时，要加大对具有乡村本土特色的手工艺者、表演者、特色食品制作者等的表彰，鼓励他们发展壮大规模，开创多种途径推动自身技艺的传承、发展，使文化的价值不断挖掘，从而更好地推广当地文化。要在传统习俗和陈规陋习之间划出一道线，加强对农民的正确价值观的引领，对于陈规陋习一定要坚决抵制。

第二，弘扬中华优秀传统文化。习近平总书记勤于读书，善于思考，曾广泛阅读经典名著，身体力行成为优秀文化的传承者、践行者。从习近平关于推进乡村建设的相关论述中，也可以看到中国优秀传统文化对他的影响。在悠久的历史中，我们国家保存了众多传统文化遗产，保留了各个地区的特色文化，这些都是我们的财富。其中农事节气、古村落、地方特色的美食和工艺、文化古迹等，无不包含着古人的思想智慧，无不体现着中华文化的源远流长。习近平总书记将继承和发展看作不可分割的部分，流传至今的优秀文化有其自身的独特价值，我们在传承的过程中也要加以保护，对于不适应当今社会发展的文化，要推动其进行改革创新发展，使优秀文化在当今社会可以充分发挥其价值，充分焕发其活力。在对文化继承、发展的过程中，要充分考虑当地的实际情况，因地制宜，以合理有效的途径弘扬优秀传统文化。对于地理位置偏僻、交通不便的地区，政府要充分发挥自身的作用，通过在档案馆搜集资料、走访各地收集素材、向有经验的老年人了解本地发展历史等途径，发掘、整理相关文化资源，并整理成简单易懂的手册加以宣传，或者利用互联网通过微博、微信、客户端等途径发布、传播，使其可广泛流传到各地，使文化资源得以推广发展。对于一些实体文化，比如一些手工技巧、特色表演等，应该给它们提供展示的舞台，带这些艺术走出去，与各地开展合作，增加它们展示的机会。这不仅是传承文化的重要途径，而且还能使参与这些活动的人民群众感受到文化的熏陶，丰富人们精神世界。对于一些快要失传的文化，政府可鼓励村民积极学习，为濒临灭绝的文化寻找新的接班人。对已经失传的文化资源，政府可向相关专家了解其历史，有必要让民众了解到对村庄发展有益的文化，可对这些文化的历史进行整理，与专家、民间艺人一起，结合当今社会的发展特点，对其价值进行深入挖掘。

第三，丰富乡村文化生活。习近平特别重视乡村文化生活的重要性。乡村振兴中，要面向农民提供具有针对性、特色性、健康性的文化艺术作品，提高农民的文化水平素养，并推动农村实现跨越式的发展。乡村振兴过程中要通过整合文化资源丰富发展文化的内容，为文化发展塑造空间，从而唤醒农民群众的文化自信，以此来推动乡村文化的繁荣发展。乡村文化在发展过程中也面临挑战，主要表现为公共文化事业发展水平低，农民缺乏对文化的传承意识，对文化的重要性认识不足等。在乡村文化发展中要发挥党的基层党组织的领导作用，对农村的思想政治工作加以改进，提升村民的文明素质。切实采取措施丰富农民文化生活，可向农民提供关于乡村文化的书籍、报纸、刊物等，以做好乡村文化的发展工作，这样既能宣传乡村，也能满足人民群众精神层面的追求。同时，在各个地方建设公共活动场所，方便举办形式多样的群众性文化活动。通过实地探访、问卷调查等形式了解村民的真实需求，采取他们感兴趣的、能接受的形式，开展多种多样的文化活动，鼓励农民群众积极参与，丰富乡村文化生活，以此来建构乡村人民的生活意义，提升他们的精神获得感。另外，要注重人才的培养与引进。对于本村的人才，要动之以情，鼓励引导他们回到家乡，并为家乡的建设贡献自己的力量，同时要通过提高待遇等途径，吸引各类外来优秀人才加入乡村的文化建设事业之中，为乡村文化的发展提供坚实的人力支持。在挖掘发展本土文化时，一定要结合农民的实际情况，培育本土人才，挖掘乡土文化，扎实开展移风易俗行动。

（二）增强焕发乡风文明新气象的能力

提高焕发乡风文明新气象的能力要以当地深厚的文化风俗为基石。文化是乡村振兴的地基。乡风文明要提高农民的综合素质和文明程度。有文化传承与创新的乡村，才是真正的乡村振兴。凝华乡土、人文的文化是村居社会的精神纽带，在中国沿袭的村居社会，文化起到非常紧要的治理作用，关照到乡村生活的多个方面。村组织可利用村规民约的乡村社会秩序，重构农村非正式制度。

提升村基层党组织创造乡风文明新气象的能力必须以社会主义核心价值观为指导。一方面，要增强党组织的吸引力，必须从增强理想信念出发，对党员干部进行教育，提高党员村民的思想道德。党的农村基层组织要加强农村公共文化建设，继承和发展优良的传统农村文化，并召集村民探索农耕文化、人文精神和道德标准的内涵。另一方面，增强党组织的影响力和凝聚力，要从农民最关心的问题、最迫切的需求切入，做到思想上的高度重视和行动上的高度自觉。坚持重物质的同时也要重精神，加强对农村文化户的表彰，树立榜样，引导群众崇德向善，见贤思齐，不断提升农民精神风貌，将社会主义核心价值观融入村规民约之中，在民主协商的制定原则与公开透明的制定程序中实现多数人认可，形成礼让和善、互信互惠、帮贫济困的和谐关系，重现和谐、均衡的农村秩序体系。

四、以治理有效提升构建乡村治理新体系能力

（一）健全现代乡村治理体系

推进乡村的建设，治理有效是基础。根据乡村发展的具体情况，健全乡村治理体系，积极探索乡村治理新模式，有助于破解乡村治理的困局，实现乡村社会的发展、稳定。乡村要不断加强农村基层党组织的建设，不断健全完善乡村治理体系，夯实基层政权，以有效的治理实现乡村的长治久安。

第一，加强农村基层党组织对乡村振兴的全面领导。农村基层党组织是推动乡村建设的根本力量，是优化乡村治理的组织保证，加强其建设有助于促进乡村治理，全面推进乡村建设。习近平总书记非常重视基层党组织建设的重要性。在乡村振兴中，基层党组织在农村建设中要积极作为，在乡村振兴促进法中也规定了“中国共产党农村基层组织，按照中国共产党章程和有关规定发挥全面领导作用。”[①] 基层党组织是我们党在农村的代表，是党的力量所在，其领导能力直接决定了实现乡村跨越式发展的进程能否顺利。在实际工作中，基础干部要坚持群众路线，为民服务，及时向人民群众宣传国家有关农业的大政方针。要充分发挥其领导作用，利用国家的扶持政策，帮助村民提高生活水平。要注意提升基层党组织创新能力，各地区发展状况不同，基层党组织在实际开展工作中，可能会面临一些纷繁复杂的问题，这对基层党组织的领导能力是一种考验。为了提高基层党组织领导能力，就需要增强他们的创新意识、提升创新能力，以更好地治理农村社会。要让农民群众充分参与到基层干部的选拔工作中，确保基层干部得到民心，从而可以更好地领导群众开展治理乡村的工作。同时，加强基层干部队伍建设，提高基层干部为人民服务的本领。组织基层干部定期学习党的文件、参加教育培训，坚定他们的理想信念，提高他们的组织协调能力，实实在在地为民服务。要建立相应的监督机制，确保基层干部切实发挥正向作用，深入群众并了解他们的需求，鼓励群众为推进本村发展贡献力量。由于部分基层党组织干部觉得自己身处乡村，行事可以相对随性，缺乏组织纪律，管理不到位，不能为民服务，对此乡村振兴中一定要进行相应的整顿。可定期开展学习教育活动以提高他们的思想

---

① 2021 年 4 月 29 日，第十三届全国人民代表大会常务委员会第二十八次会议通过的《中华人民共和国乡村振兴促进法》.

认识，强化其使命担当，针对不作为、形式随性的干部，要严厉批评教育，净化基层干部队伍，以使他们能更好地承担责任、履行使命，带领人民推进乡村的发展，实现乡村的振兴。

第二，促进自治、法治、德治的有机结合。乡村作为国家的基层治理单元，加强其治理的系统性，对国家基层治理目标的实现有助推作用。十九大报告提出，要“健全自治、法治、德治相结合的乡村治理体系。”[①] 此体系是为了协调农村公共事务、缓解农村社会矛盾而提出的新型基层治理模式，契合了推进乡村建设的需要，有良好的治理效能。乡村治理体系立足于农民群众的根本利益，可为乡村振兴提供支撑与动力，把握其具体实践方式，有助于推进乡村的建设。自治在法治、德治的约束下，才能更好地激发农民参与乡村治理的活力。要充分调动农民的积极性，鼓励引导他们主动参与到乡村治理之中，要多途径提升农民的政治素质，以提高其参政议政的能力，要健全民主制度，让村民能够有效地行使监督权力。法治是要始终贯彻落实的强制保障措施，运用法律手段治理乡村是十分必要的。要多渠道、大范围地进行普法教育，让村民参与乡村相关法律的制定和修改，使村民掌握一定的法律常识，能够运用法律手段维护自身的权益、参与乡村的治理。德治是重要补充，2018 年 9 月，习近平提出“要在实行自治和法治的同时，注重发挥好德治的作用。”[②] 法律的强制治理是必要的，乡村社会的非正式规则，如村规、民约、风俗等，发挥的作用也是不可忽视的。应该开展道德教育，发挥德育的引导作用，提高村民的道德意识，同时要通过相关活动对村民进行道德引领，解决乡村中存在的一些问题，改善乡村中的不良风气，为更好地进行德治创造条件。在新时代，我们要协同推进自治、法治、德治，在整体性治理理念的指导下对乡村进行治理。同时要因地制宜地采取合适的治理方式，以提升治理效能。在乡村治理体系中，要使自治、法治、德治相结合，齐头并进推进乡村实现有效治理。

第三，夯实基层政权。基层是社会治理的基础，农村基层政权是促进国家的相关政策在农村落地实施的重要一环。对农村基层政权的地位进行夯实有助于巩固党的执政之基，对乡村经济的繁荣、社会的和谐稳定起到保障作用，因此要健全农村基层服务体系，夯实乡村治理基础。夯实基层政权建设，必须加强对基层组织的监督管理。首先要对农村基层政权结构进行合理设置，依据简政放权的原则对相关机构以及工作人员进行合理调整，提高公共服务的质量，进一步健全医

① 2017 年 10 月 18 日，习近平在中国共产党第十九次全国代表大会上的报告.
② 2018 年 9 月 21 日，习近平在中共中央政治局第八次集体学习时的讲话.

疗卫生、教育等服务体系。其次要加强对基层组织的管理，探索并建立多元化的引导机制。通过教育培养的途径强化基层组织的业务水平，提升基层组织的素质和本领，发挥基层组织在乡村振兴的引领作用。同时要建立健全督查制度，使基层干部自觉约束言行，提高自身的综合素质，以更好地为人民服务。再次，要把人民群众的利益放在首位，加强和农民的沟通交流，拓宽村民参与政治的渠道，最大限度激发农民参与基层政权建设的积极性。最后要健全激励机制，提升基层村干部的待遇，同时鼓励优秀人才深入基层，强化乡村建设的人才支撑。

（二）提升构建乡村治理新体系能力

新时代农村治理的主要特征是以治理有用性作为基本价值导向的，“治理有效”是乡村振兴的社会地基，是推动农村健康运行的根本政治秩序担保，是乡村“善治”的必然要旨。乡村社会治理是否显效，关联着党和国家政策的贯彻效果，也关联着村民自身利益的实现，更关联着小康社会和现代化目标的实现。

2018 年一号文件明确指出：“乡村振兴，治理有效是基础。必须把夯实基层基础作为固本之策。”[①] 由于治理受利益、文化、地域、规模等因素的影响，“治理有效”对农村基层党组织构建治理新体系的能力提出了新的要求。利益因素是村民自我管理有效的实现形式，在此基础上培育多元组织协商互动、合力共建的基层治理新体例，在法治的基础上提升农村法治水平，树立保卫农民权益、规范市场运转的权威地位，在德治的基础上建强乡村善治核心、强化乡村思想道德建设、增强乡村智治能力。

“治理有效”强调的是多维主体的参与性和配合性，体现的是治理手段的多维化和刚柔相济。治理中坚持与民主政治建设相联系，不断提高治理有效性，积极探索和创新有效自治内嵌制度，将国家法治、村民自治和乡风德治嵌入到农民的日常生活中来。

五、以生活富裕提升创造乡村幸福新生活能力

（一）保障和改善农村民生

关注农民最关心、最直接、最现实的利益问题，着力提高、保障和改善民生水平，打造农民生活富裕、安居乐业的新农村，是实施乡村振兴战略的出发点和落脚点。习近平指出改善农民生活水平是推进农村社会治理的目的和方向，各个

① 2018 年 1 月 2 日，《中共中央 国务院关于实施乡村振兴战略的意见》.

地区应根据各地的现实情况制定相应的民生保障政策，解决好农民最关心的事情。在2021年4月，《中华人民共和国乡村振兴促进法》的通过，为我国推进乡村建设的工作提供了法律依据，其中就规定了要健全有助于人民群众稳定增加收入的相关制度，体现了对乡村民生的重视。在决战脱贫攻坚目标任务胜利完成的基础上，乘势而上、埋头苦干，巩固拓展脱贫攻坚成果，全面推进乡村振兴，朝着全面建设社会主义现代化国家、实现第二个百年奋斗目标迈进。

第一，巩固拓展脱贫攻坚成果。乡村要实现振兴的一个重要前提就是要帮助农民摆脱贫困，有效解决农村地区的贫困问题，是乡村振兴必须要实现的目标，精准扶贫是帮助贫困农民脱贫致富、解决农民问题、实现乡村振兴的有效途径。经过人民接续努力，脱贫目标已如期完成，人民的生活水平得到了显著改善。如何巩固目前取得的成果，防止返贫是我们在现阶段的全面推进乡村振兴进程中要把握的重点任务。在党中央的领导下，脱贫任务取得胜利，人民生活水平得以提高，幸福指数明显提升。相对于城市的发展水平，乡村地区整体的经济基础比较薄弱，因此习近平提出了一系列新举措以持续、有保障地推进民生改善。习近平提出“实现巩固拓展脱贫攻坚成果同乡村振兴有效衔接”，[①] 接续推进脱贫地区发展，这为我国下一阶段的乡村发展指明了方向。首先，要坚持党的领导，党的领导是脱贫攻坚取得胜利的组织保障，这是实现有效衔接的总体要求，坚持中央统筹、省负总责、市县乡抓落实的工作机制，充分发挥各级党委总揽全局、协调各方的领导作用，省市县乡村五级书记抓巩固拓展脱贫攻坚成果和乡村振兴。其次，要健全保障民生发展的制度体系，在实际探索中开辟民生发展新模式，完善公共服务体系，重点关注脱贫人口，防止其返贫，同时也要优化相应的帮扶机制，给予容易返贫的人口一定的社会救助，促进脱贫人口收入稳定增加，杜绝返贫现象，为农民群众提供相应的物质基础，在主要帮扶政策保持总体稳定的基础上，分类优化调整，增强脱贫稳定性。再次，要坚持政府推动引导、社会市场协同发力，创造更多就业就会，拓宽就业渠道，为农民找工作制定相应的帮扶措施。最后，要严要求、抓落实。脱贫攻坚的艰巨性决定了我们必须真抓实干，要帮助脱贫群众掌握工作的基本技能，为农业发展、农村建设提供符合要求的劳动力，以多方面的举措大力推进已脱贫地区的乡村建设。

第二，提升农村劳动力就业质量。乡村振兴，关键在人、关键在干。要抓好农民自身这个主体，农民的就业是乡村建设中的一个关键问题。农民是乡村建设的主要推动力量，坚持扶志与扶智相结合，防止政策养懒汉和泛福利化倾向，发

① 2021年3月7日，习近平在参加十三届全国人大四次会议青海代表团审议时的讲话.

挥奋进致富典型示范引领作用，激励有劳动能力的低收入人口勤劳致富，提高农村劳动力就业质量，是推进乡村振兴的关键。我国劳动力充足，但农民由于整体素质不高、劳动技能落后、科学文化程度不高，无法满足我国社会快速发展状态下对就业人员的基本要求。习近平针对人民群众劳动技能的提升，提出了相关建议。乡村振兴中要发展乡村产业，通过产业的发展创造更多就业岗位，以满足农民的就业需求。人民群众是主体，促进乡村发展的重点就在于要培养一批新型的、符合社会发展需要的农民队伍。党中央高度重视新型农民的培养，提出对农村地区职业教育的投入力度要加大，建立职业农民制度，创新人才培养理念，探索多渠道的教育模式，强化对他们的系统培训，传授给他们相关的科学知识，多方面提高农村人口素质。从农民自身角度，则要提升农业劳动技能，积极主动地去了解促进农业发展的相关知识，适应企业对就业人员的要求。2021 年 4 月，习近平提出“好日子都是奋斗出来的”。[①] 乡村振兴要注重让农民群众学习科学技术，用知识武装自己，提高劳动力就业质量，用知识托起乡村振兴。

第三，增加农村公共服务供给。农村公共服务供给水平关系着农民生活幸福、农业可持续发展以及农村社会秩序的好坏，是衡量一个国家或地区整体经济发展水平的重要指标。增加公共服务供给是践行共享理念的有效方式，是增进人民福祉的途径，有助于农业可持续建设，能提升农民生活的幸福感，是党为人民服务的彰显。国家将优先发展教育事业、推进公共文化建设纳入了乡村发展的指导意见之中，并提出了到 2035 年的发展目标，即基本实现城乡公共服务均等化，为现阶段的乡村建设工作提供了可实践的途径。增加公共服务供给，就要以农民的需求为导向，着眼于人民最关心的现实问题，完善乡村基础设施和乡村公共服务设施建设，如完善交通、环卫、文体娱乐等基础设施和公共服务设施建设，同时要完善与村民息息相关的便民服务、卫生保洁、垃圾处理等服务设施建设，提升乡村公共服务设施的配置水平，完善村级党群服务、村民活动、教育领域等基本公共服务设施建设，保障农村公共服务有效供给。在推进公共服务发展的实际工作中，要积极发挥政府、企业、社会组织三者之间的合力，以实现最优效果。另外，政府也需要与农民建立起稳定的民意沟通机制，比如利用网络交流等多种形式让农民积极参与到公共服务供给决策的过程中，以激发公众的参与意识，使政府的各项决策更科学，更好地推进各项措施和内容的实施。

---

① 2021 年 4 月 25 日，习近平在才湾镇毛竹山村的讲话．

（二）提升创造乡村幸福新生活能力

十九大指出："增进民生福祉是发展的根本目的。"[①]2020 年实现了现行标准下农村贫困人口全部脱贫。巩固脱贫攻坚成果同乡村振兴有效连接，实现生活富裕给农村基层党组织干部提出了新的要求。农村富不富关键看支部，决策在顶端，贯彻在中间，落实在基层，只有基层干部敢于担当、愿意实干、勇于更新，才能实现生活富裕。

理清脱贫攻坚与乡村振兴。乡村振兴是继续与延伸。"生活富裕"提出了新要求，例如，党员干部要走进市场，积极探索扶贫和脱贫新模式，利用基层干部的社会关系和威望，利用网络等新技术进行直播带货，提高帮助农民售出农产物的能力和水平。基层党组织书记要持续培育发展特色优势产业，并且积极动员年龄较大、缺少劳动技能的村民回乡发展特色产业，积累村民基础。

承接脱贫工作需要基层组织领导。基层党组织干部是主力军，肩负振兴的重任。意识形态、思想观念关乎农村建设的走向和未来，专业能力、专业水平关乎乡村发展的质量和效率，意志、精神关乎乡村振兴能否承受住现实和历史的考验。农村基层党组织干部在能力上，只有不断学习新知识，打开新视野，全面提升专业素养，才能提高治理效能；在内容上，只有以产业振兴为基础，提高价值链，以人才振兴为突破，吸引人才、培育人才，以共治共享为归宿，才能凝聚力量、群策群建。农民既是脱贫攻坚的主体，也是乡村振兴的主体，必须紧紧团结和依靠人民，带民致富、教民致富。

第三节　农村基层党组织工作在乡村振兴中的地位作用

一、农村基层党组织在乡村振兴中的地位

（一）乡村振兴的领导者

实施乡村振兴战略的首要任务就是要从政治立场的高度确定乡村振兴的方向，积极引导并深化基层党员和农民群众对实施乡村振兴战略的正确认识。农村基层党组织是乡村振兴的领导者，能够对本地实际产生情况正确的认知，能够有的放矢地指导农村发展的全过程，更好地开展乡村振兴工作。农村基层党组织作

① 2017 年 10 月 18 日，习近平在中国共产党第十九次全国代表大会上的报告.

为乡村振兴的领导者，发挥了独特的示范作用，领导着乡村振兴战略的实施。第一，农村基层党组织熟悉党的路线、方针、政策，可以更准确地保证农村各方面发展不偏离党和国家的发展方向。农村基层党组织作为领导者，能够宣传贯彻党的相关路线方针政策，发挥战斗力，在重要问题上掌握决策权和主动权。依靠农村基层党组织的领导，能够更好更快地整合农村资源，有效治理农村各项事务，集中各种力量推进乡村振兴的进程。第二，农村基层党组织作为乡村振兴的领导者，承担了重要的领导责任，发现问题可以及时纠正。农村基层党组织能够对重大问题进行科学决策，领导农民群众在农村地区开展各项工作。对于各基层组织的矛盾和问题，通过农村基层党组织的协调和处理，可以有效保证农村地区的和谐稳定。正是由于对乡、镇各组织以及农民群众的正确领导，才能够使各组织的配合有条不紊，使农村各项工作的实施更加流畅。第三，农村基层党组织能够领导村民发展经济，建设基础设施和发展支柱产业，满足村民需要，解决村民生活困难。农村基层党组织通过加强和农村各领域、各组织及农民群众的沟通和联系，能够统筹各组织和农民群众，更好地领导各方力量。只有充分发挥农村基层党组织领导者的角色，方能带领农民群众一起建设和发展农村，方能集合农民群众的智慧，为党的执政能力提高找到稳固的着力点。

（二）乡村振兴的协调者

由于乡村振兴的艰巨性，在实施乡村振兴战略的过程中，可能存在着许多复杂的关系：如农民内部之间的关系、党员与农民的关系、村与村的外部关系等等。农村基层党组织应该承担起这一责任，有效协调和处理各种复杂关系，解决工作中存在的障碍，成为乡村振兴的协调者。实施乡村振兴战略需要农村基层党组织发挥协调者的角色。实施乡村振兴战略，农村基层党组织不仅要承担着上传下达和领导带领农民的职责，更要与农村其他社会组织和农民群众保持密切联系。农民群众作为实施乡村振兴战略的主体，农村基层党组织要时时刻刻想着农民群众的利益，生活在农民群众之中。一方面农村基层党组织能够把党的政策及时传达，农民群众能够及时接收到党的各项决策以及关于乡村建设与发展的相关规章制度。另一方面，对于农民群众提出的意见和要求，可以通过农村基层党组织反映到党的领导机关中去。要想做好农村工作，必须要与农民群众建立密切联系，农村基层党组织可以担负此项重任。作为乡村振兴的协调者，必须更好地了解农村社会的实际状况，更清晰更准确地了解农民群众的实际需求。农村基层党组织应当承担起这个协调者的角色，要与农村社会各力量密切互动，协调农民和各级政府的问题，协调农民和投资商的问题，协调农民和社会组织等问题。

（三）乡村振兴的组织者

乡村振兴不是某个人的事，也不是农村基层党组织的事，是需要全体共同参与的事。乡村振兴需要组织，需要有人组织，必须把农村群众组织起来。如果没有强大的组织者，农村地区很容易形成一盘散沙，无论是思想上还是行动上难以形成乡村振兴的强大合力，整体效率难以提升。而农村基层党组织就是这个组织者，能够把农民群众组织到一起，使农村基层党组织的政治功能和农民群众的能动性有机结合，从而激活农村资源要素，解决乡村振兴中遇到的问题和挑战；能够把握方向并深入领会理解乡村振兴战略，有将广大农民群众组织起来的能力，为实施乡村振兴战略，为乡村未来的发展提供更有力的保证。农村基层党组织长期处在农村工作最前沿，一直承担着团结全体农民群众、带领全体农民群众实现乡村发展的重要职责。乡村振兴对农村发展提出了新要求，指出要以群众利益为重，稳定农村社会的和谐有序发展，教育、组织和团结党员和农民群众。实施乡村振兴战略必须要发动、组织和凝聚群众的力量，提升农民群众振兴乡村的动力。农村基层党组织能够组织好各项工作，它是乡村振兴的组织者。农村基层党组织能够发现农村发展中存在的问题并及时解决，调动农民的积极性，组织农民参加各种活动，组织农民发展产业、保护生态环境。农村基层党组织能够引导农民群众认识到他们的主体和核心力量，让村民们自己做主，组织和引导村民进行自我教育和自我提升。只有发挥优秀组织者的角色，才能够不断提升农村各方力量对农村基层党组织事业的追随热情，更有效率地实施乡村振兴。

二、农村基层党组织在乡村振兴中应当发挥的作用

在我国农村的发展历程中，农村基层党组织一直以来都肩负了重大的责任和使命，顺应了农村社会发展的时代需求。由于农村建设路径需要不断调整和优化，需要对农村基层党组织提出其他更高要求。乡村振兴战略的提出后更是需要农村基层党组织发挥作用，需要依靠农村基层党组织的力量去落地落实。实施乡村振兴战略，必须要关注农村基层党组织的力量，发挥其在农村社会的思想引领作用、服务群众作用、基层治理作用、发展经济作用、凝聚人才作用和引领乡风文明作用。

（一）思想引领作用

火车跑得快，全凭车头带。政治属性是农村基层党组织的根本属性，是区别

于其他利益团体的重要特点之一，如果缺失政治属性，农村基层党组织对农村的全面领导将偏离党的路线、方针和政策，失去政治重心。因此，在农村基层党组织带领广大村民群众和党员干部振兴乡村过程中，要注重强化党在全局的领导能力和地位，凝聚整合个人及组织的力量，调动各个主体的能动性和积极性，提升领导能力，促进农村全面振兴。具体而言，领导能力体现在以下几个方面：一是强化党的领导地位。农村基层党组织要依托自身在政治及组织的领导优势，发挥敢闯、敢干，能闯、能干的决心，带领农村各主体投身乡村振兴中，保证对农村的正确领导。二是组建新型领导班子。农村的发展离不开高素质的领导干部，要选出一支知政策、懂政策、用政策的新型领导班子，引领农村打破传统、促进发展。三是加强体制机制建设。体制机制顺不顺，直接关系到国家政策的落地和具体举措的执行，要确保体制机制健全，制定切实可行的保障制度，完善议事规则和程序，保证其合理性和可操作性。

思想引领方向，农村基层党组织发挥引领作用，思想是关键。乡村振兴战略要求农村基层党组织要从思想上真正深刻领会乡村振兴战略的丰富内涵和实践要求，运用新思维引领乡村发展，不断提升自身的指导水平，充分发挥思想引领作用。思想认识是行为实践的基础，是发挥农村基层党组织作用最大化的关键。发挥农村基层党组织的思想引领作用，是凝聚广大基层党员和农民群众共同投身乡村振兴的基础。一方面，农村基层党组织在农村各项工作中始终处于核心领导地位，是保证各项政策落实的关键。农村基层党组织在广泛征求意见的基础上，领导和落实农村发展各方面的工作和问题，特别是实施乡村振兴战略。农村基层党组织能够充分发挥思想的引领作用，传播乡村振兴战略所需正确思想，为实施乡村振兴提供根本指导。在此基础上促进思想的统一，促进农村各方面力量的统筹，共同致力于乡村振兴建设。另一方面，农村基层党组织具有坚定的政治立场，良好的思想政治素质，同时也具有较高的群众威信，不仅能够让农民群众主动接受、愿意接受党组织的引领，而且能够引领农民群众把握好中央的精神要求，树立正确的政治方向。农村基层党组织对乡村振兴的正确方向有更加准确的把握，可以为工作开展奠定正确的思想基础。

（二）服务群众作用

古有“水能载舟，亦能覆舟”的经典训语，今有“我将无我，不负人民”的豪情壮志，从古至今，历史的演进始终是由人民群众所推动的。在我国历史的不同时期，群众在这其中的重要性不言而喻，虽然经历过不同的社会背景，但都有过围绕人民群众开展的宣传、动员、组织以及团结工作，才取得了今天的成绩。比如建设时期的中国，在人民群众的支持与帮助下，助力推动我国取得重大成就。改革开放以来，在不断地探索中，找到了一条适合我国发展的道路——家庭联产承包责任制，在农村党组织与人民群众之间架起了新的桥梁，推动了农村基层党组织与农民之间新型利益关联的构建。进入新时代，在乡村振兴的大背景下，人民群众的力量更是不容忽视的，农村的发展需要广大农民群众的共同奋斗，一起书写乡村振兴的新篇章。农民作为推进乡村振兴战略的主体力量，农村党组织是促进乡村振兴的领导力量，因此有必要理清他们之间的内在关联，既要重视广大农民群众的主体地位，又要提升农村基层党组织的组织动员能力。具体而言，需要做到以下几点：一是将农民的切身利益作为自己的奋斗目标。我们党始终将人民群众放在第一位，任何工作的出发点和落脚点都在人民群众主体身上，乡村振兴要适应国家社会主要矛盾的变化，贯彻落实党的三农政策，促进富农兴农目标的实现。二是要组织动员农村群众积极参与到乡村振兴中。密切联系群众是我们党的优良传统，组织动员群众要融入群众生活，做到了解群众、相信群众、依靠群众、服务群众，形成基层党组织与农民群众的强大合力，增强农民群众参与乡村建设的能动性和自觉性。

党的十八大提出“以服务群众、做群众工作为主要任务，加强基层服务型党组织建设。”[①] 在实现乡村振兴的过程中，更要突出农村基层党组织服务群众的作用。农村基层党组织工作本质上是服务，乡村振兴也对党组织提出了新的要求。农村基层党组织必须能够与时俱进，学习新知识，增强新本领，以农民的基本诉求为主要目标，创新工作方法，突出服务群众作用。农村基层党组织只有同农民群众紧密联系，切实做好服务群众的工作，才能巩固群众基础和高效率实施乡村振兴。农村基层党组织能够发挥服务群众的作用。一方面，农村基层党组织与农民群众的交流较为频繁，联系较为紧密。在农村地区，农民的生活状况以及他们的生活需要不同，在服务群众时会遇到一些问题和阻碍。农村基层党组织自身具有独特的优势，能够深入农村，能够与群众面对面，倾听他们的真实想法。在服务群众时可以提前有所了解，对基本问题有大致的认识，从而提高服务群众的精准度，提升他们的幸福感和满足感。另一方面，农村基层党组织离农民最近，离农民实践中遇到的问题也最近，最了解路线方针政策落实过程中的梗阻部位及成因。农村基层党组织扎实工作，能够严格注意工作的落实情况，凡是定下来的重要事项，就会紧盯不放、全力去抓。急群众之所急，帮助群众克服困难，不仅只

① 2012年11月8日.《胡锦涛在中国共产党第十八次全国代表大会上的报告》

是体现在思想上，也体现在实际工作中。在服务群众中，农村基层党组织既能体现农民群众的现实利益，又能代表农民群众的长远利益；既能够反映农民群众的普遍愿望，又可以照顾部分农民群众的特殊要求。

（三）基层治理作用

良好的人居环境是乡村振兴的发展底色，也是实现农村群众美好生活愿景的生态基础。作为振兴乡村的重要任务，农村人居环境治理不仅事关乡村生态恢复，更关系到美丽中国建设目标的实现质量。当前我国农村生态治理正从治理污染到恢复生态的纵深环节挺进，如何有效调节产业发展与生态保护之间的矛盾，考验着农村基层党组织的治理能力。在新的时代背景下，乡村生态治理需要农村基层党组织探索构建多元主体共治的新模式，不但要从观念上更新农民对于保护生态的认识，也要积极吸引社会组织参与农村生态治理。因此，治理功能作为基层党组织组织力的重要内容，对于推动乡村生态振兴，增强广大农村居民生活幸福感具有重要的现实意义。

《意见》明确指出："必须把夯实基层基础作为固本之策，坚持自治、法治、德治相结合。"① 乡村治理水平的高低不仅关系到农民的切身利益，更关系到乡村振兴战略能否有效实施、实施程度的如何。近年来，农村经济社会结构出现了深刻变化，在乡村治理中遭受到了诸多困难。要求农村基层党组织必须重视乡村治理相关问题，发挥基层治理作用。农村基层党组织能够发挥基层治理的作用。第一，农村基层治理的法治化方面，基层党组织要发挥重要作用。通过建立和完善村规民约工作，农村基层党组织能够对农民进行教育、引导和约束，推进乡村治理法治化。对于党组织难以处理的问题，能够依靠法律途径，在法律的协助下提高乡村治理的制度化水平，完善乡村治理机制，形成一种公平、有效、多元的乡村治理体系。第二，能够引导农民发挥主体作用，形成良好的自治模式，鼓励农民群众真正参与其中，通过农民群众的参与，可以激发农村的内在活力和农村内生资源和力量，让农民真正实现自我监督和自我管理。第三，农村基层党组织在贯彻党的路线方针政策方面发挥着关键性的作用。党的农村政策和乡村振兴的战略决策，要经过基层党组织来贯彻实施。农村基层党组织有强大的战斗力，从村党委书记做起，带头抓、主动抓、深入抓，从上到下一级一级压实责任，不断推进农村基层党建工作落实。农村基层党组织可以加强与各组织的合作，完善矛盾、化解机制，努力维护农村社会的稳定。

---

① 2018年1月2日，中共中央 国务院关于实施乡村振兴战略的意见.

（四）发展经济作用

产业振兴是实现乡村振兴的最有效途径，也是促进乡村振兴事业全面发展的经济基础。产业的兴旺发达是乡村振兴战略下的高质量发展愿景，这一愿景需要效益质量、科技含量、人才存量、资金增量、基建质量等要素的共同支持。高质量产业发展对于乡村建设提质增效，繁荣市场具有重要意义。实现农村产业振兴目标需要培育健全的产业发展体系，农村基层党组织应当发挥组织力的整合功能，培育和支持农村新兴产业，为改善调整农村产业结构提供职能支持。首先，农村基层党组织可以在公司与农户之间建立有效的沟通桥梁，通过订单生产、建立生产合作社、产销一体等方式，整合传统小家庭经营模式，建立高效的合作经营体制。农村基层党组织发挥整合功能的意义在于推动乡村产业专业化发展，帮助农业产品实现产销对路，并指导农民及时根据市场需求调整生产规模，更好地适应市场化发展的生产要求。其次，粮食安全事关我国国家安全大计，仍然是农村需要长期坚持的最重要产业。但由于传统农业生产方式是以农户家庭自主经营为主的，缺乏及时的市场供需信息，导致农业生产的季节性供需矛盾突出。例如反季蔬菜供不应求，应季蔬菜有市无价，这是由于传统农业生产具有一定趋利性，导致生产类型单一，难以满足市场需求。而趋利种植又会导致供过于求，农民利益受损。在乡村振兴战略的实施路径中，农村基层党组织应当充分发挥整合农村生产规模及类型的组织力优势，合理避开自然风险与市场无序竞争，确保农民利益不受损失，实现规范指导产业发展的目标。最后，科学的产业布局对于产业兴旺具有重要作用。农村基层党组织通过发挥组织能力和整合能力，实现农村产业集群化发展、规模化生产，能够有效培育农村产业品牌，最终促进乡村产业振兴的建设目标。我国部分农村地区通过整合资源区位优势，科学布局产业分区，形成了具有地方特色的产业品牌，实现了脱贫致富的目标，具有代表性的有宁夏永宁县闽宁镇葡萄酒产业、陕西周至红心猕猴桃产业等。这些成功范例表明，通过农村基层党组织发挥组织力整合功能，能够促进农村特色产业健康发展，从而推动乡村产业的兴旺发达。

实施乡村振兴战略，必须发展产业和经济。经济发展不能单靠一方，需要形成促进农村经济持续发展的一种合力。农村基层党组织可以带领农民发展经济，共同建设乡村产业，提高生活水平。第一，基层党员和普通农民相比有开阔的视野，能够清楚地认识本地的现实状况，从农村本地独特优势出发，因地制宜发展特色农业，帮助农民提高农业生产能力和生产效率，帮助农民在土地上创造更多的价值。农村基层党组织能够带领广大农民发展现代高效农业，在农业农村发展中融入新理念和新技术，推动农村新产业有序健康发展。第二，在领导农村经济发展时，农村基层党组织能够根据上级党委的工作指示和本村的实际情况，做出正确的经济决策，找到最适合本村发展经济的特色产业，抓住机遇推动农村经济稳定发展。农村基层党组织可以根据农民群众是乡村振兴主体这一重要问题，从农民群众自身主体出发，帮助农民提高就业创业技能，开展职业技能培训和创新能力培训，提高农民的生存能力。农村基层党组织也可以引导农民广泛就业，拓宽农民增收渠道。第三，我国农村已经进入现代化，不仅要重视发展农业，而且要重视发展非农产业体系。农村基层党组织能够依据城乡居民消费需求的变化，努力推动农业向第二三产业延伸，促进农业与第二三产业融合，重点关注对食品、手工艺品、旅游业和电商等产业的深度融合。对于农村新兴产业，可以帮助农民进行品牌推广，在品牌推广中拓宽农产品销售渠道。农村基层党组织还可以引导农民充分利用好互联网优势，运用电商平台进行推广销售，加大支持农村新产业的力度，建设属于本地的特色产业。

（五）凝聚人才作用

农村基层党组织人才队伍由三个方面构成，分别是负责领导与决策的干部队伍、负责管理与服务的专业技术党员队伍、负责具体工作开展的基层党员队伍。发挥组织力的培育功能，需要根据农村基层党组织三个层次的培育主体，制定不同的培育途径。对于领导干部队伍的培育，以具体工作实效及党建成果的考核作为主要途径，通过考核不断提高领导干部带领农村基层党组织实施乡村振兴战略的能力及水平。对于专业技术党员队伍的培育，应当通过构建科学培训体系，结合集中学习、外出考察等制度，实现人才培育途径多元化。同时要积极鼓励融入专业技术党员队伍，实现队伍结构优化，大力开展人才引进工程，吸引紧缺技术型人才服务乡村振兴战略。对于基层党员队伍的培育，可以通过创新培训方式，充分利用网络资源及红色教育基地的作用，培育农村党员坚定的政治理想与思想信念，提高农村基层党组织党员队伍建设水平。

实施乡村振兴战略，人才必须始终放在重要位置。鼓励各类人才积极参与乡村建设，在广袤农村大展身手，必须集中所有人的智慧、凝聚起最广泛的力量。实施乡村振兴，必须凝聚人才参与到乡村建设中，要吸引并留住人才尤其是本地人才，解决人才短缺的难题。党和政府为吸引人才，已经制定了一些相关制度，积极鼓励号召各类人才投身基层，给乡村振兴提供了一定的人才基础。农村基层党组织作为党在农村的基层组织，更加能够发挥凝聚人才、吸引人才、留住人才的作用。一方面，农村基层党组织可以通过培育强化党组织领导班子和党组织成员，营造重才环境，吸纳更多优秀人才加入农村基层党组织中。在农村的各种社会组织中，聚集着许多有智慧、有思想、有文化的人才，农村基层党组织通过人才选拔将这些人引进党组织，全方位培养他们的能力，为乡村振兴战略提供人才保障。同时，农村基层党组织通过联系从农村走出去广大大学生和外出工作者们，鼓励大学生和各类人才尤其是在外打工的本地人才回乡创业就业，给予他们广阔的平台，吸引他们回到农村工作，利用所学专业知识为乡村振兴贡献力量，为乡村振兴工作提供智力支持。另一方面，农村基层党组织能够采取有效措施调动广大人才的振兴乡村的积极性，使他们各司其职，发挥各自在乡村振兴中的作用。在农村一些地区，农民群众统一意志淡化，又缺之向心力，很难凝聚起来。而且农村人才外流现象普遍，年轻或有能力的人都选择进城学习和工作，存在老龄化、空心化现象。在这种情况下，农村基层党组织更应该发挥凝聚人才的作用，汇聚支农助农兴农力量，使各方力量都可以参与到乡村的有效治理中，积极为乡村发展献言献策，为乡村振兴战略贡献力量。同时，农村最大一部分的人是农民，农村基层党组织能够利用本地农民特点内化为乡村振兴的人才力量。对于普通农民，农村基层党组织和他们长期以来保持着良好关系，可以关注到他们的日常生活状况并发掘到他们身上的价值，从而打造优秀的新型职业农民，培养他们成为乡村振兴的主力军。

（六）引领乡风文明

农村基层党组织作为国家与农民群众沟通联系的纽带，也在乡风文明的建设征途中扮演着引领者的作用。培育树立健康积极的乡风文化，也考验着农村基层党组织自身的思维意识以及组织能力，有效发挥组织力的引领功能是确保乡村文化振兴工程的思想基础。当前我国一些农村基层党组织片面追求经济建设，忽视乡村文化引领工作，对于自身在振兴乡村文化中的角色定位模糊，懒政推诿的现象仍然存在，对于党和国家关于改进乡村文化、培育乡风文明的政策执行没有落实到位。长期以来，我国乡村地区与城市地区发展之间存在着客观差距，在村容村貌建设方面也较为滞后，使得农村基层党组织将过多的视线转移到经济建设与基建完善方面，一定程度上忽视了对于精神文明的塑造与培育。我国农村地区具有悠久灿烂的文化历史，但因文化振兴工作长期得不到重视，使得一些优秀传统文化产品面临失传与凋零的现实窘况。村民喜闻乐见的文化产品缺失，导致精神文明建设始终无法满足广大农民群众的心理需求，文化场所的建设也未能紧跟基础设施完善的步伐，使得文化振兴缺乏必要的物质载体。乡风文明建设作为新时代下农村基层党组织工作的一项重要内容，应当充分发挥组织力的引领功能，引领农村基层党员干部培育践行优良乡村文化和改进行政服务的能力，探索将乡风文明建设成果纳入基层考核要素的可行路径。对于落后贫困地区，由于资源匮乏与信息不畅的天然劣势，应当注重完善乡村文化基础设施建设，充分发掘本土优秀文化产品，如传统戏曲、传统技艺等。同时引领所在乡村因地制宜培育本土乡村文化产品，用社会主义先进文化涵养本土乡风文化，着力引领本地区农村居民继承发扬传统技艺，最终实现乡村文化振兴。

我国农村虽然人口数量庞大，但是文化基础设施供给相对不足，一些地方的农村优秀传统文化的日渐消失。农村基层党组织与农民群众关系最为密切，是乡风文明建设的主力军。实施乡村振兴战略，农村地区固有的封建传统思想和不良生活习俗急需转变，要依靠农村基层党组织引领乡风文明，传播优秀的乡村文化。必须依靠农村基层党组织进行关于乡风文明的宣传教育，在农村加强道德素质教育，使整个村弥漫出一种良好的社会风气。通过弘扬乡村优秀传统文化，努力实现乡村文化振兴。一方面，农村基层党组织通过宣传党的路线、方针、政策，通过宣传党中央、上级党组织和本组织的决定，对农村文化发展和文明建设等进行有关部署，可以依靠组织优势引领乡风文明，在农村普及科学文化知识，提高农民的道德水平、思想觉悟和文明程度，摒弃腐朽落后文化和封建迷信陋习。另一方面，通过农村基层党组织的引领以及每月按时进行教育培训，广大党员和党员干部可以提高思想道德素养。在了解农民文化需求的基础上，能够针对本地情况采取一系列措施，弘扬农村文明风气，广泛开展精神文明创建活动，使农民成为传播乡村文明的主力军，保护农村博大精深的传统文化，继承和发展优秀的民间戏曲和少数民族文化，营造生态宜居的农村环境。

第三章　乡村振兴视阈下河北农村基层党组织工作的内容

本章为乡村振兴视阈下河北农村基层党组织工作的内容，共四节。第一节为基层党组织政治建设工作，第二节为基层党组织队伍建设工作，第三节为基层党组织制度建设工作，第四节为基层党组织能力建设工作。

第一节　基层党组织政治建设工作

一、坚定理想信念和政治信仰

（一）坚定政治信仰

坚定政治信仰是农村基层党组织政治建设的灵魂。马克思主义唯物史观认为，现实的经济基础决定观念的上层建筑，同时观念的上层建筑对现实的经济基础具有反作用。政治信仰作为观念的上层建筑，是一个政党和国家政治价值观的核心，对政党的政治实践活动具有反作用。从马克思主义政党目标追求来看，建立一个“自由人联合体”且每个人得到自由而全面发展的共产主义社会是共产党人的终极信仰。中国共产党能够战胜各种困难、经受各种考验，致力于实现民族复兴大业，得益于共产党人有崇高的坚定的政治理想和政治信念。因此，坚定政治信仰，是农村基层党组织政治建设的内在要求。第一，要求农村党员提高政治理论水平。在新时代背景下就是要用习近平新时代中国特色社会主义思想武装头脑，增强政治识别力、政治判断力、政治敏锐性，使农村党员在大风大浪面前保持政治定力。第二，要求农村党员坚决执行党的政治路线。一旦偏离或逾越党的政治路线，就会给党和国家的事业带来巨大危害。因此，农村党员干部要自觉同党的政治路线对标对表，勇担政治责任，坚决捍卫党的政治路线。第三，要求农村党员始终站稳党的政治立场。“为绝大多数人谋利益”是马克思主义政党根本政治立场，执政后脱离群众是致命的危险，如果不能根植人民群众、服务人民群众，党和国家的事业就不会取得历史性成就。因此，要把党性和人民性结合起来，发挥农村党员密切联系农民群众的政治优势，集中农民群众的力量和智慧推进农业农村现代化。

（二）坚定理想信念

加强基层组织的政治建设工作，需要从党员干部理想信念的教育着手。首先，农村基层党组织应当加强对党员干部的思想教育力度，以党性修养锻炼为前提，树立共产主义远大理想和中国特色社会主义共同理想，要强化习近平新时代中国特色社会主义思想武装头脑效果，引导党员干部主动学、自觉学、愿意学，在思想上始终与党中央保持高度一致。基层党组织要把推动学习“四史”教育贯穿党建的始终，要让基层党员干部认识到中国共产党为什么“能”、马克思主义为什么“行”、中国特色社会主义为什么“好”。其次，要把理想信念教育引入推动乡村振兴的实际工作中。习近平总书记指出“全面实施乡村振兴战略的深度、广度、难度都不亚于脱贫攻坚”，[①] 在困难面前只有两条路可以走，一条是迎难而上，一条是知难而退，农村基层广大党员干部在面临实施乡村振兴的挑战面前，应该选择走哪条路，关系着乡村振兴战略能否贯彻落实。因此农村基层党组织要推动坚定引领乡村振兴的理想信念教育，要善于从脱贫攻坚战中的英雄楷模、先进个人和集体中汲取力量，鼓舞前行；引导广大农村党员干部树立信心，鼓舞干劲，奋发有为；把对党的信仰转化为引领乡村振兴创业干事的行动力量，自觉扛起历史重任；发挥撸起袖子加油干的闯劲，主动作为。最后，基层党组织要注重对教育方式的改革创新，针对农村老党员多以及大部分村民文化知识水平不高的现状，要摒弃复杂难懂的教育内容，力求简单明了，同时要联系农村实际，贴近群众生活，主动走进群众视野。

二、强化政治领导和政治担当

（一）强化政治领导

强化政治领导是农村基层党组织政治建设的核心。政治领导必然体现了党在路线、方针、政策上的领导，是实现党的全方位领导的重要前提。中国共产党之

① 2020年12月28日至29日，习近平在中央农村工作会议上的讲话．

所以能经受住百年风云和历史考验，并成为世界第一大执政党，根源于始终坚持党的政治领导不动摇。对于农村基层党组织而言，强化政治领导要做到两个方面的统一。

第一，要坚持和维护党中央权威和集中统一领导。这就要求全党自觉认同、拥护、跟随、捍卫领导核心，确保全党的集中统一，沿着正确的政治方向前进。

第二，要提高农村基层党组织政治领导力。这种政治领导力彰显了农村基层党组织的“桥梁”和“骨干”作用，主要体现在两个方面：一方面，农村基层党组织对党的政治原则、政治路线、政治决策的理解力、宣传力、执行力；另一方面，农村基层党组织在贯彻党的农村工作部署过程中对农民群众的号召力、动员力、团结力、组织力。

（二）强化政治担当

乡村振兴战略按部就班地推行下去，在一定程度上有赖于基层党员干部先锋模范作用的发挥是否充分。从整体上来看，乡土文化对我国农村社会文化的影响依然根深蒂固，深久持远，加之农村人才流失严重，青壮年又普遍出外务工，留守的老弱病残占绝大部分比例，导致农村知识文化程度不高，视界狭窄，小农意识较为严重，甚至有的党员干部主动带头诋毁党和国家方针政策，依仗自己的身份地位私底下到处和群众传播自己所谓的一套“歪理邪说”，破坏农村政治氛围，影响社会稳定，

提高党员干部政治担当，首先要加强党员干部的政治素养教育，作为党员，首先就要把讲政治放在第一位，提高政治站位。自觉扛起落实乡村振兴战略的政治责任，并且要深入理解乡村振兴战略的科学内涵和现实意义，善于从大农业观来看待“三农”发展，要学会从我国“三农”发展取得的巨大成就中读懂中国共产党的初心和使命，不断从实际工作中加强政治素养。其次要培养党员干部的主动担当意识。党员身份不是特权和虚荣，而是责任和使命。要深入开展党员干部主动作为的担当意识教育，要以“不忘初心牢记使命”主题教育为牵引，让广大党员干部从党的初心和使命中感悟自己的入党初心，对照工作找准使命。要加强乡村振兴战略的宣讲解读活动，让党员干部由浅入深地了解实现乡村振兴伟大目标需要每一个党员亲力亲为，默默贡献，使他们在认识上加强紧迫感和使命感。强化伟人事迹教育，尤其是奋战在脱贫攻坚一线的光辉人物事迹，大力发扬“上下同心、尽锐出战、精准务实、开拓创新、攻坚克难、不负人民”的脱贫攻坚精神，使广大党员干部强化内心信念，增进战略认知，增强行动力量，要在广大农村实

施乡村振兴战略实践中形成我是党员我担当的良好氛围。同时，基层党员干部要立足农村，胸怀农村，敢于创业干事。

提高党员干部政治担当，还要构建扛起政治担当的责任机制。政治担当的持续发力不仅需要党员干部强硬的政治素养和坚定的内心驱使，还需要配套的责任机制加以维持。要构建起能者上、庸者下的干部选拔机制，在党内形成争优创先的干事氛围；同时探索党员干部政治担当的量化考核标准，引入评议机制，纳入农村基层党建管理系统中，可每季度评选一次优秀党员，激励党员干部培养政治担当意识。

三、提高政治能力

提高政治能力是农村基层党组织政治建设的关键。党的政治能力是指政治行为主体（人或政治系统）在处理党内外政治事务中所表现出来的能力，是肩负党的历史使命、实现党的政治目标的保障。对于农村基层党组织而言，提高政治能力需要从两个方面来开展。

一方面，提高农村基层党组织的政治能力。农村基层党组织要增强政治职责能力，落实好党对农村基层治理的路线、方针、政策，发挥好战斗堡垒作用；要增强政治教育和政治引领能力，使广大农民群众忠于党、听党话、跟党走，保持农村基层党群、干群之间的血肉联系。

另一方面，提高农村党员干部的政治本领。农村党员干部作为推动农村发展、实现农村善治的骨干力量，其政治能力和政治素质的高低直接关系到党在农村的工作能否顺利推进。因此，农村党员干部要增强政治自觉和政治定力，练就过硬政治本领。通过加强政治理论学习和党史学习教育等实践活动，把“讲政治”贯穿和融入党的农村工作部署全过程，彰显党员身份及工作的政治属性。

四、净化政治生态

净化政治生态是农村基层党组织政治建设的基础。政治生态是指政党内部成员在党内生存和发展的政治环境状态，反映着政治系统与环境系统的共生关系，既影响整个社会的风气和风貌，又影响政党成员的政治观念和政治行为。构建良好的政治生态，是农村基层党组织加强自身建设和发挥政治功能的内在要求。对于农村基层党组织而言，应从农村基层党建和农村工作需要出发营造良好政治生态。

第一，要严肃农村党内政治生活。切实把农村党内政治生活作为锤炼农村党员干部党性的“大熔炉”，不断增强农村基层党组织自我净化能力，祛除污浊农村党内政治生态的隐患，为农村党员干部营造良好的党内政治环境。

第二，要严格规范农村党员干部的政治行为。强化农村党员干部的政治规范意识，用党纪法规监督和约束农村党员干部，引导农村党员干部严格遵守政治纪律和政治规矩、严格执行党内法规体系，做讲规矩、守纪律的模范。

第三，要推动农村党内政治文化健康发展。农村党内政治文化对农村党员有思想引领作用，是检验农村基层党组织政治建设效果的晴雨表，是促进农村基层党组织发展壮大更基本、更深沉、更持久的力量。

第四，突出农村基层选人用人的政治标准。正确地选人用人，是党内政治生态山清水秀的“风向标”。农村基层党组织要树立正确选人用人导向，要把农村党员干部的政治品质放在首位，选拔任用政治过硬的农村党员干部。

第五，永葆农村党员干部政治本色。教育引导农村党员干部提高党性修养、政治觉悟和宗旨意识，深入基层践行纯洁先进、清正廉洁、为人民谋幸福的政治本色。

五、突出政治功能

在农村基层党建引领乡村振兴的过程中，突出农村基层党组织政治功能就是要在系统化的基层党组织功能中把政治功能放在首位，以政治功能建设为保障，增强农村基层党组织对乡村政治生活、经济生活、社会生活、文化生活的引领。

首先，要确保农村基层党组织在政治上的权威统一。第一，要建立自上而下的制约机制。农村政权处于我国科层体系的末端，受党中央的催化领导效果较弱，因此农村基层党组织在执行党中央意志方面难免会存在偏差，特别是在农村基层治理空间中，权力运行的非正式行为广泛存在，严重损害基层党组织的政治上的权威统一。因此建立自上而下的制约机制就是要加强制度建设，以规则矫正基层党组织的非正式行为；强化政治运动的普遍主义效果，形成党内统一思想、统一意志、统一行动；建立农村基层党组织用权问责机制，防止基层权力滥用腐败。第二，要建立自下而上的制约机制。随着乡村振兴战略的全面开展，农村基层党组织必然要承担更多的政治责任和任务，在战略落实中构建起农村发展与中央政策之间的联系，在充当这一枢纽角色中农村基层党组织自然会控制更多的农村资源，因此要加强自下而上的制约机制，强化村民群众监督力度，设立群众意见反馈窗口常态化开放机制，完善群众信访表达渠道，落实权力清单公开化，以推动公众参与倒逼基层党政干部贯彻群众路线的实施，我们党带领人民在革命、建设和改革的征程中的实践经验告诉我们，必须始终坚持党的群众路线，尤其是基层党员干部，更要理解和实践好群众路线，能够与农民打成一片，不能有官僚作风，要始终站在广大农民群众的立场上，真正成为维护人民群众利益的发言人和代表人。特别要加深了解与农民群众利益密切相关的方面，比如医疗、教育、住房、环境等，解群众所忧，时时刻刻为人民群众的利益着想，用共产党员的人格品质和先锋魅力感染大家，调动起人民群众在乡村振兴战略中的积极性和主动性。

其次，保证农村基层党组织的核心地位。在农村，农村基层党组织既是引领者，同时也兼具着执行者的身份，党组织深入群众之中，与村民有着天然的联系，他们最了解农村，因此需要大力维护农村基层党组织的核心地位。基层党员干部在引领乡村振兴战略的实际工作中，要自觉以党组织为核心，服从党组织书记的领导，做到“两个维护”，树立政治大局意识，积极配合党组织书记工作，同时实事求是地完成自己的工作，为乡村振兴战略在农村的有效实践提供保障，也为提高基层党组织的战斗堡垒作用提供有力的支撑。一方面，党组织书记作为领导一方的干部，在工作中要树立权责意识，对于中央下达的精神指示要主动学习，积极学习，做到充分贯彻落实，特别是对于乡村振兴战略的要求、内涵、具体任务和目标，要时时刻刻学习，对照实际工作和所在农村实际，按照乡村振兴战略因地制宜地制定具有可实施性的工作方案。另一方面，基层党员干部要积极响应基层党组织的号召，积极配合制定的各项具体工作，切不可熟视无睹，懒惰涣散，为乡村振兴战略的有效落实奉献力量。

再次，要巩固意识形态权力，维护思想统一。基层党组织维护思想统一与政治功能中的思想领导能力相关。巩固意识形态是加强农村基层党组织思想政治建设的重要内容，也是农村基层党组织政治功能有效发挥的重要体现。在党内，以党的理论体系为核心，以思想建设为基础，推动形成党内上下思想统一；在党外，通过党的理论体系宣传成为社会思潮主流价值观，强化政治认同、心理认同和思想引领，从而实现基层党组织对党内与党外的双重思想领导。第一，在党内要加强农村基层党组织的思想建设，思想建设是党的基础性建设，强化马克思主义理论，掌握好马克思主义这个看家本领，引导党员、干部努力讲政德、修政德、立政德，明大德、守公德、严私德，躬身践行“三严三实”，带头践行社会主义核心价值观。此外，在全面推进乡村振兴的伟大实践中，要重点关注到党的思想建设与引领乡村振兴的内在关系，搭建起以马克思主义和中国化马克思主义教育为核心、以乡村振兴为思想建设基点的农村基层党组织思想建设框架，把思想建设成效更多地放在引领乡村振兴的实际工作中，形成思想建设要求、路径、目标“三位一体”创建机制，切实把思想建设的着陆点放在引领乡村振兴的工作上，杜绝空泛化。第二，增强农村基层党组织思想建设对外的濡化能力。要以思想引领为渠道强化农村基层党组织政治功能的释放，在舆论宣传、教育服务上掌握主导权，积极作为，引导农村社会思潮朝着符合党和国家意志方向健康发展。

最后，突出农村基层党组织政治功能在其文化、组织、教育、服务等功能中的首位度。要重点关注政治功能“突出”建设，在与其他功能建设中把政治功能建设放在第一位。可以明确，讲政治是马克思主义政党的鲜明特点，特别是在世界形势复杂多样，国内外环境严峻复杂的挑战面前，更要加强政治建设，突出党的政治功能。随着乡村振兴战略的全面深入开展，城乡必将进一步融合，农村社会的闭塞性将逐渐瓦解而日益开放；随着社会信息化、文化多样化深入发展，农村社会的利益格局也将迎来新一轮的调整规划，很容易诱发多元化社会思潮的产生突出政治功能，就是要在农村被纳入国家战略规划的过程中一方面强化基层政治建设，另一方面也是为其他功能发挥提供政治保障。因此，农村基层党组织在其他功能创建中，要把握好政治方向和政治原则，在内容创建、功能发挥等方面严格把好政治关，同时在内容建设和功能发挥中融入政治建设，把农村基层党组织政治功能效果嵌入其他功能发挥中，全方位多链条地突出政治功能。

第二节　基层党组织队伍建设工作

一、加强干部队伍建设

干部队伍的素质对于村党组织组织力的提升和乡村各方面的发展具有重要作用。为此，村党组织应当采取有效措施加强村党组织干部队伍建设，增强干部队伍各方面素质和能力。

第一，严格选任标准，拓宽选人用人渠道，采取灵活多样的选拔方式，选优配强村党组织领导班子。这主要在于：一是坚持正确的选人用人导向，严格选任标准。村党组织在选拔任用领导干部时，要坚持以德为先、任人唯贤，将政治标准放首位，经过严格的党员和群众公开推荐及党员直接选举等程序，真正把“思想政治素质好、道德品行好、带富能力强、协调能力强，公道正派、廉洁自律，热心为群众服务”[1] 的人选拔为党组织的领导者。二是拓宽选人用人渠道。针对一些村党组织党员数量少、党员老龄化现象严重、党员文化水平不高、村党组织领导干部暂时无人可选的问题，应当打破地域、职业、身份的限制，放宽选人用人视野，通过选派机关优秀干部到村任职、回请本土人才等方式选拔村党组织领导干部。同时，要探索在全县范围乃至全省范围内采取群众推荐、个人自荐和考试的办法，择优选取德才兼备的人到村任职。为解决用人难问题，当地政府应制定吸引人才返乡的政策，吸引优秀大学生、技术人才回村发展，建设自己的家乡。国家政策指出要整体优化农村带头人，制定人才引进策略，把大学生和企事业单位优秀的党员干部选调到农村任职，配强村干部队伍，更好带动当地发展。同时，鼓励乡贤回村发展。许多乡贤长期在外经商创业，见识广阔，更具有开拓创新意识，有资金有经济头脑，因此他们在带领群众致富上更具有优势。镇党委政府可以通过出台相关政策鼓励他们回乡，让他们利用自己的资源为壮大村内村集体经济发展贡献力量。另外，鼓励村民从村内毕业的大学生中推选村级干部。大学生思维活跃，敢于创新，可以为基层党组织注入新鲜的血液。三是培育后备人才。培养高素质的后备人才是加强村党组织干部队伍建设的客观需要。在实践中，要注重对本村致富能手、回村大学生、退役军人中的党员进行系统性、针对性和持续性的教育和培养，积极为他们创造条件和搭建平台，帮助其补齐短板、强化弱项，促使他们一步步成长成才。此外，要实行对后备人才的动态化管理，及时调整和充实后备人才，保障村党组织后备人才队伍的质量。加强村级干部队伍建设，要保证村后备干部的培养。通常来讲，后备干部要有两到五名，保证三十五岁以下的后备干部至少有一名。村后备干部可以解决村级干部断层和后继无人的问题。镇政府应建立一套完善的村后备干部管理方案，村级干部注重从后备干部中选拔。对后备干部可设置轮岗制度，充分发掘后备干部的潜力，寻找适合后备干部的管理岗位。比如：安排村后备干部参与脱贫攻坚与乡村振兴有效衔接的工作中去，锻炼其吃苦耐劳，无私奉献的精神；安排村后备干部参与村民矛盾事务调解，培养其应对困难的调解能力；安排村后备干部参与农村生产技术更新攻关，培养其技术能力；安排村后备干部参与美丽乡村建设，培养其主观能动性，进而让村后备干部丰富工作经验，增加其在群众当中的影响力。通过这些锻炼，一方面可以让村后备干部快速熟悉村里的业务。另一方面，可以加强与群众的沟通交流，打好群众基础。对于在工作锻炼中表现突出的村后备干部，予以模范表彰，作为重点培养对象。一支后备力量强劲的队伍是乡村振兴可持续发展的源泉，能够把基

① 2019 年 1 月，中共中央印发《中国共产党农村基层组织工作条例》.

层党组织执政能力提高一个新的台阶。上级镇党委政府要严格把关，联合村“两委”班子共同打造一支党悟高和能担重任的村后备干部队伍。四是提高干部队伍任用门槛。村“两委”干部要根据国家政策按期进行村“两委”换届选举。换届前，要提前培养接班人。接班人不能随意指定，要通过群众选举产生，推选出具有管理经验和大局意识的干部作为村“两委”干部。要提高村级干部的任用门槛，壮大干部队伍实力。村级干部队伍的任用要灵活，不拘泥于固定模式，一切以发展为前提，以顺应民心为归宿，进而促进村“两委”干部队伍的健康发展。镇党委要严格把控村级干部任用门槛。只有这样，村“两委”班子的综合素质和工作能力才能有大幅度的提升。镇党委可以借助换届选举的契机，倡导村内推选具有带领群众致富本领的村级干部，鼓励村民要推选年龄、学历、威望、工作能力等方面具有优势的村级干部。只有严格把控好村级干部的任用门槛，才能更好地夯实基层党组织建设。

第二，从严管理干部。针对村党组织领导班子不作为、慢作为、乱作为等现象，村党组织应当对干部实行严格管理，不断增强干部队伍的履职能力。一是加强对村党组织书记的教育培训。各地应当围绕加强党的建设、促进乡村经济发展等任务，采取现场教学、远程教育、外出考察、短期培训等方式，强化对村党组织书记的教育培训，持续提升村党组织书记的理论水平和实践能力。二是压实干部责任，强化干部责任意识。在实践中，村党组织应当将各项具体任务细化实化，全面细化各个岗位的工作职责、工作任务及工作目标，促使领导干部做到尽职尽责。三是明确考核标准，激发履职动力。以动态考核为立足点，以主题党日为载体，对村干部进行积分量考、巡查督考和民主评考，并将考核结果与领导干部的评先评优挂钩，激发了村党组织领导干部的履职动力。

二、加强干部队伍培训

第一，加强教育培训。村级干部队伍的建设重在教育培训，需要建立一套完善的教育培训体系，包括入职前的培训和在职的培训，并完善培训考核制度。首先，对于任职前的村级干部，要进行党政思想理论学习和业务实践。理论学习目的在于提高村级干部的政治素养，让村级干部清楚自己的工作职责，并增强其法律意识。对村级干部进行培训结业考试，对综合素质成绩合格的村后备干部进行录用，允许上岗正式工作。其次，对于在任的村级干部，要经常性组织一些联合观摩行动。学习兄弟村先进的管理经验，开阔眼界，创新发展思路，提高工作管理水平。鼓励村级干部进行学历进修，提升其文化水平，进而提升工作能力。通过教育培训，提升村级干部的文化素质，使教育成为常态化。要增加多种党日活动，结合“不忘初心、牢记使命”主题教育、主题党日活动等形式，让教育培训形式更加丰富，让村级干部时刻保持先进性的思想。

第二，创新培训方式。培训方式需要创新，不能因循守旧，也不能过于单一和枯燥乏味。镇政府可以事先进行问卷调查，根据多数村级干部的需求，从而制定出相应的培训方式。当代网络发展迅速，网络课程可为村级干部提供多种选择，可针对性地结合网络课程进行培训。不拘泥于形式，采用灵活的方式，抓住培训的重点。可采用学分考核制度，同时定期请专家进行现场培训交流，丰富村级干部的知识，从而培养出紧跟时代发展的村级干部。培训班教育，要时刻以习近平新时代中国特色社会主义思想为主线，进行党性教育。创新培训的方式可以多样化，可以对相关案例进行专题研讨、现场模拟训练、进行优秀模范带头示范等。总之，教育培训应该具有针对性和灵活性，调动村级干部的积极性。转变强塞式的培训模式，形成愿学和想学的培训氛围，让村级干部通过教育培训收获知识和产生兴趣，进而提升村级干部的工作能力和工作水平。

第三，丰富培训内容。在教育培训的内容上要丰富多彩，不能过于单一。要根据村级干部的特点、学历水平、思想觉悟等，合理制定培训内容，从而进行因材施教、开展精准施教。首先，要改变之前以理论学习为导向的形式主义，把中心放在村级干部实践能力的培养上。以往的教育培训通常是把各村级干部组织起来，开会学习上级政策方针，缺乏实践工作的指导，导致一些村级干部去学习只是走个形式，并未得到提升。应根据上级政策，针对性地让村级干部主动提出想法，提出困难。重点引导村级干部主动地去实施上级政策，并对其进行实践培训，提升村级干部的实践能力。实践锻炼是快速提升村级干部能力的不二之道。镇党委应组织村级干部观摩模范村，让其在模范村进行实践学习，学习创新的工作方式和先进的技术，帮助他们开阔视野，增长见识。其次，培训应注重启发教育，让各级村级干部各抒己见。通过研讨深入交流，村级干部讨论实用的农业技术和先进的管理经验，进而激发出好的致富方法。

三、强化党员队伍建设

党员是党肌体的细胞，党的先进性要靠党员的先进性来体现。提升村党组织组织力，加强村党组织自身建设，必须要强化党员队伍建设。

第一，做好发展党员工作。发展党员工作是村党组织的一项经常性和基础性工作，是保持村党组织生机和活力的前提条件。为做好发展党员工作，村党组织要做到：一是严格党员发展程序和标准，坚持把政治标准放首位。在发展党员的过程中，村党组织应当严格按照规定做好对入党申请人的考察工作，对培养、教育、审查等每一个环节严格审核把关，切实保障发展党员工作的严肃性和规范性，确保真正把牢固树立“四个意识”、坚定“四个自信”、坚决维护党中央权威和集中统一领导、对党忠诚干净担当的人吸纳到党组织中，不断提升党员队伍的政治素质和政治水平。二是要从乡村实际出发，注重将长期居于乡村、关心公共事务的人发展为党员。当前，农村人员基本可分为外出务工人员即农民工、留守农村的老弱病残幼人员、返乡的致富能人、中坚农民四类。所谓中坚农民，主要是指以从事农业为主的、经济收入及主要社会关系均在乡村的青壮年农民。在以上四类人员中，始终与乡村保持密切和稳定关系的只有中坚农民。因此，村党组织要着重从中坚农民中发展党员，以提升村党组织党员队伍的战斗力。三是要加强对党员发展过程的监督和管理，严格做好积极分子的培养及考察工作，确定拟发展对象后，在召开党员大会的基础上，开展对拟发展对象的群众民众测评会议，真正把群众认可的人发展为党员。

第二，加强对党员的理论教育和技能培训。党员教育和培训是党的建设的一项重要工作，对提升党员的综合能力具有重要意义。为此，村党组织要做到：一是加强对党员的理想信念教育和培训。村党组织应当定期通过集中学习、专题研讨等方式，利用电视、手机和互联网等媒介，组织党员认真学习并践行习近平新时代中国特色社会主义思想，认真开展“两学一做”“不忘初心、牢记使命”等主题教育活动，引导党员牢固树立坚定的理想信念。二是加强对党员的科学文化知识和技能方面的教育和培训。村党组织应当通过现场观摩、集体讨论、经验分享等方式加强对党员农村实用技术、市场经济知识及法律法规等方面的教育培训，提升党员的科学文化水平和致富能力，增强党员的法律意识。

第三，严格管理监督党员。对党员进行严格的管理和监督是营造清正廉洁的党内政治生态的重要举措。村党组织作为党的基层组织，必须加强党员队伍的作风建设，严格管理监督。主要在于：一是严格党的组织生活。村党组织要坚决贯彻执行三会一课制度、民主生活会和组织生活会制度、谈心谈话制度、民主评议党员制度。与此同时，村党组织要借助微信等媒介与流动党员保持经常性的联系，加强对流动党员的管理，使每个党员都处于党组织的管理和监督之下。二是严格执行党的纪律。对于违反党的纪律的党员，村党组织应当坚持纪律面前一律平等的原则，按照“惩前毖后、治病救人”的方针，对其进行严格的批评教育或谈心交流，问题严重的应当及时向上级党组织汇报。

第四，推动党员发挥先锋作用。党员的先进性只有通过其模范作用的发挥才能够得到体现。为推动党员发挥示范作用，带动乡村发展，村党组织应当积极组织开展党员联系农户、设岗定责、党员承诺、志愿服务及结对帮扶等活动，为党员发挥榜样作用创造有利条件。例如，根据人民日报 2019 年 12 月 2 日发布的题为《逐一过筛子整治强班子》的报道显示，江苏省徐州市铜山区沙庄村通过设置党员中心户的形式，选出骨干党员，进而联系带动周边十几户村民，既能有效发挥党员的先锋模范作用，亦能密切党员和群众的联系，进而巩固村党组织的群众基础。

四、完善干部队伍考核

第一，完善考核内容及方法。加强村级干部队伍的建设，应强化干部队伍考核制度。调整绩效评比目标及细节，奖罚分明，从而激励村级干部要有责任担当意识，肯为群众办实事。一方面，要通过考核树立优秀村级干部的形象，组织其他村级干部向他们看齐。另一方面，也要通过考核评分，处分一些不作为的村级干部。要建立科学完善合理的考核评价制度体系。把村级干部平日工作的成效纳入村级干部的评价考核体系中。把考核结果作为村级干部奖惩和提拔时的重要参考依据。考核要以当地政府重点工作内容为根本，与村里实际情况相结合，把本村的经济发展目标和综合治理目标进行分解，量化村“两委”干部的完成情况。考核细节要镇政府把关，制定符合实际的考核目标，设置村民评分表，让村民对其进行打分。评比出优秀的村“两委”干部，进行精神奖励和物质奖励。考核结果同绩效挂钩，同评优挂钩，同晋升挂钩，实行差异化管理。工作考核要认真落实到位，要严格执行各项考核明细，不能流于形式。只有这样，制定的考核措施才能真正达到好的效果。

第二，科学运用考核结果。应充分运用考核结果，对村级干部薪酬实行差异化的管理。改变以往“干得好与干得不好都一样的”状况，从而激发村级干部的干事动力。镇党委政府可以成立村级干部绩效评比小组。以镇党委书记为组长，下设各分口负责人，负责相应各口工作的考核。工作组要定期召开会议讨论汇报工作，有紧急事项的要召开紧急会议讨论处理，及时把评比结果公布于众，接受村民的监督。对于评比结果有异议的，可以向评比小组进行申诉。评比结果最终确定后，及时运用到村级工作实践中去，作为落实各项优先评比的依据。同时，对优秀的村级干部进行表彰，包括精神鼓励和物质奖励。

第三，全面推行备案管理。全面实行村党支部书记进行县级备案管理制度，乡镇负责日常管理，县级政府进行备案管理，对村党支部书记选用和调用进行各个环节把关。按照管理干部的模式去管理村党组织书记。可由地方县委组织部门安排专人进行统一管理，将村级干部的年龄、履历、奖惩等情况进行备案，实现“一人一档”建立个人档案。对于新上任、调动的村党支部书记要进行常态化的档案管理，要及时补充好档案信息。对村“两委”干部实行备案管理，“一人一档”建立个人档案。强化对村“两委”干部日常表现的收集研判，探索建立大数据库，实行动态化管理，该调整的及时调整；注重收集村“两委”干部在“疫情防控”“防汛救灾”“扫黑除恶”等工作中的表现情况；借助“四面红旗”创建、基层党组织评星定级、党员积分管理等载体，强化日常分析研判；对状态不佳的谈话提醒，对不胜任、不尽职的及时调整。

第三节　基层党组织制度建设工作

一、严格落实民主集中制

民主集中制是我们党的根本组织原则、根本领导制度，是群众路线在党内政治生活中的运用。因此要加强农村基层党组织建设，推进乡村振兴各项举措有序落地，必须要把民主集中制贯彻到党组织的各项制度中。

第一，建立健全农村基层党务公开制度。农村基层党员干部要转变理念，不能片面地认为党务公开就是增加负担，摒弃“不愿公开、不敢公开”的思想观念，正确意识到这是推进全面从严治党的重要途径，同时也是强化党内监督、回应群众期待的必然要求。在日常党务工作中，尤其是涉及乡村振兴相关事务时要严格落实“提出—审核—审批—实施”的党务公开程序，在此基础上积极拓展党务公开的方式方法。当前，很多村党组织的公开平台仅有党务公开栏，而且有的还长期闲置年久失修，在公开的空间上有所受限，不能很好地发挥出作用。村党组织可以在认真审核、严格审批的前提下借助互联网、新媒体等方式进行党务公开，尤其是党员、群众关心的热点问题要给予积极及时地回应。对于部分外出务工人员，可以在节庆返乡期间通过召开民情恳谈会、情况通报会等形式公开党务，与群众互动交流，增加群众对党务的知晓率，调动党员和群众参与村级事务的积极性。

农村基层党组织要加大党务公开的力度，使党务公开成为党内生活的常规，保障广大党员和农民群众的知情权，密切党群关系。为了解决工作中出现的问题以及让农民群众对一些问题形成准确的把握和判断，要采用网络平台、宣传栏等方法及时进行公开。要增加党务公开的透明度，围绕农民群众关心的问题加大公开力度，积极回应农村社会、农民群众关心的重要问题，切实保证党务公开工作的计划性和可操作性，促进党务公开常态化和规范化，营造和谐的乡村氛围。

第二，落实科学民主决策。在乡村振兴过程中，很多重大决策事关农民群众的生存和利益，所以农村基层党组织在决策之前必须要广泛征求意见，听“多种声音”，形成科学民主的决策。要求党支部书记要发挥好带头作用，主动将乡村建设事务、党建工作与大家探讨，切忌搞家长制作风。同时可建立群众代表列席制度，让群众真正能参与到村级建设中，确保党组织的决策接地气、受监督、有活力，把民主集中制的制度优势最大化地发挥出来。

二、完善民主监督制度

农村基层党组织要想依法照章履职，不仅要靠自身廉洁自律，也要靠党组织内外的民主监督。优秀的农村基层党组织需要进行严格的监督和管理，但从实际来看，党内民主监督虽然已经建立了一些制度，但还有些地方监督不到位，党内民主监督制度还不完善。农村基层党组织的民主监督不够也导致了农村基层存在腐败等问题，严重影响农村基层党组织发挥作用，因此必须通过完善党内民主监督制度来解决这些问题。完善党内民主监督制度，可以防止特权、腐败等问题的产生，从根本上保障农民群众的监督权。通过完善党内民主监督制度，农民群众能够及时掌握村务动态，监督党员的言行，有利于党组织做出正确决策，克服缺点，自我完善。

第一，要畅通民主监督的渠道。对农民群众关心的热点问题广泛征集，以民意所向作为切入点，真正收集农民意愿和农村社会情况，畅通表达社情民意的渠道。应健全党内民主生活会，鼓励党员对现有的工作情况发表意见和建议，落实党内批评与自我批评，创造一个畅所欲言的民主环境。除此之外，要在网络平台健全农村民主监督，形成多样化的监督和质询方式。

第二，健全民主评议制度。全体党员要定期深入剖析，查找差距，实事求是地查找分析存在的问题。要接受上级党组织考察和广大农民群众的评议，并科学设置民主评议频次，规范民主评议内容，认真做好民主评议反馈工作，切实保障民主评议的质量。

三、健全监督考核机制

定制度才能固根本，制度是最根本的遵循。拥有公共权力的组织如果不受监督和制约必然会走向腐败，农村党员干部的形象直接代表着我们党在群众中的形象，所以必须要健全监督考核制度，加大对农村党员的管理力度，以刚性的机制约束营造风清气正的政治生态。

第一，建立工作岗位责任制。振兴乡村的事务纷杂，要厘清党员干部的工作职责，确保人岗匹配、人尽其用，增强党员干部的责任心和使命感。同时以科学的约束手段避免因党员干部的变动、离职等原因影响工作，保障乡村振兴工作的连续性和稳定性。乡镇党委纪委要主动承担对农村党组织的监管职责，可充分运用信息化技术建立督查督办系统，对农民群众在网络或热线等渠道反映的民生问题，进行任务分解后及时交办给相关负责人，对事项进展进行实时监督，对处理进展缓慢的事项给予催办，对敷衍塞责的党员干部按照相关规定给予追责。压实农村党组织的领导责任，以督办催办倒逼问题解决，以责任压力传导的方式，提升农村党员干部的执行力，真正实现“严”字当头。

第二，完善考核评价体系。农村基层党组织要把解决实际问题和群众的评价作为考核的重要参考依据。通过述职、评议等方式让基层党员干部定期向上级党组织和村民代表大会报告工作，接受上级党组织考核和群众评议，把群众满不满意作为重要标准，对评议情况进行记录备案，尽可能地压缩农村党员干部“动手脚”的空间。考核机制上要注重把年末考核与常态检查相结合，把定性考核与定量考核相结合。对于表现比较优秀的党员干部给予物质精神上的表彰和政治上的提拔任用，对于评议不合格的党员干部要严肃追究责任。

四、健全激励关怀机制

乡村振兴任务艰巨，事务繁杂，基层党员干部奋斗在建设发展的第一线，面临着工作压力大、工资待遇低、上级关心少等困境。因此，从保障乡村振兴工作有效开展的层面，对农村党员干部从物质和精神上给予适当的关怀，积极创造“愿意干、安心干、积极干”的良好工作氛围，使其感受组织温暖，坚定奉献信心。农村基层党员干部的对于激励的诉求主要集中在三个方面：待遇有保障、政治有奔头、退休有所养。所以农村基层党组织要依照党员的诉求，主动建立起合理的激励保障体系。首先，根据当地经济发展水平，合理科学地核定农村基层干部的基本报酬，可采用基本工资＋绩效考核的方式激励优者，形成“奖勤罚懒”的工作氛围。其次，加强农村基层党组织内部的激励关怀和帮扶，可充分借用政治荣誉激励的方法。例如将农村党员干部中表现突出的作为典型进行宣传、给予荣誉表彰等。上级党组织要积极给予良好的政治待遇，拓宽上升空间，尤其在选拔录用公务员、事业编人员时，可将选用标准向工作能力强的农村党员干部倾斜，加大从农村干部中选拔乡镇干部的力度。最后农村基层党组织要通过退休补贴、健康体检、节日慰问等形式保障农村党员干部退休后的生活养老，建立养老保障体系。以良好的激励关怀机制端正农村党员干部的干事态度，激发农村党员干部的干事劲头，以你追我赶、担当实干的工作氛围助力乡村振兴战略的实施。

五、健全资源保障机制

乡村振兴归根结底是资源的振兴，乡村振兴的具体实践需要资源的支撑，当前农村党组织所面临的问题说到底是资源的匮乏。乡村振兴推进过程中，应逐步打破城乡二元结构体制，打通城市和乡村之间双向互通的流动通道，积极引导城市的人才、资金、医疗、教育等优质资源向农村流动。只有这样，农村才有奔头，农业才有希望，农民才有未来，农村基层党组织的工作职能才能充分施展起来，继而党员干部有信心、有干劲。否则，继续以往的“以材料论英雄”的作风，党建引领乡村振兴难免成为“无源之水，无本之木”。

第一，增强农村基层党组织的经济资源，稳定工作经费来源。一方面加大财政保障力度。随着乡村振兴的全面实施，国家整体资源向乡村倾斜，通过财政转移支付的方式增加村党组织可掌控的经济资源，加大党费支持农村基层党组织建设的力度，将基层党组织的办公经费、农村党员干部基本报酬纳入国家财政预算，以形成稳定的党建工作经费来源渠道。县乡两级对于农村各项经费要及时充足拨付到位，不能拖欠挪用，将财力薄弱村作为重点帮扶村，在土地、财税等方面给予优惠政策。另一方面就是发展集体经济。实践证明，集体经济发展较好的村，基层党组织的作用也发挥得较好，反观一些“空壳村”的基层党组织就很难充分发挥出作用。这就要求农村基层党组织按照产业兴旺的要求，深化党群利益联结，确立发展集体经济有效举措，探索壮大集体经济实现形式；增强农村基层党组织合理有序使用资金的自主权，进一步优化资金的审批和监管流程，为农村基层党组织的全面运转和组织提供强有力的支撑。

第二，建立人才双向流动机制，增加人才资源储备。农村基层党组织要积极探索内部选拔和外部引进相结合的人才保障模式，拓宽选人渠道、完善育人培训、改善用人环境、优化留人待遇，逐步提高农村党员干部的整体水平。

第三，增加农村基层党组织可掌握的文化资源。农村基层党组织要积极整合可利用的文化资源，科学统筹乡村文化发展，助推乡村振兴的规划建设，为乡村产业振兴注入文化灵魂。注重实施乡村文化创建工程，通过组织开展群众喜闻乐见的活动，大力弘扬爱国主义、民族精神、时代精神等，积极培育文明乡风、良好家风、淳朴民风，既满足了农民群众对精神文化的需求，又为乡村振兴战略的实施注入强大的精神力量。

第四，优化乡村软环境。乡村软环境包括人文环境、治安环境、信用环境、教育环境等，直接影响着乡村产业振兴。农村基层党组织要积极构建优良的外部环境，提高农民群众的综合素质，注重社会公德和职业道德的建设，开展法制教育，强化法制意识，积极推进乡村信用体系的建设，建立信用档案，营造诚信品牌，提高教育水平，改善卫生条件。努力增强乡村的核心吸引力，降低城市资源向乡村流动转移的机会成本。

第四节　基层党组织能力建设工作

一、提升组织领导力

（一）发展乡村经济提升组织领导力

产业振兴是实现乡村振兴目标的经济基础，为加快农村“三产融合”，大力培育新业态、新产业，以不断适应市场需求，这需要农村基层党组织充分发挥组织领导力，从而实现在农村产业发展过程中不断提高自身组织力建设的水平。

第一，通过引领农村产业发展提升组织领导力。经济发展作为农村发展工作的重中之重，在乡村振兴战略中总结为产业振兴的目标。农村基层党组织引领功能是否有效发挥，直接决定着组织领导力的建设水平。组织领导力在产业发展、规划布局、科学指导等方面都具有突出作用。发挥组织领导力可以帮助农村因地制宜地培育龙头经济，带动农村产业高质量发展，这是实现乡村振兴战略的重要经济基础。为提高组织领导力，农村基层党组织可以从以下几方面改进工作：首先，可以通过引领农民参与产业建设、调研论证产业发展可行性、凝聚干群关系形成强大创业力量等方式，为农村产业经济的培育发展当好联络人。农村基层党组织需要创新服务经济建设的思路意识，鼓励和带领党员干部参与创业，带动群众积极投身产业发展与经济建设。其次，可以通过引领农村产业融合发展，促进经济效益。基层党组织要用好用活现有资源，深入发掘本村发展优势，统筹优势生产资源，对产业集群形成有效的助力，引领农村产业朝着精品化、特色化方向发展。也可以通过延长产业链、增加产品附加值的方式，为农民实现增收。通过有效引领实现集体经济强起来、农村群众富起来的产业振兴目标。此外还可以从规划发展的角度入手，农村基层党组织通过科学论证调研，制定符合产业长期发展的规划方案，引领农村土地合理使用、配套产业科学规划。从而为乡村产业振兴提供完备的设施保障。乡村产业振兴的最终目的是要创惠为民，因此基层党组织应当充分发挥组织领导力，带领农村群众积极参与乡村产业发展，让群众充分享受到发展成果，从而调动群众参与乡村振兴战略的积极性。

第二，通过培育农村集体经济提升组织领导力。农村集体合作社是农村集体经济发展的有效途径，基层党组织在推动建设农村集体合作社的过程中具有带头引领作用。以农村集体合作社为载体，利用组织力的动员功能、引领功能、整合功能，将村民集合起来共同发展集体经济，这对于提升农村基层党组织组织领导力的建设水平具有重要实践意义。我国农村实行集体合作社制度由来已久，2006年国家颁布出台《农民专业合作社法》对农民组成专业生产合作社提供大量政策支持与资金补助。为高效有序建设农村集体合作社，需要农村基层党组织领导力，带领农村群众以土地或资金形式入股，并探索建立社会组织参与合作社建设的相关制度。基层党组织应积极拓宽合作社发展路径与融资模式，为乡村振兴战略背景下构建新型农村集体合作社探索经验。此外农村基层党组织还可以通过与周边邻村先进合作社建立互助机制，进一步提高农村集体合作社的发展水平，打破农业集体合作社村际场域限制，联合邻村合作探索建立统一管理、联合耕作的高效模式，为进一步提高农业机械化水平奠定基础，实现多方共赢的效益最大化。乡村振兴战略产业兴旺的目标，对农业生产品牌化、品质化改造、推动“三产融合”发展等方面做出了新的要求。农村基层党组织提升组织领导力水平，可以有效带动农业生产效率，实现农村繁荣经济，对于推进农业生产品牌化、提升产业规模效益、培育产业集群都具有积极作用。

第三，通过带领农民创富增收提升组织领导力。农村基层党组织带领农民参与集体合作社生产、参与统一规模经营是提高农民收入的重要途径之一。如何有效避免农户利益受损、收益分配不均、规模差距带来的效益差异等问题，直接关系到农民对于集体合作的生产的信心和后续参与的积极性。因此基层党组织需要发挥组织力的动员和整合功能，确保合作社内部分配经营机制灵活科学，为适应集体合作社发展的新要求发挥组织领导力。为持续增加农民收入，保障农民合法权益，基层党组织应当全面审视和评估乡村产业发展的前景与价值，更好地发挥服务农业生产、农村生态、农民生活的多重组织力功能，促进低附加值农产品的增值转化，深入挖掘农民增收的潜力，大力推动农村“三产融合”，实现经济多元维度发展，为农民创收增利。此外，提升农村基层党组织领导力，还需要发挥组织力的培育功能，组织农民进行就业技能培训，为劳动力市场提供技能型农村劳动力，实现农民“资产变资金”“手艺变效益”的创收渠道。

（二）强化政治功能提升组织领导力

在中国幅员辽阔、人口众多的广袤大地上，中国共产党是中国唯一的执政党，党和群众是心连心的共同体。农村基层党组织的政治领导力主要是指农村基层党组织履行党的政治责任，对党的政治路线、政治规矩及政治纪律的准确把握以及实践执行能力，充分发挥党的政治优势，把党的领导切切实实地落实到乡村当中，坚持党对一切工作的领导。在脱贫攻坚工作取得圆满胜利后，农村基层党组织的主要工作任务开始逐步过渡到深入推进乡村振兴战略中，农村基层党组织作为广大农村的坚强领导核心，政治领导力是否强大，不仅仅关系到党组织自身的发展，而且还关系到农村各个方面的发展。

第一，把政治建设摆在首位。习近平总书记在党的十九大报告中明确指出：“把党的政治建设摆在首位”“旗帜鲜明讲政治是我们党作为马克思主义政党的根本要求，党的政治建设是党的根本性建设，决定着党的建设方向和效果。”①2019年1月31日，中共中央也专门出台了《关于加强党的政治建设的意见》。农村基层党组织组织力的政治建设就是旨在通过正确的政治立场、政治纲领、政治路线、政治目标以及严明的政治纪律，保证全村党员具有高度的政治觉悟，坚持正确政治方向，维护党的团结统一，实现党肩负的政治使命。农村基层党组织组织力的建设必须把政治建设摆在首位，要深入学习习近平新时代中国特色社会主义思想和习近平总书记在全国脱贫攻坚总结表彰大会上的讲话，使全村党员牢固树立“四个意识”，始终坚定“四个自信”，坚决做到“两个维护”，坚定理想信念，挺

① 2017年10月18日，习近平在中国共产党第十九次全国代表大会上的报告.

起村支部党员的精神脊梁，进一步加强全村党员的思想政治教育，推动常态学习往心里走，真到做到学以致用，从而通过加强农村基层党组织组织力的建设进一步增强其战斗力和凝聚力。

第二，强化政治功能。我们党的政治优势，体现在以下三个方面：一是党的群众路线。习近平总书记反复强调，密切联系群众是我们党最大的政治优势，脱离群众是我们党执政后的最大危险，当前，农村基层党组织要进一步加强与本村群众的联系。二是“四自能力”。我们党具有强大的自我净化、自我完善、自我革新、自我提高的能力。三是开辟了中国特色社会主义道路。建党100年来，党紧紧依靠人民，历尽千辛万苦，付出各种代价，取得了革命、建设、改革的伟大胜利，开创和发展了中国特色社会主义。各级党组织，特别是广大农村基层党组织，是党的执政力量和执政根基所在，如果弱化了其政治功能，把农村基层党组织混同于一般的社会组织，那就会得不偿失，就会削弱党执政的根脉。

新时代，加强农村基层党组织组织力的建设必须突出政治功能、强化政治引领。农村基层党组织要充分贯彻党的各项决定，在处理农村的各项事务时，要领导好农村村民委员会，要求群众做到的，村支部党员特别是党员干部自己首先要做到。当本村群众对党组织所做的决定持怀疑态度时，农村基层党组织要在动员群众的同时，积极引导本村党员和领导干部先行先试，用党员行动的效果证明决策的正确性、合理性，不断打消群众的疑虑，进而贯彻党的决定在农村的落地生花。围绕自身政治功能的实现，不断提升农村基层党组织的服务协调能力，保证农村基层党组织内部坚强有力。

二、提升组织覆盖力

（一）优化设置方式提升组织覆盖力

第一，优化乡村基层党组织的设置方式。要以提升组织力为重点，突出政治功能。按照有利于发挥党组织的引领作用、有利于乡村全面振兴、有利于党员的管理教育、有利于扩大党的工作覆盖面的方向，探索适合新要求与新形势的党组织设置方式。根据农村基层党组织的现实状况，在农民专业合作社、农业产业化链条上设立党的基层组织，对关联度高、互补性强的村党组织，进行联建共建。如，村村联建，采取先进村带后进村、大村带小村、强村带弱村等方式，建立联合党组织，充分发挥组织优势，整合各类资源，实现村级事务统筹管理、经济社会事业统筹谋划、主导产业共同发展。

第二，扩大农村基层党组织的有效覆盖。重点抓好“两个覆盖”的实效水平，强化“两个覆盖”工作经费保障、工作人员保障以及硬件设施保障，延伸村党组织的设置，加大对乡村非公经济组织和社会组织的覆盖力度。村党组织建设与村企拓展齐头并进，努力做到村企拓展到哪儿，党组织就延伸到哪儿，党建工作指导员就选派到哪儿，农村基层党组织的工作就开展到哪儿。扩大延伸农村基层党组织的覆盖面，必须要及时适应各类党组织迅速发展的实际，及时跟进党组织调整设置，搞好调查摸底，全面掌握各类组织的职工人数、党员人数、组织设置和经营情况。强化“两个覆盖”工作的督导，采取暗访督查、重点谈话、实地查看等方式，对群众反映较多的干部进行重点考察，了解存在的突出问题，掌握党员干部的实际表现。

（二）科学选人用人增强组织覆盖力

乡村振兴人才是关键，人才队伍的建设事关党基层组织的永续发展。必须以习近平新时代中国特色社会主义思想为指导，努力培育一支懂农业、爱农村、为农民的乡村人才队伍。落实人才振兴的发展目标，科学选用人才，通过不断优化人才结构，打造坚实可靠的人才队伍，才能确保组织保障力的有效发挥。

第一，通过完善人才结构增强组织覆盖力。为适应乡村振兴战略的发展需求，应当积极构建多专业、多层次的新型人才结构。农村基层党组织要积极吸引农业科研人才、农技运用人才、创新创业人才、新型职业农民加入基层党组织队伍，以提高基层党组织服务乡村建设的能力与水平。通过大力引进农业领域急需人才，并为人才发展提供保障与支持，建立健全现代人才评价体系，重点引领科研成果的实际转化，并通过转化成果的运用培养农技应用型人才，为农村农业发展提供科技助力。人才结构的完善，也对农村基层党组织培育能力提出了新的要求。吸纳多层次人才在优化基层党组织人才结构的同时，也对基层党组织组织覆盖力的提高起到了重要的推动作用。

第二，通过科学选用人才增强组织覆盖力。农村基层党组织队伍实现科学选用，是提升组织覆盖力的有效途径之一。要注重从青年学生、农村社会组织以及新型职业农民群体中选拔党员干部、发展培养对象，以选优、配强、严管作为选人用人的出发点。及时发掘党性强、能力强的基层人才，提拔到领导岗位进行锻炼，从而提高农村基层党组织干部群体的能力素质。同时要注重从严管理党员，严格控制党员规模，增强党员队伍的生机与活力。通过培育、关怀、激励、帮扶等途径，有效提升党员队伍选用的针对性与有效性。在科学选用环节中提升组织保障力的另外一个重要内容，就是加强领导干部队伍的建设。要确保基层党组织带头人是群众认可、能力突出、职责明确、思想坚定的合格领导，将基层党组织领导干部的能力提升，作为组织保障力提升的中心环节来抓。

三、提升组织凝聚力

（一）增强群众基础提升组织凝聚力

增强农村基层党组织能力，要以形成群众凝聚力为基础，发挥党组织优势、增强党组织力量、突出党组织功能，做好组织动员群众、宣传引领群众和推进基层民主的工作，将中国特色社会主义制度的优势充分展现，调动农村一切可以调动的力量，推动乡村走向振兴。

第一，组织动员群众。增强凝聚力，必须最大限度发挥党组织动员群众的能力，健全机制，完善制度，让党组织成为组织动员群众的有力助手，更广泛、更有效地将基层群众动员起来。将“寻找最大公约数，画出最大同心圆”法则应用于农村基层党组织组织力建设中，最大限度找到村民与村党组织的最大公约数，形成最大同心圆，这需要基层群众的共同努力，做好三农工作的积极宣传者、参与者、建设者，凝聚“最大同心圆”的力量，实现乡村振兴。

第二，宣传引领群众。增强农村基层党组织的群众凝聚力，必须最大程度地宣传引领群众，发挥基层思想政治工作的功能，坚持一把钥匙开一把锁，解决广大农民群众的思想疑虑和后顾之忧。当前，基层思想在政治工作中还面临诸如思想观念多元化、现实利益复杂化、网络环境多样化的挑战，面对如此挑战，要切实把思想政治工作做实，做在百姓的心坎里，提升针对性和实效性。首先，更新理念，增强生命力。基层党组织要紧握思想政治工作的原则，在工作中尊重群众、关心群众、理解群众、帮助群众、激励群众，从以“工作”为中心向“以人”为中心转变，真正把群众的感受和得失放在心上，使思想政治工作更加扎实、深入、细致，切实维护群众正当权益，得到群众的真诚拥护。其次，科学设计，增强向心力。这里体现为科学设计阵地和活动形式，通过阵地建设和活动创新，将思想政治工作与广大农民群众的生活相融合，渗透在农村的方方面面，形成健康向上的思想政治工作环境，真正满足群众文化和精神需求。最后，改进方法，增强先进性。基层党组织的工作方法要随着群众日益发展的需求不断改进，特别是一线党员干部，要形成示范效应，对于群众的要求，工作人员要身体力行，甚至做到更好，用行动引领群众；要形成榜样效应，挖掘身边优秀的工作人员或者群众，树立正能量的人或者事，用榜样感染群众。

第三，推进基层民主。增强农村基层党组织的群众凝聚力，必须稳妥推进基层民主，健全基层民主机制，完善基层治理，畅通群众与干部沟通渠道，协调好农村基层各主体利益之间的关系。这就要求健全农村基层民主机制，通过加强顶层设计、优化协商机制等方式规范基层议事规则，推进基层协商民主，让群众的声音通过法律渠道表达，通过法律途径维护他们的合法权益。另外，要畅通群众与干部之间的沟通渠道，完善现有的沟通渠道，开拓更加行之有效的渠道，让群众的诉求有地可寻，有渠道可表达，基层党员干部通过下基层走访、调研等形式，深入群众，拓宽民意表达渠道，协调好农村基层各主体之间的利益关系。

（二）培育文明乡风汇聚组织凝聚力

文化是一个民族精神得以延续、血脉得以繁衍、信仰得以聚合的根本所在，它沉淀着民族共同的精神记忆与情感寄托，也是乡村振兴的精神命脉。农村基层党组织通过推动文化振兴目标，在打造文明乡风的过程中，需要充分发挥组织凝聚力，从而提高组织凝聚力在精神文明建设层面的助力水平。

第一，通过推进文化铸魂汇聚组织凝聚力。习近平同志指出“核心价值观是一个民族赖以维系的精神纽带，是一个国家共同的思想道德基础。”[①] 文化兴则乡村兴，文化强则乡村强，在农村深入推进文化铸魂工程，是促进文化兴盛、弘扬先进文化、继承优良文化、提升公共服务质量的有效途径。农村基层党组织在深入推进文化铸魂工程中，组织凝聚力体现在引领先进思想厚植在农村文化土壤中、组织动员农村群众参与农村文化活动、培育健康轻正的乡村文化氛围等多个方面，目的在于满足农村群众精神文明需求，不断提供丰富的文化产品。组织凝聚力也在农村文化铸魂工程中发挥着推动、培育、引领、动员、宣传的多重功能，在振兴乡村文化的新时代要求下，农村基层党组织的组织凝聚力，需要不断提升以适应战略发展需求，更好地满足农村群众对于美好生活的向往。

第二，通过家风乡风融合汇聚组织凝聚力。在中华文明发展的历史长河中，乡村是孕育优秀传统文化的温床，乡村也沉淀着中国人对于家庭情感、相思怀绪、传承繁衍的情感内核。继承优良家风文化、培育健康乡风文明是乡村文化振兴的基核所在。农村基层党组织应当提高对于优良传统家风文化的重视，发扬并借助组织凝聚力，凝聚家风美德、讲好家风故事、培育文明风向。在宣传优良传统家风文化的过程中，提升组织凝聚力主要依靠组织力表达功能，着重将乡村本土孝

① 2014 年 10 月 15 日，习近平在文艺工作座谈会上发表重要讲话.

文化以及传统美德加以宣传，在农村社会倡导尊老爱幼、和谐睦邻的价值观念。此外，还可以通过提升组织力整合功能来促进组织凝聚力。在培育乡风文化、倡导文明家风的过程中，注重结合本村具体道德实例，如五好家庭、孝亲楷模、敬老模范等本土道德榜样，推动优良家风融合健康乡风，生动诠释乡风内涵，帮助农村群众理解乡风含义并主动践行乡风价值观。

四、提升组织革新力

（一）加强自身建设，提升组织革新力

纵观中国共产党一百年的革命、建设和改革的历史实践中可以发现，中国共产党之所以能团结带领人民群众取得一个又一个胜利，就是因为我们党始终有自我革命的勇气和自觉。提升农村基层党组织自我革新力，就是要以正视问题的自觉、以刀刃向内的勇气、以改革创新的精神，着力解决自身建设中存在的突出问题。

第一，农村基层党组织要加强自身建设。首先，农村基层党组织内部自身要积极储备后备力量。加大对模范支部党员和优秀支部党员的选拔，加强对新录用的选调生、大学生村官的岗前培训。突出党校教育主阵地，从监督把关上下功夫，严把推荐关、考试关、表决关、审查关，坚持在严格的标准下发展党员、在培养中检验党性，把好发展党员入口关，进一步提高发展党员工作的科学化水平。其次，从严要求抓作风，着力提高党员队伍素质。加强党员队伍建设，把组织力、执行力作为重要条件选配干部，从岗位需要上夯实党员队伍，努力建设一支信念坚定、素质优良、规模适度、纪律严明、作用突出的党员队伍。再次，严肃党内组织生活。农村基层党组织的组织生活，是农村基层党组织对党员进行教育、管理、监督的重要形式，也是发挥各级领导班子的政治核心作用、保证全党服从中央、坚持党中央权威和集中统一领导的重要手段。严格执行“三会一课”制度、推广主题党日，不断增强党内组织生活的时代性、政治性和原则性，坚决防止表面化、形式化、庸俗化、娱乐化倾向。最后，强化支部书记队伍建设。应从大学生村官、退休职工干部、带富能力强的村民、乡贤等群体中选拔党支部书记。村党支部书记应具有一定的群众工作本领、组织协调能力和政策理论水平，要敢于作为。

第二，农村基层党组织要加强“党史”学习教育。习近平总书记在党史学习教育动员大会并发表重要讲话中强调:“在全党开展党史学习教育，是党中央立足

党的百年历史新起点，为动员全党全国满怀信心投身全面建设社会主义现代化国家而作出的重大决策……要做到学史明理、学史增信、学史崇德、学史力行，学党史、悟思想、办实事、开新局……以昂扬姿态奋力开启全面建设社会主义现代化国家新征程，以优异成绩迎接建党一百周年。”[①] 广大的农村基层党组织学习“党史”，首先，要深入学习习近平总书记在党史学习教育动员大会上的重要讲话精神，深刻认识把握开展党史学习教育的重大意义。要提高政治站位，强化政治担当，以高度的思想自觉、政治自觉和行动自觉，组织好、开展好党史学习教育。其次，要准确把握党史学习教育的目标任务，突出学史明理、学史增信、学史崇德、学史力行。要强化理论武装，学出辩证思维，进一步增强把握历史发展规律和大势的能力；要坚定信仰信念，学出绝对忠诚；要传承革命传统，厚植为民情怀，全心全意为人民服务；要践行初心使命，学出昂扬斗志，树立与党同行、与祖国同行、与时代同行、与人民同行、与梦想同行的价值追求。最后，要切实加强组织领导，准确把握总体安排，高标准高质量开展党史学习教育。广大的农村基层党组织要精心谋划部署，认真组织实施，创新教育方式，广泛开展党史宣传宣讲，丰富渠道载体，充分运用本村的官方网站和官方微信平台，多开展党员宣讲党史，要充分利用当地特色资源，打造红色旅游精品，创作出一批富有时代气息的党史题材文艺作品和融媒体产品，激发党员和群众爱党、爱国、爱社会主义的情感。以一场专题报告会、一次主题党团日活动、一次红色观影报告会、一场竞答活动、一次主题展示这“五个一”来深化“党史”学习教育，推动党史学习教育各项任务落到实处。村支部的党员干部要提高思想认识和政治站位，以身作则、率先垂范；要把“学党史、悟思想、办实事、开新局”作为工作主线贯穿始终，确保学习教育与农村各项重点工作互促共进。

（二）建设美丽乡村推动组织革新力

生态兴则文明兴，生态衰则文明衰。绿色发展理念引发了关于我国农村发展方式以及发展质量的深刻调整。深入践行“绿水青山就是金山银山”的理念，对于乡村振兴的推动具有重大指导意义。农村基层党组织在推动乡村生态振兴的过程中，需要不断更新发展理念，提高服务生态产业健康发展的职能，这有赖于组织革新力的有效发挥。

第一，通过更新发展理念推动组织革新力。能否密切联系群众、带领群众更新发展观念、转变发展思路是基层体系中农村基层党组织的重要工作。因此，基

① 2021 年 2 月 20 日，习近平在党史学习教育动员大会上的讲话.

层党组织自身发展观念是否适应乡村振兴的发展目标就显得尤为重要。为实现农村经济发展方式转变，厚植绿色发展观念，首先需要基层党组织自身深刻领会绿色发展理念内涵，摒弃过去传统治理思维，抛弃“唯经济效益”的片面思维。这需要充分发挥组织革新力，及时转变基层党组织行政落后思维，带动基层党员干部更新观念、转变作风。同时要及时革除落后思维的消极影响，用新发展理念指导具体工作。在党员干部的选用上，认真考核提拔思路广、思维新的党内带头人，在党组织内形成改革意识敏锐、改革决心坚定的战斗力团队。在提高基层党组织践行绿色发展理念战斗力的基础上，可以通过发挥组织力的表达功能，大力宣传生态文明以及绿色发展理念，通过多种渠道向农民群众介绍绿色发展的效益优势以及保护环境的极端重要性，从而提升组织革新力；其次，可以通过发挥组织力的整合功能，规范农牧产业发展，实现人居环境提升与经济效益提升的双赢局面，将农村建设成为美丽宜居的美好家园。

第二，通过培育生态产业推动组织革新力。乡村振兴中要规范农牧产业发展，保护乡村生态环境。农牧产业作为乡村产业结构中的重要环节，传统农牧业暴露出的环境污染问题，既影响自然生态环境，也对农村人居环境带来了极大的困扰。由于农牧养殖业产生的污水污物得不到及时清理，对农村空气环境以及水源保护都带来了不利影响。为实现生态治理与经济发展的双赢局面，在推动乡村生态振兴的过程中，需要基层党组织提升组织革新力，规范指导农牧产业集群发展、统一管理，改变原有的家庭农户分布式生产对环境带来的极大压力。通过组织力整合功能的规范引导，农牧产业既可以实现规模集群效应，保证农村经济效益，又能够腾退原有养殖环境，推动生态恢复与环境治理。因此发挥组织力整合功能，推动组织革新力的有效发挥，对于实现经济价值与生态价值的双重促进具有重要作用。

五、提升组织执行力

党的组织体系关键在基层，党的路线方针重点在落实。乡村振兴需要始终依靠农村基层党组织的坚定核心，充分发挥其领导作用。同时，推动组织振兴对于提升农村基层党组织的组织执行力，也具有显著助推作用。

（一）完善组织架构助推组织执行力

在党的执政体系中，农村基层自治制度是我国治理体系中的一项基本内容。农村基层党组织根据宪法的要求及法律的规定，赋有对乡村经济建设、文化振兴、社会治理等多方面的领导权力。在村民自治制度实行的历史经验中，我国农村政治面貌以及社会风气都有了积极的变化。在乡村振兴战略的实施过程中，基层党组织提高组织力水平的核心动力来源，就是推动组织架构的不断完善。在组织架构的升级过程中，基层民主化水平的提高能够直接促进组织执行力的效用。在执政过程中确保农民的知情权、参与权等政治权利得到有效保障，通过保障农民基本政治权利，使农民获得政治尊重感，从而提高对党组织的认可并主动参与基层治理，实现村民自治优势的最大限度发挥。其次，对于村委会及基层党委在执政治理方面的关系是否理顺，关系到基层执政效率以及政治功能的有效发挥。基层党组织作为乡村建设的领导者与监督者，通过充分发挥组织力协调功能与整合功能，正确指导村委会对具体事务的执行程序。同时正确协调基层党组织与村委会、社会性村民组织、农民合作组织之间的关系，都是组织执行力的重要体现。最终实现权责分明、通力合作的高效基层治理体系结构，确保科学执政最大程度上惠及农村群众。

（二）改进群众工作助推组织执行力

群众工作始终是党的基层组织在推动组织振兴中的重要环节。在群众工作中提升组织执行力，可以理解为党群紧密联系的组织执行力。从密切联系群众的组织能力，到正确引导群众参与乡村建设的引导能力，再到构建乡村文明风向的引领能力，都需要有效提升组织执行力。习近平指出："人民群众是我们力量的源泉。"[①]基层党组织工作要领是接近群众生活，不搞空中楼阁式的发号施令，切实为群众办实事，少说表面话、多做实在事。对于农村老百姓面临的实际问题，不回避、不推诿，以具体工作实效体现对于群众工作的组织执行力水平。组织执行力的另外一个重要作用是积极传递乡村主流价值观，指导乡村文化朝着正确健康的方向发展。通过对于农村群众思想动态的积极引领，提高基层党组织对于农村意识形态的管理和引导，从而在应对各种不良思潮的冲击时，确保农村基层党组织掌握人民认可、响应积极的群众工作组织执行力。

① 2012年11月15日，习近平十八届中央政治局常委同中外记者见面会上的讲话.

第四章　农村基层党组织工作考核评价体系构建的意义

本章为农村基层党组织工作考核评价体系构建的意义，从三个方面进行介绍，分别为有助于更好地实施党的乡村振兴战略、有助于强化农村基层党组织的功能和有助于激发农村基层党组织和党员干部在乡村振兴中的内生动力。

第一节　有助于更好地实施党的乡村振兴战略

一、巩固党在乡村振兴战略中的根基

农村基层党组织作为党团结我国社会数量最大的阶层（农民阶层）的桥梁和纽带，国家政权的稳固和社会经济的发展，都需要广大农民群众参与进来。只有以农民群众根本利益需求为导向，切实解决农民群众面临的民生难题，才能使农民群众听党话、感党恩、跟党走。因此，农村基层党组织要当好农民群众的贴心人、知心人、代言人。农民群众是通过农村基层党组织活动情况以及农村党员干部解决问题的能力来认识和了解党。如果在实际工作中农村党员干部出现宗旨意识淡化、思想觉悟不高、“微腐败”现象严重等问题，就会直接损害党的光辉形象、影响党的肌体健康，导致党面临脱离群众的危险，从而影响党的执政根基。部分农村基层党组织之所以面临脱离群众的危险，根本原因是其中的农村党员干部党性不强。要坚决克服这一问题，必须从政治上强党、治党，通过加强农村基层党组织政治建设，构建党组织工作考核评价体系，不断增强农村党员干部的宗旨意识、政治能力，巩固党在农村社会的执政根基，进而维护党在农村社会的执政权威。

执政基础是现代政党政治的一个重要范畴，是政党执政的基础和前提，是一

个政党合法执政的依据，正所谓基础不牢，地动山摇。“水之不涸，以其有源也；木之不拔，以其有本也。”中国共产党的根基在人民，为的是人民，中国共产党必须牢固夯实党的执政基础，特别是党在农村的执政基础。《中国共产党农村工作条例》中明确指出，党在农村的工作原则之一就是要“坚持教育引导农民听党话、感党恩、跟党走，把农民群众紧紧团结在党的周围，筑牢党在农村的执政基础”。[①] 从这里我们能够看出，农民群众感党恩、听党话，跟党走，是保障党执政基础稳定牢固的逻辑前提。其中的听党话，跟党走，是建立在人民群众对党的认同与支持上的，这就要求党组织密切联系群众，获得人民群众的认同、支持与拥护。对人民群众的动员是党密切联系人民群众的重要方式，在对群众进行动员的过程中，农村基层党组织与人民群众密切接触，进行沟通交流，强化了信息、物质和情感的交互，关系日益紧密。而人民群众对党的认同与支持的具体表达就体现在人民群众愿意并积极接受党的领导，体现在对党组织安排的服从，自觉地参与到社会主义新农村建设中来。维护牢固的执政基础的过程不是静态的，而是人民群众与党的领导之间的交互影响、相互作用，是一个动态的过程。

构建农村基层党组织工作考核评价体，能促进党的方针政策在基层得以贯彻，才能够使得党的执政能力有效转化为执政成果，也只有这样才能够切实夯实党的执政基础。农村基层党组织必须通过党组织工作考核评价体，才能对农村的人民群众进行有力动员，使广大的农村群众能够更好地参与到乡村振兴的过程中来，只有将群众发动起来才能够取得乡村建设的实际成果。农村基层党组织工作考核评价体系的构建对巩固党在农村的执政基础具有重要意义，农村基层党组织以更高的动力来实现对农村人民群众的动员，让农村各行各业的人民群众听党话，跟党走，为建设美好生活而不懈奋斗，才能使得党的执政基础更加稳固。现实告诉我们，没有群众强大的支持，是无法铸就坚强的执政基础的，所以构建农村基层党组织工作考核评价体是夯实党的执政基础的必然选择。

二、促进从严治党在乡村振兴中延伸

党的十八大后，针对管党治党“宽松软”的问题，以习近平同志为核心的党中央提出了“全面从严治党”这一重要战略。在新的历史背景下，在面对国内外严峻形势和党自身面临的风险考验下，为解决党组织弱化、虚化和边缘化问题，我们必须要加强党的自身建设，全面从严治党。农村基层党组织作为党的基层组

① 2019年8月，中共中央印发《中国共产党农村工作条例》.

织，位于党的建设和国家事业发展的第一线，农村基层党组织的建设情况事关党的建设整体进程，关系着各项决策措施是否能够有效落实，因此在农村基层党组织的组织力建设过程中，必须要做好全面从严治党的践行者，加强内部建设，提高领导能力。随着社会经济的发展，基层治理建设的推进，农村基层党组织的规模不断扩大，农村基层党员队伍结构较为复杂，面临组织软弱涣散、脱离群众、作风不良等负面情况，践行全面从严治党刻不容缓。当前，农村基层党组织建设面临着许多问题，“苍蝇”式微腐败问题突出，严重影响着人民群众对基层党组织的信任，影响党的威望。同时，在农村基层相应政策得不到落实，“最后一公里”始终无法畅通，影响着人民群众的获得感和幸福感。“四风”问题依然存在，农村基层党员干部理想信念滑坡，纪律意识淡薄，官僚主义、个人主义、享乐主义依旧存在；对群众利益诉求不够重视，无法带领群众，使得群众与党的联系日渐疏远；在有些偏远地区，有的农村基层干部执法不公，成为黑恶势力的保护伞，欺压农民群众等问题严重影响着农村基层党组织的建设。想要解决好这些问题，就必须坚持全面从严治党，将从严治党向基层延伸，将党要管党、全面从严治党充分落实到各个党组织中去，习近平总书记在很多场合都强调基层党组织落实全面从严治党的必要性和紧迫性。农村基层党组织只有坚持全面从严治党，强化党的自身建设，保持党的纯洁性和先进性，补短板强弱项，从严管理、从严治理，才能够不断提高农村基层党组织的组织力，才能带领好人民群众，形成强大的发展推动力，让农村基层党组织始终成为党最坚实的战斗堡垒。

习近平总书记强调，“全面从严治党。必须把党的政治建设摆在首位”。① 加强农村基层党组织政治建设，构建党组织工作考核评价体系，是推动全面从严治党向基层延伸的重要途径。“全面”意味着管全党、治全党，对农村基层党组织而言就是实现农村基层党组织、农村党支部、农村党员干部的全覆盖。“严”意味着管党治党要常抓不懈，要有刀刃向内的勇气，严格农村党员干部的政治原则、政治纪律、政治规矩。“治”意味着农村基层党组织和农村领导干部要勇担政治责任，根据党的建设总要求治理农村基层党内突出问题。这就需要把“治标”和“治本”结合起来，加强农村党员干部的理想信念教育，治理农村党员干部不作为问题；把“惩”与“治”结合起来，以零容忍态度惩治农村基层腐败问题。因此，构建党组织工作考核评价体系，既是加强党的建设的重要组成部分，也是管党治党重心下移和提升农村基层治理的具体表现。

① 2017 年 10 月 18 日，习近平在中国共产党第十九次全国代表大会上的报告.

三、增强党员在乡村战略中的先进性

我们党各方面都蕴含着先进性和纯洁性。党的建设的主线即党的执政能力建设和保持党的先进性和纯洁性建设，这是我们党各方面建设开展的基础，也是实现党的建设的伟大工程的核心。从纵向上看，它贯穿党的建设的始终，从横向上看，它体现在党的建设的各个方面。由此而言，农村基层党员的先进性建设也同样贯穿于基层党组织建设的始终，涉及基层党组织建设的方方面面。特别是在具体的实践中，农村基层党员干部必须加强自身素质，脚踏实地、创新思维，实现思维转化，要用新的思维方式和新的工作方法、热情的服务态度去采纳农民群众的意见，接受农村群众对基层党组织的要求。农村基层党组织要以农村党员的先进性建设为基，结合党的思想建设、政治建设、作风建设、组织建设、制度建设、纪律建设，共同建造一个牢固的基层党组织，让广大农民群众看到我们党是真正为人民群众谋幸福的政党。基层党组织是我们联系广大农民的桥梁。党中央通过基层党组织来了解农民群体需要，联系群众，团结群众，实现农民群众对美好生活的需求，带领人民群众走向更富裕的道路。农村基层党组织与群众紧密联系，也成为农民群众了解党的“第一窗口”，因而农村基层党员的形象，在一定程度上代表着党的形象，一旦农村党员出现作风问题，损害的是党在人民心中的形象，吞噬的是广大农民群众对党的信任，相较于天边的“老虎”，眼前的“苍蝇”更深恶痛绝。因而农村党员干部必须发挥其先锋模范作用，始终牢记自己代表着党员的形象，树立牢固的责任感和以人民为中心的宗旨意识，只有这样我们党才能有力量，党的执政基础才会稳如磐石。农村基层党员干部作为中国共产党在农村地区的代表，是中国共产党的缩影，他们的行为方式是中国共产党的行为方式的重要体现，促进基层党员干部的先进性和纯洁性的发展，不仅关系到基层党员自身，更是党的先进性和纯洁性建设的重要体现。提高基层党员干部的战斗力有利于让普通群众对党的政策方针的理解，使党制定的惠农政策真正深入人心。让农民群众更加充分感受到我们党高度重视对“三农”工作，让农民群众永远跟党走，一心向党。党员干部是基层治理体系和治理能力现代化的直接参与者和管理者。因而其担负着在基层宣传党的宗旨、路线、政策的职责。同时也肩负着团结群众，促进改革的重要使命。特别是随着十八大以来，随着对农民认识的加深和改革的逐步落实，农村改革得以深化，当前脱贫攻坚取得全面胜利，下一步要加快推进新时代乡村全面振兴，为农村各项事业的顺利发展提供强有力的政治保障。基层党组织是贯彻落实党中央路线、政策、方针的“最后一公里”，同时也是与群众联系的“第一公里”，党中央的所有战略方针都必须通过基层党组织贯彻推进，而基层工作的推进，又依赖于基层干部党员的有效组织来实现，并且农民的生产生活条件的改善要靠基层党组织来推动，因而加强农村基层党员的先进性建设已成为基层党组织能否在基层实现有效执政和治理的一个关键因素。

先进性是一个政党成为其所代表的阶级的领导者的基础，是党员能够带领所在阶级的广大群众奋勇前行的前提。党的先进性是建立在党员的先进性之上的。习近平总书记强调：“党的先进性和纯洁性要靠千千万万党员的先进性和纯洁性来体现，党的执政使命要靠千千万万党员卓有成效的工作来完成”。[①] 党员的先进性决定了政党的生机与活力，决定了广大群众是否能够被党员所带动加入建设党的事业的行列中来，决定了党的执政使命是否能够顺利完成。党员的先进性是具体的、历史的，在不同的历史时期党员的先进性表现是不一样的，但总结起来就是：共产党员不论在什么时候都要坚持走在人民群众的前列，团结和带领人民群众。党员的先进性就在于是否能够与人民群众同呼吸、共命运，是否为实现人民群众的利益而带领人民群众不断前行，党员的先进性正是来自于这样一个过程。共产党员想要团结带领群众，就要身先士卒往前闯，以自身艰苦的工作来动员和组织人民群众参与到乡村振兴中来，这本身是党员先进性的重要内容。

农村党基层组织处于农村各种矛盾冲突日益凸显的环境下，直面的是复杂多元的社会状况，农村基层党组织承担着艰巨而棘手的任务。广大农村党员干部也时刻面临着脱离群众、背离初心、丧失共产党人先进性的危险。很多农村党员干部思想蜕化，麻木不仁，甚至背离人民群众，走上贪污腐败的道路。已经有很多前车之鉴告诉我们，不紧密联系群众，不注重党员的先进性，就是和民心背道而驰，就会有失去群众地拥护。提升农村基层党组织党员先进性迫在眉睫，而构建基层党组织工作考核评价体系与增强农村基层党员干部的先进性具有逻辑上的统一性。构建基层党组织工作考核评价体系是党员保持先进性的制度要求，同时又可以使党员干部的先进性主动作用于动员农村群众，而广大党员干部在提升自身先进性的同时，又提升了自身的组织、动员群众的本领，提高个人的党性修养、锤炼自己的意志品质、增强自身的服务意识，进一步增强先进性。这二者是相辅相成、相互促进的关系。构建基层党组织工作考核评价体系，能不断强化农村党员干部的先进性。

① 2013 年 6 月 28 日，习近平在全国组织工作会议上的讲话.

四、推动乡村振兴中社会治理现代化

有效的治理是乡村振兴的基础。现代农村社会治理体系，要建立和完善党委领导、坚持政府负责、保障公众参与，坚持法治、德治、自治相结合，农村社会才会充满活力，社会体系才会和谐有序。基层党组织的领导能力和组织力与党的凝聚力、创造力和战斗力息息相关，坚强的班子队伍有利于提升党在农村基层治理的现代化水平，只有不断提升农村基层党的建设工作，始终将党管农村工作贯穿于农村治理体系的全过程，增强农村基层党组织在乡村振兴的核心地位，乡村振兴战略才能得到稳步推进发展。在长期的历史发展过程中，受农村社会发展的固有规律和某些特殊发展阶段相关政策等因素的影响，当前我国部分农村地区的治理水平和治理效能仍然存在着很多突出问题和薄弱环节；受自身文化素质和传统思维观念的束缚，部分农村地区的农民群众参与乡村治理的积极性有待进一步提升，村民自治能力有待进一步加强；受传统宗族观念和多元化利益诉求影响，部分农村地区仍然存在着家族或宗族势力侵扰乡村治理、侵占群众自治空间等问题；受人口流动加剧和人口单向流失等因素影响，部分农村地区出现人口“老龄化”、社会“空心化”等问题，给乡村治理带来诸多压力；受道德观念变化和物化思维影响，部分农村地区需要加强乡风文明建设，提升农民的道德素质水平。解决上述问题，就要发挥好基层党组织在新农村建设中的作用。做好农村基层党建工作，提升农村党员干部队伍整体素质，可以更好地发挥党在乡村治理中的政治领导和价值引领作用，确保乡村治理各项工作契合时代主流方向、顺应国家发展建设大局；加强对于村民参与自治实践的目标引领和程序监督，切实提升群众政治素养和乡村治理能力；推动法治观念在广大农村地区的普及，维护农民各项权益、化解农村社会矛盾；推动主流价值观念和农村不同地区优秀文化传统、良风美俗等有机结合，乡村治理过程中融入富强、民主、文明在内的二十四字社会主义核心价值观，提升农民的道德素质水平。

乡村治理现代化与国家治理现代化密切关联，没有乡村治理现代化，就没有国家治理现代化。推进农村社会现代化发展，必须坚持和加强党对乡村治理的集中统一领导。农村基层党组织作为我国乡村治理现代化的依靠力量，其政治建设效果对于推动乡村治理现代化至关重要。当前农村社会正处于转型期，封建残余思想与现代文明思想、农村人治现象与法治观念、带头人“老龄化”与农村“空心化”并存等问题，这决定了乡村治理的复杂性和繁重性，继而影响农村社会的稳定与发展。解决这些矛盾，要以农村基层党组织政治建设为根本抓手，以党组织工作考核评价体系为手段，增强农村党员的“四个意识”，提升农村党员干部的政治能力，确保党对乡村治理现代化的全面领导。构建基层党组织工作考核评价体系，既有利于农村基层党组织主动领导农村各类社会组织和社会力量参与乡村社会治理，确保乡村社会治理沿着正确的政治方向前进；也有利于农村基层党组织主动、及时地化解农村基层社会矛盾和利益冲突，确保乡村社会的和谐稳定。

五、保证乡村振兴中党组织建设质量

农村基层党组织是农村的战斗堡垒，其思想引领力的强弱体现在每一个党员和干部身上，每名农村党员和干部都是党在农村的一面旗帜，都是引领农村思想、教育农民的教员。农村基层党组织对党的思想路线了解程度和政策宣传执行情况是否完善，重点在于农村基层党员和干部的能力和作风建设，它直接关系党及党的方针政策在农民群众中的感召力和引领力。中国共产党历来重视农村党员和干部教育、重视自身组织体系和思想作风建设，这是党组织在农村能够最大限度地赢得农民群众支持和拥护的重要原因，也是农村基层党组织提升思想引领力的基本经验。党员干部队伍是农村基层党组织的核心资源和战略资源。正确的路线和政策确定后必须有懂党的路线政策的农村基层党员干部去宣传和引领，党在农村的政策落实才能达到预期的效果。在乡村振兴过程中，农村党员和干部是贯彻落实党的乡村振兴战略的直接领导者、组织者，他们的思想水平和精神状态直接影响着广大农民群众的思想和情绪。因此，加强对肩负着教育、宣传、引领群众责任的农村基层党组织的建设，对提升农村基层党组织的思想引领力具有十分重要的意义。

组织强，则事业兴。百年来，中国共产党栉风沐雨，历经艰辛，在挫折中不断奋起，靠的就是不断强化党的建设，特别是加强基层党组织的建设，保证了我们党的根基稳固，源源不断地从基层汲取智慧和力量，战胜了革命、建设和改革路上一个又一个困难险阻，实现一次又一次的伟大跨越。而时代所赋予农村发展的任务，给党的建设提出了新的要求。农村基层党组织作为推进乡村振兴发展的排头兵，处于和人民群众离得最近、联系最紧密的、关系最紧要的位置。这一关键的位置所带来的机遇和挑战决定了我们必须进一步强化农村基层党组织的建设，密切与农村群众联系，以团结和动员好广大农村人民群众，焕发强大动力，带领农村向前发展。

党的建设质量包括党员质量、教育实践活动质量、党员干部选拔任用质量、党内政治生活质量、人才培养质量、党的建设制度质量，等等。党的建设质量是各级党组织建设质量的总体反映，农村基层党组织的建设质量是影响党的建设总体质量的重要部分。因此，提升农村基层党组织的建设质量是提升党的建设质量的内在要求。提升农村基层党组织建设质量的内涵十分丰富，是党建工作各个方面高质量有机结合的整体效应。当前，农村基层党组织肩负着巩固脱贫攻坚成果、实施乡村振兴战略等一系列艰巨的历史任务。但一些农村基层党组织仍存在对自身政治功能认识不足、作用发挥不充分、责任落实不力、党员队伍质量有待提高等党组织建设质量不高的问题，迫切需要改进和规范这些不良现象，以提升农村基层党组织建设质量，这就需要构建合理的党组织工作考核评价体系以保证党组织建设的质量。

第二节　有助于强化农村基层党组织的功能

一、有利于突出党组织政治功能

第一，可以坚定不移把基层党组织的政治建设摆在农村党建首位。农村基层党组织是鲜明的政治组织，政治属性是第一属性。中国共产党的基层组织最突出、最鲜明的特征就是政治属性，作为马克思主义政党，其政治性主要表现为先进性，这也是马克思主义政党的本质特征。农村基层党组织要充分发挥战斗堡垒作用，实现党对农村工作的全面领导，就要始终坚持把党的政治建设摆在首位。党的政治建设决定着党的建设方向和效果，是马克思主义政党的根本要求，是一个永恒课题。自改革开放以来，总体上农村基层党组织的政治建设不断加强，党建质量得到有效提升，但仍有部分农村基层党组织过分重视经济建设而忽视了政治建设的重要性和必要性，导致农村基层党组织虽然在其他方面的建设已卓有成效，但三化问题依旧突出，政治领导力薄弱。在新时代下，面对错综复杂的国际、国内形势，农村基层党组织要把党的政治建设摆在首位，进而增强政治领导力，自然毋庸置疑，刻不容缓。长期以来，政治建设作为其他建设的核心和根本，也影响和制约着其他建设，因此提升农村基层党组织组织力建设，必须首先严把政治建设这一关，农村基层党组织的党员干部也必须始终高举马克思主义旗帜，通过高度的思想自觉和行为自觉，内化于心，外化于行，从灵魂深处深化对政治的认识。实践证明，政治建设是党的建设的“根和魂”，只有坚定不移将党的建设摆在首位，抓好贯彻落实。政治建设需要合理的工作评价体系作为指引，才能牢牢把握党的建设的“根和魂”，才能有效提升农村基层党组织的组织力，进而有条不紊地推进其他各项建设。

第二，可以切实加强党对农村各领域的政治领导。农村基层党组织是党在农村的战斗堡垒和核心，在农村的各项事业中发挥着极其重要的领导作用。想要完成新时代党在农村的重要使命和任务，就必须充分让农村基层党组织发挥政治领导作用。发挥政治领导作用，核心就是要强化党的政治领导。对党忠诚、为党分忧、为党尽责、为民造福，这就是农村基层党组织发挥其作用的必行之事，也是农村各项事业推进的主心骨。广大农村的党员和干部都要明白自己的政治身份，不断强化自身的政治意识，不论时间、地点、岗位、场合严格遵守党的纪律，牢记党的要求，处理任何问题都做到对党忠诚，坚守政治立场和政治追求。同时，广大农村的党员和干部要从内心深处意识到坚持党对农村各项工作的领导是最基本的政治原则，无论是在思想上、政治上、行动上，都要同以习近平同志为核心的党中央保持高度一致。牢记自己的使命，在遇到有损党的团结、破坏党的光辉形象的言论和行为时，勇于斗争，对其坚决抵制，并用实际行动改变这种情况。在日常行为中，坚持对党讲实话，办实事，做一名认真踏实，务实勤干的工作者，不做口是心非、阳奉阴违的“双面人”，不做弄虚作假、走形式主义的“敷衍人”，以实事求是的态度，对党忠诚，拥护党的领导。最后，作为党员、干部，在党的各项纪律面前要做到自觉遵守，在严于律己的基础上，敢于同身边存在的不正之风做斗争，制止身边违法违纪的事情发生，对党忠诚，自觉维护党规党纪。党在各个方面的政治领导是乡村振兴战略能够始终按照党的方向发展的重要保重，同时也需要组织考核评价体系来监督政治领导作用的顺利发挥。

第三，可以确保党的政策和国家法律在农村的有效执行。想要确保党的政策和国家法律的有效执行，就必须不断提高加强政治引领、驾驭政治局面、防范政治风险的能力。不管是农村基层党组织的方向性、全局性工作，还是国家层面的方向性和全局性工作，都需要全党上下齐心协力、上下一致、在自己的位置各司其职、各行其是，只有这样，才能将每一项工作落实到位，才能一起建设更好的中国特色社会主义伟大事业。农村基层组织想要加强政治引领，把握正确方向，就要确保每一位党员干部向党中央、党的领导核心看齐，同党中央的政治要求保持高度一致，坚定不移地走党中央制定的路线，坚决落实和执行党的方针和政策，尤其在制定关于农村的政策上，更要慎重做决定，坚决不做与党中央要求违背的决定和行为。农村基层党组织想要加强政治引领，就要通过多种途径。在理论学习上，要号召所有的农村干部、党员一起学习、共同钻研，全方位地了解党的政治、文化、路线方针等多个方面，从而提升自己的政治理论素养；在日常的生活中，通过各种政治锻炼来培养其独特敏锐的政治意识。不论时间地点，广大党员干部拥有清醒的头脑、坚定的立场、纯洁的党性，坚持为人民服务，将人民公仆的身份进行到底。同时，也要慎独慎微，坚决维护公权力的纯洁性，反对和制止公权力的纯洁和崇高遭到破坏，被不怀好意的不法之徒利用。坚持加强政治引领，在农村基层的建设中坚持做“实在事”，完善防范政治风险的措施，只有这样才能保持政治定力，不断提升处理政治局面的能力，勘破纷杂局面，明晰心中所向，坚定一条光明的道路，真正建设好农村各项事业。在这过程中，党的各项政策和国家法律贯彻落实的效果，需要通过组织考核评价体系来体现。

二、有利于提高服务群众的功能

第一，可以加强农村党组织同人民群众的血肉联系。针对农村党组织存在的软弱涣散的问题，应把整顿党组织的涣散性作为党在基层的重点、核心工作。针对农村基层党组织考核评价体系，其一是可以选优配强农村党组织班子建设，对于农村党员领带干部不作为、懒作为、没作为的情况能够直观反映出来，保证农村党组织的领导力建设；其二是针对农村中宗族、民族势力对党组织领导农村事务产生的影响，为党组织工作提供工作方向，即要充分了解情况，注意方式方法，特别是在涉及村级重大事务的做出决策的时候，充分征集不同利益全体、农村组织的想法和建议，从而使决策始终代表和反应农村最广大村民的利益，此外，针对突发状况，可以为农村党组织建立自己的一套应急机制，自身化解不了的，按考核方向积极寻求上级党组织的帮助，切实把问题解决在源头；其三是可以加强村监委会与村民大众对村务的监督，在涉及村级干部任免、财务使用和其他重大事项时，通过考核评价体系，保证村民的监督权力；其四是可以加强村“两委”班子的协作，加强沟通，通过召开会议、重大事项集体协商、定期进行专项集体学习等方式，不断增加彼此互信和交流，不断提升农村党员干部的团结力，为以后更好开展农村党建工作打下更坚实的基础，强化农村党组织自身建设。农村党组织占党的组织比重很大，落实全面从严治党的举措，重点还在农村党组织和农村党员。农村党组织处在人民群众中间，能够深刻了解群众的真正想法和诉求，是联系广大人民群众和党组织之间的纽带。合理的党组织工作考核评价体系是农村党组织落实好党中央下达的方针政策、定期开展党性教育活动、提高自我管理能力，努力赢得群众拥护、扩大党的影响力的重要工作导向。

第二，可以加强农村党员干部的党性修养。农村党员领导干部要加强自我学习，不断提升自我。广大农村党员要认真学习习近平新时代中国特色社会主义思想，用共产主义的道德观严格要求自己，培养坚定的意志力，提高自身思想道德素质，在腐败面前坚决不低头，绝不做危害党和人民的行为。作为一名合格的共产党员，决不能有私心私利的想法，时时以大局为重，以人民利益为重，在作风上向党的优良传统和优秀党员干部看齐，增强勤俭节约、廉政勤政意识，做廉洁清正的好党员。加强对农村党员干部反腐倡廉的警示教育力度，主要内容包括以下四个方面：首先是对农村党员干部进行理想信念和宗旨教育，帮助党员干部树立全心全意为人民服务的思想，树立正确的世界观、人生观、价值观、权力观、地位观和政绩观。其次是进行思想道德和纪律教育，不断提高道德修养和纪律意识，严守各项廉政纪律。再次是进行党的优良传统教育，在党员干部中间树立长期艰苦奋斗的思想，做好长期艰苦奋斗的思想准备。最后是进行反对封建主义和资本主义思想腐蚀教育，使党员干部认识封建主义和资本主义思想腐蚀的严重性、危害性，在思想上筑起拒腐防变的防线，做一个坚定、清醒、有作为的党员干部。这一切修养工作的落实，需要党组织考核评价体系才能将党员自身修养提升工作的具体情况可视化。

第三，有利于建立健全作风监管机制，健全村级和镇级监督体系。作风问题具有顽固性，不可能一下就解决，要发扬钉钉子的精神，坚持不懈地改进作风，所以要健全监督体系建设。此外，完善党员干部的考核评价机制，既要注重内在约束，又要重视外在管制，畅通群众监督举报渠道，将群众的获得感作为检验农村党员干部工作成效的重要标准，自觉接受群众和社会各界的监督，不断取得作风建设新成效。构建党组织工作考核评价体系有利于健全村级和镇级监督体系，加强党内外监督。一个完善的监督体系应当包括党的内部监督和外部监督，党组织工作考核评价体系有利于将二者的作用发挥到最大化。

三、有利于党组织自身建设功能

党员队伍建设是党的建设的基础，全力推进乡村振兴战略在农村落地生根，保证党的各项政策传递到每一位农民身边，提高人民的幸福感、获得感、满足感，就必须加强党员队伍建设。党员直接联系群众，加强农村党员队伍建设，对于新时期优化党员队伍结构，促进党支部决策科学化、民主化；提升党员干部政治党悟、党性修养，夯实党的执政基础；提升党员理论素质，跟上当前新时期发展需求，具有重要意义。必须严格程序、提高发展党员的质量，从源头保证党员素质，提升党组织战斗力；储备后备力量，为农村基层党组织储备优秀而强有力的后备力量，获得广大农民群众的信赖和支持，凝心聚力，为乡村振兴贡献力量。

第一，可以把好党员发展关。为适应新时代乡村振兴战略的要求，适应城市化进程的脚步，适应现代化乡村治理的需求，发展党员时要注重保持党的生机和活力，从三个方面把好入口关，不断优化党员队伍结构。一是发展党员时注重知识。乡村振兴的进程中需要学历高、能力强、能够带领农民致富的党员，在发展党员时把学历水平作为发展党员时的一个重要的参考标准，党组织工作考核评价体系有利于提高农村入党门槛；二是提高青年党员占比。为缓解农村党员老龄化的窘境，大力培养青年党员，为实现乡村振兴注入活水，吸收返乡青年、退伍军人、致富带头人等农村优秀青年作为储备党员，考核评价体系可以发挥积极性及示范引领作用，激发青年党员政治热情。三是调整女性党员的占比，有针对性地吸收女性党员入党，循序渐进地改善“两委”班子内部的性别结构。农村基层党组织在选拔“两委”班子成员时，专人专选，提高女性党员干部的比例，赋予其在乡村振兴进程中发挥模范带头作用的机会，吸引女性党员主动向党组织靠拢。考核评价体系可以促进妇女组织机构作用的发展和完善，使其更好地联系、服务妇女群众，增强其公信度，强化其自身的党性修养，为农村基层党组织建设发挥作用。

第二，可以把好党员教育关。农民群众是实施乡村振兴战略的主体。党员先锋模范作用的发挥，乡村振兴战略的稳步有序推进，取决于党是否能够集中统一领导的同时尊重农民在乡村振兴中的主体地位，取决于农村党员是否把农民利益放在第一位，想农民之所想，急农民之所急。党员队伍的素质和形象深刻影响党组织在群众中的威望，要锤炼党员的党性修养，塑造政治品格，使党员自觉在思想上、行动上与党中央保持高度一致。这就需要长期不间断地加强党员教育，结合“两学一做”学习教育常态化制度化、“不忘初心，牢记使命”等各类主题教育，塑造讲规矩、有纪律的合格党员。依托接受专题影片教育、走访红色基地、网络学习强国等平台，使日常生活与党性教育充分结合，拓宽农村党员接受党性教育的知识幅度，加深其对党的政策及党的历史的了解，保证效率。在党员教育管理中，流动党员是一个难点，农村流动党员多，管理难度大，很多流动党员不能及时回来参与村内党组织的各项活动，不能及时接受党性修养的教育。如何解决这个难题，值得深入思考。党组织工作考核体系有助于完善流出地和流入地沟通协调、合作联动机制，落实双重管理、双重指导，构建起齐抓共管的党员教育管理工作格局，确保流动党员能够正常参与党组织生活，同时有助于创新党员接受教育的形式，比如学习强国、网络党组织平台等，将基层党员的学习教育融入日常，激发热情，进一步促进党员作用发挥。

第三，可以把好党员考评关。认真开展批评与自我批评对于保持党员队伍的先进性和纯洁性有着重要作用。必须严格落实党员民主评议制度，要制定一套定性与定量相结合的考核标准，针对党组织中不同岗位的党员干部工作职责，紧贴镇党委与村党支部的工作重心，参考他们为支部建设、农村经济发展等做出的贡献，全面考量。严格程序，党员自我总结评价、党组织考察后得出结果，并吸引广大群众的监督。表彰工作积极的优秀党员，大力宣传先进事迹发挥先进党员的示范作用；并对表现较差、观念淡薄的党员进行批评教育。以考评为导向，反馈给党员，表彰激励保障党支部队伍建设，增强活力，树立党组织威信，促进乡村振兴。

四、有利于党组织自身学习功能

第一，有利于学习的常态化。目前，农村基层党组织的学习制度不健全不完善，是党员干部学习毅力不足的一个重要原因。虽然一些农村基层党组织制定的学习制度相对完备，但在具体执行过程中出现“说在嘴上，写在纸上，挂在墙上”的现象，致使科学制度无法发挥应有的作用。另外，部分农村基层党组织的学习制度不是以学习效果为导向，而是为了学习而学习，挫伤了广大党员干部的学习积极性；部分农村基层党组织学习制度落实措施少，甚至出现不符合单位实际情况的内容，结果往往是无法对党员干部的学习产生必要的制度约束。合理的党组织工作考核评价体系符合农村基层党组织学习的实际情况，又适应广大农村基层党员干部学习的特点规律。首先，通过考核健全领导示范制度。农村基层党员干部要重视以“关键少数”带动“绝大多数”的规律，主动发挥领导班子的示范引领作用，带头学习，自觉做学习的实践者，激发党员学习热情、激情、潜力、毅力和创造力，带领农村基层党组织发扬学习之风。其次，通过考核可以细化各种学习制度。制度的灵魂在于落实，农村基层党组织要从实际出发，不断完善各项学习制度，例如：在日常学习中，探索运用个人自学与集中辅导制度、日常学习与定期培训制度、学习档案制度等方式，不断丰富农村基层学习型党组织制度建设的路径。最后，通过考核可以完善学习评价制度。学习评价制度是检验学习效果、巩固学习成果的重要机制。科学的评价制度并不只关注学习效果的量化，而是一个系统的评价过程，主要包括对学习过程、学习落实情况、学习能力和学习效果的评价。农村基层党组织完善学习评价制度有助于广大农村基层党员干部获得对自己学习行为的正确全面认识，进而实现自觉学习、自我约束。此外，还要加强学习总结制度。广大农村基层党员干部要在学习中不断总结，通过总结发现学习中出现的问题，获得学习成功的经验，弥补不足，进而提升整个党组织的学习毅力。总之，党组织工作考核评价体系，将学习从“软任务”转化为“硬要求”，用制度养成学习习惯、保障学习时间、营造学习氛围、弘扬学习风气，从制度上保证学习的常态化。

第二，有利于完善学习考核制度。当前，考核制度失效是部分农村基层党组织学习制度建设方面的短板。现行考核制度存在重形式、轻效果、重量化、轻过程的问题。在乡村振兴战略背景下，落后低效的学习考核制度难以培育复合型的农村基层党员干部。因此，只有农村基层党组织通过完善学习考核制度，引导广大农村基层党员干部认清学习的重要性，转变被动式学习理念，主动加强日常学习，营造党组织内部爱学习、会学习、能学习的良好氛围，才能为助力乡村振兴提供坚实的人才资源。科学合理的学习考核制度应具备“公开”“公平”“高效”的特点。首先，坚持“阳光考核”，不仅考核流程和考核标准要公开，考核单项结果与考核最终结果也要公开，确保农村基层党员干部的考核全过程经得起考验。其次，坚持“机制考核”，考核起点、考核过程、考核规则都要体现公平性。唯有公平的考核制度，才能保持和激发农村基层党员干部的学习兴趣、学习热情、学习毅力等。最后，坚持“述学”“评学”“考学”的高效考核机制。“述学”是农村基层党组织要定期开展的一项学习活动，比如坚持作月度、季度和年度学习报告和总结等，要求实事求是地向其他党员和干部进行汇报学习成果。“述学”不仅重视党员干部对理论学习的把握，而且十分重视党员干部运用所学知识解决实际问题的能力。“评学”就是对农村基层党员干部和党组织学习情况的定期双向民主评议，组织形式可以通过召开学习座谈会或无记名测评票形式展开。“评学”的价值在于评选出先进的、优秀的学习型党组织和学习型党员干部，树立学习标杆，激励其他党员干部争相模仿。“考学”就是保障学习制度贯彻执行的机制。农村基层党组织按照相应标准、采取一定的方式，通过考试、考核等方式对农村基层党员干部的学习情况进行量化和记录，并正确运用考核结果对党员干部给予激励、奖惩和示范。

第三，有利于建立学习激励机制。当前，少数农村基层党员干部忽视学习的重要性，对学习不上心，甚至不参加学习活动，但各项考核成绩“非优即良”；而另一些农村基层党员干部重视学习、坚持学习，学习成果显著，符合考核优秀的标准，却没有获得相应的表彰和奖励。这反映出在农村基层党组织内部存在着形式主义问题。事实上，学习考评的目的在于让认真履行学习责任和义务的农村基层党员干部获得褒扬和奖励，而疏于学习责任、不履行学习义务的党员干部接受谴责和惩罚，本质上是发挥奖惩机制的双向作用，激励农村基层党组织提高自身的学习毅力。农村基层党组织制定的激励机制，一方面，应把是否重视学习、是否理论联系实际作为农村基层党员干部的考评重点，优先提拔成绩突出的党员干部，激励他们勤于学习、不断学习、终身学习；另一方面，要综合运用各种考评，制定多种激励措施，发挥激励作用。一是重视物质激励作用，这是最直接、最有效的激励手段。比如，依据年终绩效考核结果，给予重视学习，学习时间长、学习效果好的农村基层党员干部额外的奖金、礼品。以物质奖励作为直接激励，不仅激励优秀党员干部继续努力学习，同时也达到激励其他党员干部的作用。针对学习不认真、经常迟到早退、缺勤严重的农村基层党员干部，可以扣发绩效奖金予以惩戒，并把所得款项奖励给认真学习的党员干部。这种方式有利于形成人人学习、积极进取的学习氛围。二是有效发挥精神激励作用。坚持把精神关怀渗透进农村基层党员干部日常学习中，增强党员干部的归属感，在评先树优和晋职晋级中适当给予“学习者”一定的倾斜，从精神层面调动农村基层党员干部学习的积极性，最终实现农村基层党员干部不断学习、坚持学习、终身学习的目标。从物质奖励和精神激励两个方面不断提升农村基层党员干部的学习毅力，提高农村基层党组织的行政效率和治理水平，增强党员干部的工作成就感、认同感，坚定党员干部扎根农村、建设农村的信心和决心，进一步挖掘党员干部的潜力，为乡村振兴战略留住人才、培养人才、储备人才。

第三节　有助于激发农村基层党组织和党员干部在乡村振兴中的内生动力

一、有利于坚定党的政治信仰

历史反复证明，一个党如果出现问题，那首先是党内党员干部的理想信念、政治信仰出现了问题。而党员干部的政治信仰不是从来就有的，是在理论和实践的学习锻炼中逐步形成的。新时期，加强党的政治建设必须解决好党员干部信仰缺失的问题，必须不断用党的最新理论成果武装头脑，培植好精神家园；必须站稳人民立场，坚决执行党的政治路线，与党保持的思想上统一、步调上一致，以坚定的政治信仰投身于乡村振兴的伟大实践。

第一，促进党组织坚定马克思主义。近百年来的实践证明，科学的理论不仅指导着实践发展也是实践发展的强大精神动力。我们党之所以能够冲破各种阻碍、克服重重困难、跨越道道坎坷，完成近代以来各种看似不可完成的历史任务，带领人民走上救国、兴国、强国的正确道路，一个十分重要的原因就在于始终把马克思主义作为党的行动指南，以此来统一全党思想、统一全党意志、统一全党行动。理论武装必须紧跟理论创新的步伐，作为21世纪马克思主义和马克思主义中国化的最新理论成果，习近平新时代中国特色社会主义思想是在新的历史时期党和国家做好一切工作的根本指针，必须深入学习并不断发展。

坚持马克思主义理论指导必须首先解决党员干部在政治信仰、政治立场上的问题。面对党内一些党员干部这样那样的问题，说到底就是理想信念的缺失，得了精神上的软骨病，引起了政治、经济、思想、生活上的腐化以及世界观、人生观、价值观的崩塌。党员干部必须坚决摒弃不信马列信鬼神歪风邪气，坚决摆脱封建迷信和对西方的盲目崇拜，筑牢信仰之基，坚定“四个自信”，始终把共产主义远大理想和中国特色社会主义共同理想作为自身的价值追求和永恒目标。全党必须增强理论学习的自觉性，拓宽理论学习的广度、提高理论学习的高度、强化理论学习的深度，把学习习近平新时代中国特色社会主义思想和社会发展史、党史结合起来，深入思考这一思想的历史逻辑，并且把新时代党和国家事业发展实践结合起来，深入领会这一思想的实践逻辑，还要把理论的学习和现实的运用结合起来，做到学、思、用贯通，知、信、行统一。“学”是基础、是前提，“思”是要点、是保证，“用”是归宿、是目的。党员干部要深入学习并掌握习近平新时代中国特色社会主义思想的精神实质、价值追求、核心要义，深刻感悟这一思想的坚定信念和人民情怀，以“用”为落脚点，将这一思想与新时代新矛盾新问题紧密联系，坚持以问题和需求为导向，以实践和目标为指引，自觉地用习近平新时代中国特色社会主义思想解决党和国家事业面临的突出问题。构建基层党组织工作考核评价体系可以使领导干部以更高的标准和要求学习习近平新时代中国特色社会主义思想，以身作则、率先垂范，抓好本地区本部门的理论学习，努力把理论的掌握转化为强大的物质力量，并运用到为党和人民服务的实践中去，以更好地发挥理论对乡村振兴的指导作用。

第二，促进党组织坚持以人民为中心的政治立场。把人民群众放在首位，坚决站稳人民立场是中国共产党的根本立场，也是我们党作为马克思主义政党的必然要求。政治立场强调一个政党及其成员代表谁的利益，为谁服务，以及在政治生活中所持的态度，具有鲜明的阶级属性。中国共产党成立百年来，始终相信群众、依靠群众，始终以为人民服务为己任，坚定不移地维护人民利益，在不断满足人民群众需要和为人民谋幸福、谋福祉中发展了党和国家的事业，完成了各个历史时期所肩负的使命。人民群众是强党兴国的力量源泉，是党长期执政的坚强后盾。在新形势下，赢得民心民意，就要坚持以人民为中心的发展思想，牢记为人民服务的宗旨，坚定与人民群众同呼吸共命运的政治立场，想民众之所想，忧民众之所忧，把人民对美好生活的追求作为党组织的不竭动力。赢得民心民意必须解决好人民群众最关心的现实问题，在经济增长的同时实现居民劳动报酬的同步提高，完善收入分配体制机制，以最直接的方式实现发展成果人民共享、人民生活质量的进一步提高；进一步完善居民在教育、医疗、养老、住房、交通、就业等方面的问题，把人民群众的冷暖安危放在心上，落到实处，最大程度回应人民的期待，保证人民群众的安全感、幸福感、获得感。汇集民智民力必须尊重人民群众的主体地位，紧紧依靠群众，充分发动群众，调动人民群众的积极主动性。中华人民共和国成立前，我们党依靠人民群众建立了革命根据地、壮大人民力量打败了日本帝国主义；中华人民共和国成立后，我们党依靠群众拉开了农村改革序幕，引发了以建立社会主义市场经济体制为目标的体制改革和创新，走上了兴国、强国之路。构建基层党组织考核评价体系，可以从内心激励党员始终坚持以人民群众为中心，坚持人民主体地位，问计于民，求教于民，以人民为师，坚持由人民群众评判发展成效，团结带领人民共创乡村振兴的历史伟业。

二、有利于党员思想的务实性

第一，促进党组织注重政治纪律和规矩，保持政治定力。注重严明的政治纪律和遵守政治规矩是我们党的一个优良的传统，是党员干部队伍始终具有强大的凝聚力、战斗力，始终保持在大是大非面前的政治定力的保障。习近平同志指出："治理一个国家、一个社会，关键是要立规矩、讲规矩、守规矩。"① 新时代习近平党的政治建设思想一以贯之地注重党的政治纪律与规矩，并把它放在了党政治建设的关键位置上，这是以习近平同志为核心的党中央针对当前全面从严治党

① 2014 年 10 月 23 日，习近平在中共十八届四中全会第二次全体会议上的讲话.

的现状做出的科学论断，是我们党以问题为导向，脚踩实地提出的具有务实性的决策部署。首先，注重政治纪律与规矩是当前从严治党的现实需要。在革命战争年代，政治纪律与规矩是中国共产党人于艰苦卓绝、危机四伏的环境之下始终保持执行力和战斗力的根本所在。十八大以来，党和国家全面推进从严治党，然而在这种正风肃纪的高压态势之下，依然有人顶风违纪，为了谋一己私利，自行其是、阳奉阴违的有之；肆无忌惮、胡作非为的有之；口无遮拦，毫无顾忌的有之，全然没有一个共产党人起码应有的觉悟和规矩。“不矜细行，终累大德”，贪污腐败、违法乱纪不是一日就形成的，正是一次次的言行失当、失范、失节累计形成的，习近平总书记把政治纪律与规矩放在党的政治建设的关键位置上，不断宣示从严治党的坚定决心，适应了当前从严治党的现实需要，是具有务实性的决策部署。其次，注重政治纪律和规矩是保持政治定力的内生动力。对于党员干部来说，政治定力是一个包含诸多内涵的有机整体，主要是指党员干部能够坚定马克思主义信仰，在思想上政治上排除各种干扰，在各种政治风浪和考验面前始终稳如磐石、保持正确方向的能力。说到底，政治定力就是对一个党员最基本的政治要求，是党员干部修身立德的根本要求。因此，通过严明政治纪律与规矩，加强党员干部的党性修养、责任担当，方能帮助党员干部不为噪音所扰、不为歪风所惑，形成与纷繁复杂的形势相适应的强大政治定力。这些年，无论是中央八项规定还是整饬风纪的道道禁令，都是从对党员从政治纪律与规矩上提出的要求，实际上也是对领导干部政治定力的拷问。党员政治定力强，我们的事业就能不断迈向成功；党员政治定力弱，我们的事业就会滞涩不前。可见，习近平总书记在党的政治建设理论方面，继承了前人对于政治纪律和规矩的重视，强调要以政治纪律与规矩为党员干部增强政治定力提供内生动力。构建合理的党组织工作考核评价体系，紧紧围绕以习近平同志为核心的党中央，以实践为经验，提出具有务实性考核评价体系，适应了当前的从严治党的紧迫需要，在实际中具有一定的可操作性，有助于新时代党的战斗力的凝聚。

第二，促进党组织成员锻炼党性修养，增强服务水平。作为执政党，中国共产党人必须不断巩固政治信仰、提升政治品格，不断在学习和实践中锤炼党性修养，方能在思想上政治上行动上同党中央保持高度一致，切实提高党的执政本领和执政水平。正如习近平同志反复强调的：“党性是党员干部立身、立业、立言、立德的基石，必须在严格的党内生活锻炼中不断增强。”[①] 首先，锻炼党性修养是当前从严治党的客观要求。当前，国际国内形势发展变化迫切需要共产党人要以

① 2013年9月23日至25日，习近平在指导河北省委常委班子专题民主生活会上的讲话.

良好的政治修养来保持清醒的政治头脑和政治觉悟。一方面，经济全球化和利益多元化，客观上要求共产党人必须提高党性修养，坚定政治立场，否则就会随波逐流。今日之中国，早已与世界相互融合，各种社会思潮也随着国门的日益开放涌入中国社会，并开始对我们党的指导思想、价值观产生严重的威胁。另一方面，社会结构急剧转型和思想观念多元化，也在客观上要求共产党员必须提高党性修养，否则会人云亦云。锻炼党性修养，既有助于推进全面从严治党向纵深发展，又有助于党员个人成为“有共产主义觉悟的先锋战士”。其次，党性修养的加强为党的执政水平的加强提供内生动力。党性修养可以从多个方面增强共产党员的政治性，切实提高党员干部的政治觉悟，有助于党与人民同呼吸共命运，做党和人民满意的好干部，有助于不断增强宗旨意识，保持党的先进性和纯洁性，有助于不断增强党的执政能力，实现党所肩负的历史使命。再次，锻炼党性修养有助于应对风险挑战。共产党人，如果没有足够的党性修养，很容易滑入各种腐朽思想的深渊。由此可见，提高领导干部的党性修养，是有效应对各种风险挑战的关键之举。中国特色社会主义进入新时代，我们党领导人民进行伟大斗争、建设伟大工程、推进伟大事业、实现伟大梦想，需要各级领导干部增强政治担当。构建党组织考核评价体系，能够使各级党员同志在正确处理一个又一个问题的实践中，培养其高度的原则性和坚定的党性，这样才能适应全面从严治党的客观需要，才能在各种政治风浪中站稳脚跟，才能切实提高党的政治本领，巩固党的执政地位。

三、有利于净化党内政治生态

第一，可以严肃党内政治生活。严肃认真的党内政治生活一直是我们党的一贯作风和基本经验。历史证明，党内政治生活健康与否直接影响着党和人民事业的发展成败。新时期涵养党内政治生态、加强党的政治建设必须把严肃党内政治生活作为重要抓手。严肃党内政治生活是迫于新时代党情、国情、世情之需，是应对时代挑战、解决时代问题的必然之举。严肃党内政治生活首要是用好增强党内政治生活的“四性”这个“药方，”“四性”即政治性、时代性、原则性、战斗性，其中政治性为根本，是“灵魂。”在增强政治性方面，全党必须坚持和完善党的领导，维护党中央权威，始终不渝贯彻党的路线，在党言党，在党忧党，一切行动听党指挥。要不断用党的科学理论武装头脑，认真学习研读党的最新理论成果，把握精神实质，感悟核心要义，筑牢“四个自信”，树牢“四个意识”，不断提升自身的党性修养，以理论上的清醒促进政治上的坚定。每个时代有每个时代特有的问题，也有每个时代所特有的优势。增强党内政治生活的时代性，要以新时代党内主要问题为着力点，充分发挥大数据技术、信息技术和新媒体技术的优势，不断创新开展党内政治生活的方式、途径和内容，充分激发党员在政治生活中的积极性，发挥党员在政治生活中的主体作用，强化党员责任意识。党的干部必须坚持原则、认真负责。对领导班子来说，原则性是基本要求。严肃党内政治生活必须把增强原则性放在突出位置。没有了原则性的组织必然导致纪律涣散和战斗力的丧失，党内成员要牢牢把握政治原则、思想原则、组织原则、工作原则不动摇，并将其贯穿党内政治生活的全过程。增强党内政治生活的战斗性就是要敢于、勇于、善于同党内各种错误思想、错误行为做斗争，使党内政治生活成为激浊扬清的坚实政治堡垒。要把批评与自我批评作为提升党内政治生活战斗力的有力武器，防止出现“当面不讲，背后乱讲”的坏风气；要始终把政治纪律与政治规矩作为党内政治生活的基本规范。构建党组织工作考核评价体系，有利于在党的集中领导下，把民主集中制的优势发挥到党内政治生活的方方面面，调动党内的积极性、主动性、创造性，打造出生动活泼的政治局面。

第二，有助于优化党内政治文化。文化是一个国家的价值引领，是一个国家繁荣兴盛的精神支撑，是增强一个国家凝聚力的重要保证。对于一个政党来说，党内政治文化亦是如此，它是一个政党价值追求、政治修养、政治态度、政治理想在精神层面的反映。重视党内政治文化一直以来都是我们党的优良传统和管党治党的重要经验。作为马克思主义政党，我们党从成立之初就以马克思主义思想为武器来统一全党思想，凝聚全党共识。中国特色社会主义进入新时代，立足于新的历史背景，习近平总书记在十八届六中全会上首次明确提出了党内政治文化建设这一命题，全党对党内政治文化的认识上升到一个新的高度。加强党内政治文化建设对于在新时期推进党的政治建设，净化党内政治生态具有重要意义。党内政治文化的先进首先体现在党的指导思想的先进。近百年来，我们党始终坚持马克思主义理论指导，始终坚定马克思主义信仰，并在各个历史时期的实践中指导我们中华民族走向了独立、自由、解放，在中国特色社会主义事业中取得非凡成就。新时代加强党内政治文化建设要以新时代的马克思主义即习近平新时代中国特色社会主义思想作为指导，深入学习发展着的马克思主义理论，将理论成果的精神实质内化于心、外化于行，不断与时俱进。党内政治文化并不是无源之水、无根之木，它深深植根于中华优秀传统文化之中。作为中华民族世世代代薪火相传留下来的宝贵精神财富，中华优秀传统文化蕴含着丰富的治国齐家、安邦兴国的思想，为当今的治国理政提供了大量的经验与借鉴。优化党内政治文化要推进中华优秀传统文化创造性转化、创新性发展，把传统文化的优秀养分与党内存在的现实问题结合起来、与新兴科技手段结合起来，让传统文化在新的时代继续焕发新的生机活力，为党内政治生态提供丰厚的文化滋养。“红色”是党内政治文化的鲜明底色，在伟大的革命斗争中，中国共产党形成了我们党特有的红船精神、井冈山精神、长征精神、延安精神、西柏坡精神，彰显了英勇无畏、不怕牺牲、团结奋斗、甘于奉献、艰苦朴素、敢为人先等鲜明的革命品格。加强党内政治文化建设要以革命文化为源头，加强革命文化熏陶，提高全体党员的党性修养，始终不忘在鲜血中形成的革命初心。社会主义先进文化是继承与发展的结果，是改革与创新的结果，是植根于优良传统文化，立足于社会实际，广泛吸收有益国外文化而形成的具有中国特色的文化结晶。加强党内政治文化的建设要以社会主义先进文化为主体，以社会主义核心价值体系为价值追求，把二十四字内化为全党自觉的行为规范和行动标准，带动社会主义核心价值体系建设在全社会蔚然成风。此外，优化党内政治文化也要把旗帜鲜明反对党内庸俗腐朽文化作为关键一环。近年来，在西方各种思潮和社会主义市场经济的影响下，不少的“污泥浊水”严重影响了党内政治文化的“山清水秀。”为此，必须构建良性的党组织工作考核评价体系，破除党内存在的拉帮结派、钱权交易、“潜规则”、厚黑学等等腐朽文化带来的负面影响，严防西方没落价值观对党内政治文化环境的入侵，坚决铲除各种不良风气，始终把忠诚老实、光明坦荡、实事求是、艰苦奋斗、清正廉洁作为全体党员干部的价值追求。

四、有利于政治建设的科学性

第一，有利于将政治建设摆在首位，突出其根本性。将政治建设摆在首位，突出其根本性，是以习近平同志为核心的党中央通过对党的政治属性加以分析后做出的科学研判。政治属性是政党的第一位属性，它集中表现在党性上。作为马克思主义政党，中国共产党始终坚持以党的建设来维护和加强共产党人的党性。党的建设是多方面的，包括政治建设、思想建设、组织建设、作风建设、纪律建设和制度建设等内容。习近平同志在向党的十九大作报告时，鲜明提出“政治建设是党的根本性建设，决定党的建设的方向和效果。”[①] 这就把党的政治建设提升到了一个新的高度，抓住了党的建设布局的核心环节，是党对治党管党认识的规律的科学化提升，进一步深化了党的建设的内涵。首先，以习近平同志为核心的

① 2017 年 10 月 18 日，习近平在中国共产党第十九次全国代表大会上的报告.

党中央的这一科学研判，指明了党的政治建设在党的建设战略布局中的根本性地位，体现出了中国共产党人以马克思主义理论为指导，不断深化对政治规律的认识。马克思主义政党具有崇高政治理想、高尚政治追求、纯洁政治品质、严明政治纪律。如果马克思主义政党政治上的先进性丧失了，党的先进性和纯洁性就无从谈起。这就是我们把党的政治建设作为党的根本性建设的道理所在，表明了共产党人旗帜鲜明讲政治的责任担当。其次，以习近平同志为核心的党中央把党的政治建设放在首位，这反映了政党建设的内在要求，是新时代背景下的科学论断。在党的各方面建设中，党的政治建设是根源性建设，党的其他方面建设必须以它为基准、着眼点和落脚点。只有打好政治建设这个地基，把握好政治方向，党的其他方面建设才能稳固建立。做好党的政治建设，党的政权才能稳定，我们党才能始终走在时代的前列、成为人民的主心骨、成为中国特色社会主义事业的坚强领导核心。总之，将政治建设摆在首位，突出其根本性，是习近平总书记以党的十八大以来全面从严治党的经验总结为依据，以问题为导向提出的科学论断，适应了当前加强党的政治建设的迫切要求，是以习近平同志为代表的党中央对于党的政治建设认识规律的深化、在党建理论上做出的重大创新，证明了我们党在理论上朝着正确方向前进，沿着正确的社会主义轨道前进。基层党组织的政治建设需要有考核评价体系作为依据，将政治建设工作细化到具体实践当中，不断提升基层党组织政治建设水平。

第二，有利于新时代党的政治建设走向科学化。回望这百年的光辉历程，从带领人民革命到进行社会主义建设，从实现改革开放到如今我们离中国梦越来越近，正是由于中国共产党自诞生之日起，就始终坚持旗帜鲜明讲政治。虽然在党的十八大之前，我们党尚未明确提出党的政治建设这个概念，但是始终将讲政治贯穿于党的建设实践当中。以习近平同志为核心的党中央将政治建设从之前一直沿用的思想建设中分离出来，摆在了突出重要的位置上，反映了我们党对政治建设规律认识的不断深化，是新时代党的政治建设逐步走向科学化的显著标志。新时代以习近平主席为代表的党的政治建设思想的理论体系本身也在逐步科学化。随着全面从严治党的逐渐纵深化发展，党的政治建设的主线逐渐清晰、根基逐渐显现、目标逐渐明确。首先，新时代习近平党的政治建设思想中着重强调了政治纪律和政治规矩的关键性作用，生动地表达了政治生态对于党的政治建设的思想和文化基础作用，明晰了“加强党的长期执政能力建设、先进性和纯洁性建设”①的主线；其次，把坚定正确的政治方向放在党的政治建设的核心位置上，着重强

① 2017年10月18日，习近平在中国共产党第十九次全国代表大会上的报告.

调了党员要加强党性修养，昭示了“坚定理想信念宗旨”的根基；最后，将坚持和加强党对一切工作的领导作为根本原则，在谋划整体的同时推进重点，明确了“坚持和加强党的全面领导”的最终目标。可以看到，新时代以习近平主席为代表的党的政治建设思想主次分明、逻辑严明，既抓住了重点又左右兼顾，体现了其科学性和逻辑性，党的建设内容更加丰富、关系更加清晰、布局更加科学、体系更加完善，党的政治建设科学理论体系正在逐步形成，不断为新时代党的各项事业始终沿着正确的政治方向前进提供坚强保证。总之，我们可以清晰地看到，在新时代党的建设理论中，把政治建设从孤立的问题纳入党的建设总布局中，并着重强调它的重要性，这是有针对性的，是新时代形势下的科学论断。构建新时代党组织工作的考核评价体系，可以更科学地规划集成党组织的政治建设，紧跟新时代党的政治建设思想的科学化发展。

第五章 农村基层党组织工作质量评价指标体系现状分析

本章为农村基层党组织工作质量评价指标体系现状分析，共四节。第一节为当前农村基层党组织工作质量考核评价工作的基本状况，第二节为存在的基本新问题，第三节为低效的考核评价工作所带来的危害，第四节为农村基层党组织工作质量考核评价工作低效的原因。

第一节 当前农村基层党组织工作质量考核评价工作的基本状况

一、促进了基层协商民主建设

（一）协商理念开始普及

首先，逐渐实现由“权威型”党组织到“协商型”党组织的转变。村党组织由“权威型”的一元领导到“协商型”的社会多元参与的理念上的转变，本质上是执政思维的转变。通过考核评价体系，村党组织由原来的管理型和权威型逐渐转向协商型和服务型，由替民做主向由民做主的观念转变。使农村基层协商民主能够根据村民的意见和要求，满足村民的意愿，而不是替民做主。

其次，逐渐实现由“真协商”到“好协商”的转变。这是村党组织工作方法和工作态度的转变。协商的第一步就是把协商民主实践“做多”。关于多协商，习近平总书记指出：“我们要坚持有事多商量，遇事多商量，做事多商量，商量得越多越深入越好。”[①] 这里的“多协商”并不意味着不顾实际的乱协商，而是形

① 2014年9月21日，习近平在庆祝中国人民政治协商会议成立65周年大会上的讲话.

成优先通过协商来解决问题的工作方法。协商的最后一步就是要把协商民主实践“做好”。有学者指出“真协商”现在已经不再是主要问题了。作为一种新生的民主制度，协商民主需要有一个从“真协商”走向“好协商”的不断完善的过程。通过考核评价体系，农村基层遇到的实际难题有了引导方向，能够贯彻创新原则，对于那些利益难以调节的问题可以分类讨论、分层解决。

（二）协商能力有所提高

协商能力是保障协商实践活动顺利进行的重要支撑，是影响协商质量的重要因素。村党组织协商能力的高低直接影响到基层协商民主实践的发展进程。通过组织考核体系，首先，村党组织大体上具备了基本的协商能力，党员自身的协商能力和领导动员村民参与协商的能力都有所提高，村党组织自身的协商能力有所提高，村民对村党组织的协商能力也比较认同。在农村基层协商民主实践中，广大基层党员干部已经具备了基本的协商能力，他们通常情况下能够运用自己所掌握的协商知识，解决实际工作中所面临的问题。村党组织是农村基层协商民主中的一个重要的主体，承担着组织者、领导者和保障者的重要作用。因此，必须加强自身协商议事的能力。变“要我协商”到“我要协商”，同时又要做到不揽权、不推诿、不越位、不缺位，尽好自身职责，自觉主动就农村各项公共事务进行协商。其次，领导动员村民参与协商的组织号召力有所提高。动员既是一份自觉的行动，也是党组织能力的体现。基层群众自发形成的协商民主实践多数具有简单、随意、不稳定、不规范的现象，虽然体现出了协商民主的进步性因素，但是还存在混乱和无序的风险。因此，需要村党组织积极地加以引导和宣传，并为其提供强有力的组织保障。努力提高引导农村基层群众主动参与协商的意识，提升群众协商政治素养，营造浓厚的协商氛围，促进农村基层协商民主实践的健康稳定和可持续发展，这对村党组织领导动员村民参与协商的组织号召力提出了更高的要求。

（三）队伍建设有所改善

强大领导班子队伍有利于推进各项工作顺利有序进行，能够保障党的路线、方针、政策得到贯彻落实。推进农村基层协商民主建设，同样需要有一个坚强有力的基层党员领导班子。农村基层党员干部要充分发挥好先锋模范作用，以身作则，加强村党组织领导班子队伍，加强党员队伍建设。通过党组织考核评价体系，村民对村党组织的党员领导班子队伍表示满意。

首先，党组织作风建设有所强化。党组织领导干部要改进自身工作作风，推进党风廉政建设，落实政治责任。随着考核体系的完善，全面从严治党深入人心，农村基层党组织在基层协商及其他各方面的基层工作中，越来越多地按照党员干部身份和公共利益的要求去完善自身行为，既维护了党的形象，又使基层党组织的凝聚力和战斗力得到了提高。

其次，党员干部年龄结构有所优化。与中老年干部相比，年轻的党员干部在身体素质、知识文化水平、专业能力、业务素质、工作干劲上的优势比较明显，而中老年干部工作经验比年轻干部更丰富，驾驭全局的能力也更强。通过考核评价体系，可以发挥各年龄段的优势，充分利用好各年龄段的人才。随着国家实施的各项针对农村的人才扶持政策，如大学生村官，驻村第一书记等进驻农村，村党组织在人员构成上更趋合理。优秀人才深入基层，给农村工作增加了活力，助推了农村基层协商民主的建设和发展。

（四）协商制度初步建立

协商制度是保障，是有效推进协商民主向前推进的必要支撑。农村基层协商民主制度是适合我国农村发展实际的一项民主制度。通过基层考核评价体系，基层党组织已经初步建立起农村基层协商民主制度，并以国家政策和法律作为支撑和保障。

党的代表大会多次对基层协商民主进行了充分肯定，为农村基层协商民主制度的建立提供了政策支撑。党的十八大提出要“健全社会主义协商民主制度”，① 十八届三中全会强调要“开展形式多样的基层民主协商，推进基层协商制度化”。② 在《关于加强城乡社区协商的意见》中，将“制度健全”③ 作为总体目标的一个部分。这些为农村基层协商民主制度的建立提供了政策上的支撑。

此外，我国有多部法律法规中还涉及基层民主的内容，为农村基层协商民主制度建设提供了参考作用。如《中华人民共和国村民委员会组织法》《中国共产党农村基层组织工作条例》都有涉及基层民主的相关内容，这些法律法规也为农村基层协商民主制度提供了重要的法律基础。

① 2012年11月8日，胡锦涛在中国共产党第十八次全国代表大会上的报告.
② 2013年11月12日，中共中央关于全面深化改革若干重大问题的决定.
③ 2015年7月，中共中央办公厅、国务院办公厅印发《关于加强城乡社区协商的意见》.

二、提升了基层党组织组织力

突出基层党组织政治功能是党的政治建设进行到基层的一场革命，如果不认真对待，党的基层工作将难以正常开展，党的执政根基将会削弱，甚至可能影响整个中国特色社会主义事业的既定目标任务。从受困于市场经济的负面影响，基层党组织的政治功能出现弱化的趋势，难以在基层发挥强有力的领导，这一趋势不加以扭转，将会严重影响党的社会主义事业和大局稳定。强化基层党组织政治功能不仅是我们党在新时代主动破解基层困局的党建行为，也对当前基层党组织建设的走向具有重要方法论的意义，要聚焦提升党的政治领导力、思想引领力、群众组织力和社会号召力，来回应基层党组织政治功能的目标要求。

（一）党的政治领导力增强

党的政治领导力是党的领导力中最核心最要紧的部分，是确保党长期执政和永葆旺盛生命力的根本动力。基层党组织是基层社会的领导核心，是党实现政治领导全覆盖的关键和保证，有利于保持党的各方面步调一致。强化基层党组织政治功能要坚决守住政治领导这个根本，确保基层党组织政治属性不褪色，严厉抵制任何损害党的领导、弱化党的领导以及宣扬“去党化”与“非党化”的错误行径，不折不扣把党的政治领导力落实在推动基层改革发展上、体现在服务基层群众上。面对百年未遇之大变局和乡村振兴战略全局，强化基层党组织政治功能就是要旗帜鲜明讲政治，以做到“两个维护”的政治高度。党组织考核评价体系，可以不断完善基层党组织领导体制，改进基层社会领导方式，加强党的政治建设，切实防范重大政治风险，化解重大矛盾，确保党的预期奋斗目标平稳实现，不断提升党的政治领导力。

（二）党的思想引领力增强

思想引领力是党的主张在意识形态领域的具体体现，是带领全党全国各族人民共同团结奋斗的内在基础。实现基层党组织政治功能要用好思想武器这个掌中宝，围绕基层干事创业的大局，不断营造鼓舞人心、催人奋进的强烈氛围，让基层群众在基层党组织的强大宣传功能中保持正确前进方向，坚定听党话、跟党走的信心与决心。在继续扩大改革开放和社会主义市场经济深入发展的今天，在我国乡村振兴的道路上，我们的意识形态工作比以往任何时候都更加重要、更为紧迫。围绕巩固团结全党全国各族人民的共同思想基础，需要不断加强意识形态教育，以党的科学理论武装全党全国人民，不断在思想上信念上获得主动权。基层党组织考核评价体系可以牢牢把握住党的思想引领力这个基础，凸显中国特色社会主义的巨大优越性，不断凝聚团结一心的强大精神力量，切实担当各族基层群众的定盘星。

（三）党的群众组织力增强

群众组织力是衡量基层党组织政治功能的实践标准，也是基层党组织凝聚人心、服务大局的坚实力量来源。实现基层党组织政治功能要把准脉络，把着力点放在团结依靠人民群众上，整合基层各方面政治力量与人才资源，切实增强基层党组织组织力，不断为党的基层事业输血造血。人民是历史的创造者，中国特色社会主义事业的进行离不开广大人民群众的参与，中国共产党的初心使命根植于人民群众的迫切需求，因此要不断提升人民群众的获得感和参与度，全面增强党的群众组织力。基层党组织考核评价体系可以把各行各业的人民团结在服务中国特色社会主义乡村振兴的宏伟事业和中华民族伟大复兴的远大理想上来，不断为中国共产党带领中国人民前进提供根本保障和根本力量。

（四）党的社会号召力增强

社会号召力指的是将各个社会群体和各种社会力量，围绕着共同的价值理念、政治目标和社会愿景团结起来并付诸行动的能力。实现基层党组织政治功能要紧紧按住社会号召力这个按钮，不断激发基层活力，提高党的政治愿景吸引力。基层党组织考核评价体系可以统筹各方面资源，发挥各方面力量，在党的政治决议下功夫，有针对性地进行政治宣传与塑造，化有形为无形，不断提高社会心理预期，切实增强群众获得感。再好的社会理想和宏伟蓝图，没有行动落实终将化为泡影。基层党组织考核评价体系可以强化政治功能，使党组织工作在行动落实上下功夫，真抓苦干，努力增强党的社会号召力，同时还可以动员最广泛的社会力量，不断迈向新征程，夺取乡村振兴的新胜利。

三、增强了多元社会治理能力

（一）社会群众参与自治能力增强

考核评价体系使村民对基层党组织的信任度不断提高，不仅有效解决了群众的实际问题，发挥了党员的先锋模范作用，真正形成了基层党组织引领、党员带头示范、党员与群众齐心协力的社会治理新机制，还大大增强了党组织的群众组织和凝聚能力。

（二）社会组织参与治理能力增强

社会组织作为参与农村社会治理的一种新兴力量，它可以有效填补农村社会治理的空白地带。有利于扩宽农民利益表达的渠道，有效延伸公共服务的广度与深度，使农村村民参与社会治理、进行良性互动，对农村社会治理实现善治、社会主义和谐社会构建具有重要作用。中华人民共和国成立以来，社会组织经历了曲折的发展，党从约束限制民间组织的发展，到制定政策培育和鼓励支持各类公益性、专业性和村民自治组织的民间组织的壮大。对于社会组织的发展，党从严格管理到鼓励支持发展再到服务，展现了党对社会组织发展理念的转变和重视程度变化，也体现出了基层党组织引领社会组织参与社会治理能力的增强。党组织考核评价体系引领社会组织参与协同治理，提升了治理的效能和社会组织参与社会治理的能力，同时提升了党引领、指导农村社会组织发展、参与社会治理的能力。

四、提高了农村干部队伍水平

从严格意义上说，村干部算不上干部群体，同时在我们国家行政体系中，基层农村的村民委员会也不属于一级行政机构。但由于村干部所处的特殊位置，他们具有一定的社会资源支配权、管理权，使得村干部这一群体具有了干部的事实作用。正因为村干部身份的特殊性，这支队伍的建设工作显得尤为必要。第一，村干部虽然源自一线村民，但在广大农村地区，村民们都将村干部当作干部来对待，其一言一行大都代表着党和国家的形象；第二，村干部担负着极其重要的工作任务，他们是党和政府联系一线农民的桥梁和纽带，在农村各项工作中发挥着重要的作用。当前正处于乡村振兴发展的关键时期，加强村干部队伍建设具有极其重要的现实意义。

（一）村干部队伍整体素质提高

村党支部和村委会是党执政农村的基础，村干部则是村委会的组成人员，是贯彻落实党和政府各项方针政策的工作人员。随着农村体制改革的不断发展变化，村委会工作职能也发生了很大变化。村委会的号召力、凝聚力和战斗力在一定程度上受到影响，同时现今基层的工作理念也由向群众发布指令变为谋求群众的信赖，领导方式由实施管理变为完善服务，工作要求更是从完成上级工作任务变为做好群众服务工作。通过积极服务群众，从而进一步推进乡村振兴战略的发展，实现全面建成小康社会的目标。但有少数的村干部在新时代背景下发展新农村建设的思路不够，缺乏乡村振兴发展路子，使得部分群众对村干部的工作不认可。随着乡村振兴战略的深入发展，通过构建基层党组织考核评价体系，不断提高村干部的整体素质，从而筑牢党和政府在农村基层的执政能力。

（二）村干部队伍后备力量增强

俗话说：基础不牢，地动山摇。党的执政基础在农村基层，抓住基层一线，筑牢执政基层，是党谋划长远和可持续发展的根本之策。从现实情况来看，有不少的农村还属于经济发展滞后村，在乡村振兴战略的助力下仍起色不大，农村经济发展工作一直上不去；还有一些村受地理环境的影响，长期处于相对闭塞落后的局面，影响了农村经济社会的向前发展。村干部是党和政府与农民群众对接的一线工作人员，农民群众对党的直观印象来源于村干部，村干部直接代表着党的形象和威严。如果不抓好经济发展滞后村的提升工作，不推进乡村治理现代化，党在农村基层的执政基础将会受到打击和削弱，损害了党在农村基层的形象和威严，进而出现脱离群众的执政危机。经济发展滞后村产生的主要原因就是村“两委”干部政治意识、处理事务、团结协作等能力不足以胜任工作需要。因此，要化解党在农村基层的执政危机，必须加强农村基层党组织建设，提高农村党员和村干部致富带头的能力。基层党组织考核评价体系可以选优配强村“两委”干部，选拔和培养村后备力量，从而加强基层党组织战斗堡垒作用，提高村干部的凝聚力和战斗力，筑牢党在农村基层的执政基础。

（三）村干部队伍选拔水平提高

对党和政府而言，村一级政权是重要的组成部分。如果农村抓不好，支部建不强，那乡村振兴将会是一句空话。因此，村干部队伍建设就是村党支部以及村委会建设的核心。优秀的班子才能带出优秀的村，只有选优配强村“两委”干部，才能为农村的发展增添源动力。但是随着社会经济的不断发展，向钱看齐的现象越来越严重，导致农村人才流失问题愈加突出，农村大量青壮年劳动力纷纷外出务工，留在村内的多数是老弱病残，导致农村缺少后备干部；同时受宗族姓氏、村干部选举方式等因素的影响，一些有能力、有志向在村委会平台工作的人也难以发挥其作用。诸多因素的影响导致村干部的选人任人面临困境，甚至出现轮流坐庄等问题，形成“能人进不来，庸人下不去”的尴尬境地。村干部难选的问题影响了部分村委会的正常发展。基层党组织考核评价体系可以解放思想，突破传统思维，进一步优化选人任人方式，不拘一格降人才，以此来打破经济发展滞后村的困境，释放发展活力和机能，为实现乡村振兴的目标筑牢坚实基础。

第二节　存在的基本新问题

基层党组织评价体系构建是建立在全党最广泛的基础之上的根本性工程，除却主要组织和专门机构的努力之外，起到根本作用的仍然是广大党员和各级基层组织这些数量大、分布广的最基本单元，他们构成了党的一切建设和发展的最根本的动力来源和坚实基础，蕴藏着无尽的智慧和能量。因此，在一定程度上，广大党员和党组织的认识水平和贡献水平对于基层党组织评价体系构建会产生长远影响。但由于主客观条件的影响和制约，基层普遍对于这一课题还缺乏足够理解，有效政治资源和政治智慧的获取还存在困难，制约了基层党组织评价体系构建的持续推进和深入发展。

一、党员参与制度创新实践不够充分

党员主体理论认为党员不仅是党内生活的主体，也是党内权力的主体，必须要树立党员主体地位观念，尊重党员主体地位，党员主体是党的建设和发展的力量源泉。广大党员不仅是党事业的承担者和实践者，也是党建设主体和客体的统一。一定意义上，党员的素质和水平深刻反映着党的建设的水平和质量，反映着党的形象和发展状况。党员参与基层党组织评价体系建设实践，不仅能够使自身素质得到快速提高，而且也能为推进基层党组织评价体系建设发挥作用，特别是党员在活动中表现出来的主动性、能动性和创造性极具价值和意义。但是，由于党员群体规模十分庞大，虽然随着经济社会发展个体素质有所提高，但受到个体能力、地区地域、活动方式等因素的影响，他们之间的差异性比较明显，党内活动的政治参与水平和参与能力还有不足，潜在动能尚未得到充分释放，因此，广大党员参与基层党组织评价体系建设各项工作的水平还有待提升。

第一，角色认知存在偏差，主动性参与不足。每个人，包括党员，都在社会、组织、群体乃至家庭中担当着各种各样的角色，人总是按照自我意识到的角色来进行自己的行为，不同的角色意识会导致不同的行为。角色意识的强度也影响着行为的差异。党员意识是党内成员最重要的角色意识，党员的党员意识对于其履职尽责的行为实践会产生重要影响。一些党员对自我党员身份的认识存在偏差，

对党员权利和义务的理解不到位，存在教条化和僵化的倾向，认为党组织要求做的完成便可，没要求的便不必理睬，一些重要工作自然有人去做，也无须个人操心。特别是像关乎基层党组织评价体系建设这样宏大体系的工作，部分党员认为与自己不大相干，做好执行便可，至于构建什么、如何构建则无须个体过多考虑。从表现上看，有相当多的党员党性意识还比较薄弱，对自我与党的工作的认识度和关联度还不够高，其在“爱党、护党、忧党、为党”的层面上缺乏主动性和自觉性。这些问题导致党员在参与基层党组织评价体系建设中要么做选择，要么刻意规避。

第二，知识水平和能力有限，创造性参与不足。随着经济社会的快速发展，广大党员的整体素质和受教育水平已经较之过去有很大改观，绝大多数党员都能在本职工作岗位上发挥先进模范作用，也能努力为党的工作和事业努力付出。但在时代大发展背景下，一些党员和干部的知识水平并没有随之提高，在某些方面还停留在过去，对事物变化发展规律的把握能力不够，因而不能很好适应形势、把握机遇和推动事物发展。由于自身知识水平不高和能力不足，广大党员随之会产生本领恐慌之感，特别是一些领导干部要处理迫切性问题时常会感觉棘手和困难，导致解决问题时容易丧失信心和能动性，不敢甚至不愿意去做某项工作，这种现象在日常工作中较为常见。对于基层党组织评价体系构建而言，广大党员对新鲜课题和事物的理解程度有限，对标准高、要求严、逻辑性强的制度规范的制定和执行把握不足，因此，所进行的参与大多只能徘徊在低水平层面，而有效性、创见性的参与还有待提高，需要正确引导以激发内在活力和潜在智力。

第三，事务性因素影响较多，全程性参与不足。广大党员是“现实的人”，不仅具有政治身份，同时也兼具多重身份，甚或不得不从事纷繁复杂的社会活动，因此，各种事物之间既能产生联系，同时也不可避免地发生干扰。对于广大党员来说，党的活动、工作和任务必然是第一位的，必须按照各项制度、规定、规则、程序参与和落实，以保证党的各项事务能够有效推进，这是党内参与的基本规范和实践要求。但是，在实际操作中，由于影响党员参与活动的因素较多，加之许多活动无论是制度规定还是实践安排都具有较大的弹性和空间，党员个人的其他活动势必对党内参与的时间和精力造成限制。鼓励党员参与基层党组织评价体系构建，不得不面对党员个体的不确定性和不稳定性，理想状态下的全程参与和深度参与通常较难实现。

二、体系构建存在重形式轻实效现象

十八大以来，仍然存在一些党组织对基层党组织工作评价体系构建工作的重要性认识不足，看不到基层党组织工作评价体系构建工作对基层党组织工作的促进作用，片面地认为基层党组织工作评价体系构建工作是“虚”的，是“软任务”，制度建设是“实”的，是“硬任务”。一些基层党组织党员思想不严谨，党员学习教育不经常、批评与自我批评不到位，党建工作引领作用不强，使党组织呈现“松、散、软”的状态。

加强基层党组织工作评价体系构建的历程中，我们的基层党组织常常受制于已有的成就。基层党组织工作评价体系构建工作，经历了很多的风风雨雨，积累了很多宝贵的、有效的成功模式与经验，这些成果有的被整理出来，进行了推广。我们的一些基层党组织在感受到过去工作评价体系构建工作成就的益处之后，拘泥于这些成果，躺在功劳簿上吃老本，没有动力去继续积极主动参与建设活动。甚至导致基层党组织工作进行不善。还有的基层党组织，为了节约建设成本与控制花销，而不去主动进行积极地基层党组织工作评价体系构建活动，使基层党组织工作评价体系构建工作表面上轰轰烈烈，实际效果却差强人意。还有的基层党组织响应建设的号召，但却是为了走形式而进行建设活动，使得基层党组织工作评价体系构建工作偏重于形式主义，出现瘸腿现象，表面风风光光搞党建，实际建设人员都是在做样子。基层党组织的地位弱化，也导致无法发挥应有的作用。比如有的地方，为了达到应对上级党组织检查的目的，对旧的建设方案，撤换宣传口号，调换建设内容顺序；还有的基层党组织，在基层党组织工作评价体系构建工作的整个过程中虎头蛇尾，轰轰烈烈地喊出振奋人心的口号，过后又逐渐地走回了建设的老路子。以上种种都是部分基层党组织地位和作用“弱化”的表现。

一部分集成党组织存在党建工作与业务工作“两张皮”现象，片面地认为考核评价体系建设就是走走形式、写写笔记、看看材料、应付应付检查，直接导致考核评价体系建设与党组织工作发生脱节、冲突或者顾此失彼的瘸腿现象。有的基层党组织因其所处地区的独特性比较明显，其他地区基层党组织考核评价体系建设经验自身无法照搬与学习，导致评价体系建设比较传统，无法与新时代的要求同步。还有的少数民族聚集地区，这些地区的基层党组织考核评价体系建设尤其重要，甚至直接影响民族大团结与社会和谐。但是有的个别基层党组织，在进行基层党组织考核评价体系建设时，未能突出地区特点。还有的个别规模庞大、工作内容复杂的党组织，在基层党组织考核评价体系建设过程中，没有对党组织工作进行具体划分，没有考虑到党组织人员有年龄之分、岗位之分。在基层党组织考核评价体系建设过程中，要具体问题具体分析，有很多党龄比较长的党员，他们很多早早就加入了党组织，说明思想觉悟很高，针对他们的考核应该注重加强对具体工作的考核，保证思想与具体工作成绩的同步。

三、落后分子对制度建设形成阻滞

客观地讲，我们党成员中还存在着一些消极落后分子，给基层党组织工作评价体系构建工作带来许多不良影响，损害着党的肌体健康和正常秩序。不合格党员在党内一直是客观存在的，他们通常具有隐蔽性和欺骗性的特征。而且一个党员的党性，不是随着党龄增长和职务提升而自然提高的，不加强修养和锤炼，党性不仅不会提高，反而会降低，甚至可能会完全丧失。党的十八大以来，我们党不断发现和清除腐败分子，不断通报和查处违反党纪国法的党员干部，数量之多、危害之大都是前所未有的。而基层党组织工作评价体系构建，把基层党组织工作推向常态化、规范化、制度化，在一定意义上讲是党在政治上不断自我净化的过程，也是我们党勇于自我革命的过程。党的基层党组织工作评价体系构建力度愈强，党内消极落后分子就越没有生存空间。因此，他们会对党的基层党组织工作评价体系构建工作产生抵触乃至抵制的情绪和举措，就成为制约体系建设的一种反向制约力量。

第一，党内落后分子造成保守思想盛行。党内落后分子一般都表现出思想不够解放、观念保守、思维老套、不敢创新的特点，而且谙熟于已有的制度规则的运行方式和基本操作，并通过特定渠道和方式来获取便宜。因此，落后分子对于改革创新表现出天然的抗拒态度，并通过各种方式宣示现有成效，积极传递维持现状、改革有风险的思想观念，造成制度不可轻易废立和改革适可而止的思想氛围。党的十八大以来，在党中央提出并努力推进全面从严治党和加强党的政治建设的过程中，一些党员和干部畏首畏尾、消极怠工、浮于应付，不严格按照中央决策部署开展工作，并在所在单位和所属系统传递消极思想和制造怠惰情绪，形成了不作为、慢作为的工作思路和工作习惯。对于推进基层党组织工作评价体系构建工作来说，党内一定层面弥漫的这种消极保守的空气会影响很多人对这项重要任务和活动的认识，迟滞推进基层党组织工作评价体系构建工作的改革创新发展。

第二，党内落后分子消解制度的价值意义。意义是价值的体现，不仅是事物发展的引领，而且也是事物发展的动力。新的制度的建立和运用是基于事物发展规律和现实工作的需要，具有重要的理论意义和实践意义，构成了党积极推进各项制度建设和发展的缘由和动力。正确认识和把握基层党组织工作评价体系构建的意义，有助于推进基层党组织工作评价体系构建工作取得重大成效。对于这种意义和价值的理解，需要高度的政治智慧和政治觉悟。制度符合人的活动规律和价值需要，人对制度产生高度认同和自觉遵从，与制度的双向契合是实现共生共长的关键，任何一方面的不足势必会损害这种平衡和效度。构建基层党组织工作评价体系可以推进党政治建设制度化、规范化和长效化的发展，赋予党内各个组成部分的价值和意义。但是，党内落后分子无论在思想觉悟和政治视野都远远无法达到构建科学评价体系的水平。不仅如此，一些干部还发表与党中央重大原则性问题不一致的言论，试图创建以个人为中心的“纪律”和“规矩”，这些做法使制度沦为谋私的“工具”，不仅难以形成健康的制度认同，而且会因为个别不良取向损害整个制度体系的价值意义，曲解构建制度体系所做的各项工作和努力。

第三，党内落后分子损害制度执行效力。制度的生命力在于执行，有效的制度执行不仅能保证增强制度的权威，而且也能科学检验制度的效果和不足，为制度的进一步完善和发展提供实践经验。因此，制度执行关系着落实效果的问题，执行本身也具有构建的意义。基层党组织工作评价体系构建工作有多个子评价系统和评价要素组成，每一项评价要素的执行程度和效果反馈将有助于体现自我完善和体系的整体性构建。作为评价体系执行主体，那些能力高、素质好、认真负责、纪律严明的积极分子，会以积极的态度，坚持不懈、不遗余力地促进评价体系的执行和落实。而那些纪律涣散、不认真负责的落后分子，有可能由于缺乏执行意愿和执行能力而不愿、不会甚至拖延评价体系的落实和实施，导致评价体系执行力水平低下，妨碍基层党组织工作评价体系效力的发挥和体系目标的实现。

四、基层党建制度的衔接缺乏科学性

乡村振兴背景下，农村基层党建制度初步形成了以党要管党为主要内容的政治制度，以党的群众路线教育实践活动和党员干部教育为主要内容的思想制度，以基层党组织体系建设、党管人才为内容的组织制度，以党风廉政建设为主要内容的作风制度以及以防腐败机制建设为主要内容的纪律制度。在农村基层党组织考核评价体系中，各项制度的联系是紧密而难以割裂的，由于农村基层党组织考核评价体系建设进程的加快推进，极易出现相关制度配套衔接不科学的问题，包括新旧制度更迭产生的矛盾、现有制度体系割裂产生的问题。

第一，部分农村基层党组织考核评价体系的可操作性不足。就目前大多数村基层党组织考核评价体系建设而言，制度制定的主体是省委或市委，县乡村级制定的实施意见及规范仍然停留在照搬照抄，部分地区存在类似口号、宣言形式化的现象，导致主体不清、界限不明、针对性差的问题。因此结合当前的问题分析新时代背景下农村基层党组织考核评价体系建设可操作性不足的原因。首先，体系制定缺乏风险预见。当前党的建设要求不断提升，导致制度制定中内容细化程度不高，对于现有问题的分析与突发事件的预见性不强，导致制度性安排的科学性不高。大多数农村老弱病残党员比例高，青壮年党员外出打工，加之信息传播渠道单一，使得党员大会的信息往往被忽略。当彼此的需求和目标差异处于可容忍范围时，沟通干涉处于隐形状态，这就导致农村基层党组织内部的隐患难以暴露出来，对风险及危害性的突发事件未能及时出台政策制止。其次，评价体系缺乏情景描述。农村基层党组织考核评价体系建设具有一定的复杂性，大多为原则性语句，描述笼统，不易操作，另外基层党组织考核评价体系内容雷同，相互抄袭而非借鉴的情况时有发生。再次，评价体系建设执行的主体权责尚不明确。当前村级工作的担子越来越重，主体权责不明确导致村党组织的被动局面，在大发展、乡村振兴的新形势下难以汇聚支委智慧，形成合力，降低了评价体系的可操作性，缩窄了发展渠道。

第二，部分农村基层党组织考核评价体系执行监督不力。民主监督作为村民自治中的重要一环贯穿于民主管理、民主选举、民主决策之中，有效维护了村民利益。首先，农村党员干部违规违纪成本较低。基层是腐败问题滋生的温床，一是农村党员干部中违纪行为“无本万利”，特别是近年来集体经济蓬勃兴起，通过一些手段即可获取不小的收益。二是舆论压力小，农村党员干部往往形成利益团体，组织内部缺乏自查自省，群众敢怒不敢言，上级领导因需要党员干部推进农村基层党组织建设，往往“睁一只眼闭一只眼”。三是追究责任轻，出现问题时，农村党员干部往往只有轻微的党纪处分，不会影响个人“前途”。此外有部分村干部为减少麻烦直接让村监会主任参与管理，与村干部形成利益共同体。权力庇护关系的存在给村监会施加压力，使得村监会很难以正确的渠道处理违规人员，不少地区村监会主任一职由村支书兼任，甚至不设置这一职务，严重违反了村务监督委员会这一制度设置的初衷。由于缺乏有效有力的惩戒措施，村监会缺乏强有力的处置权力，需要层层上报，错过惩处的最佳时机，加之惩戒力度不足，导致党员干部对于村务监督、制度规范“无所顾忌”，屡错屡犯。其次，事前事中监督机制有待健全。就新时代背景下党组织领导的村级监督机制发展状况而言，主要是以事后的监督为主，缺乏对重大项目事前风险的预测与事中运行的监控，事前事中的监督机制有待健全。村务监督委员存在“有建设无建立”的问题，对于重大事项的监督只是结果出来后“走过场”，工作例会制度、台账制度等不完善，缺乏工作的方式方法，往往出现越位监督、随意监督、监督乏力等问题，村务监督委员会的履职报告、学习培训、责任追究等方面制度仍需进一步健全。

五、体系构建基础工作推进存在短板

党的基层组织是汇集和凝聚党的力量的重要基础，是党的肌体的“神经末梢”，是推进基层党组织工作评价体系构建的有力保证。虽然，基层党组织工作评价体系重在落实，但是涉及政治属性内容的制度规定问题亦是基层党组织工作评价体系的工作和任务。基层党组织工作评价体系构建中存在理论与实践联系不够紧密的问题，使现实制度操作偏向于机械执行而缺少对制度的理解，不善于总结经验和教训，不善于发现问题和解决问题，因而党的建设的活力、动力和创造力相对匮乏。

第一，基层党组织政治功能弱化的问题。基层党组织政治功能的强弱直接关系到我们党在基层的作用和影响，关系到党的根基和命脉。绝大多数基层党组织的政治功能较强，但是在一些方面也有不足的表现。例如，部分基层党组织负责人摆不正位置，存在“不干不够意思，多少干点意思意思”的错误思想，存在“不占用党员太多时间和精力，不给中心工作添乱”的错误思想，对于抓党建促进中心工作，认识上含糊不清，措施上缺乏创新，效果上成绩平平。有的党组织很少在党内生活中组织党员汇报思想，组织监督和批评、自我批评不够，党内政治生活空洞化。部分党员满足于“独善其身”，先锋模范作用发挥不足，面对错误言行和坏人坏事不敢旗帜鲜明地站出来勇敢斗争。

第二，基层党组织工作评价体系构建工作存在形式主义和官僚主义的倾向。基层党组织工作评价体系建设是基层组织强化堡垒作用的关键所在。但是在一些方面，基层党组织工作评价体系构建工作存在明显不足，偏离了组织规定的活动方式和所要达到的水平。例如，一些基层党组织的“三会一课”制度不能按时有效开展，党员管理教育重形式轻内容，接受高层次培训机会少，党员相互监督难度大，党务工作部门配角化，等等。一些基层党组织负责人行政兼职多，对基层党组织工作评价体系构建工作抓落实少，个人工作选择性、随意性较大。这些问题和现象是基层党组织工作评价体系构建工作的难点痛点，造成了基层党组织工作评价体系建设质量不高、效率低下，与党加强基层政治建设的相关制度规定相去甚远，不利于制度的贯彻和实施。

第三，基层党组织工作评价体系创新呈现“碎片化”的现象。基层党建工作和基层业务工作是基层组织工作的两大主要内容，二者相辅相成、缺一不可，而且基层党建创新不仅是增强基层组织活力的重要方式，也是推进党的各项建设不断发展的动力来源和落地生根的重要体现。从整体看，全国各地基层党组织工作评价体系建设创新涌现出来一大批优秀典型和先进案例，但基层党组织工作评价体系建设工作创新中还存在一些问题，如创新浮在表面，零碎而不系统，“面子工作多、里子工作少”。有些只重视抓典型，不注重抓整体，制度创新实践的协同性效果较弱。有些口号喊得响、工作无实效。有的片面追求标新立异，提法不准确，甚至还有明显错误。有的只搞体内循环、自娱自乐，广大党员认可度不高、参与率不高，工作覆盖面和影响力不大。总体上看，基层党组织工作评价体系建设创新工作抓得不够深入、不够扎实。

第三节　低效的考核评价工作所带来的危害

一、基层党组织的功能降低

（一）基层党组织政治功能发挥不充分

深入实施乡村振兴战略，必须要大力加强农村基层党组织的政治建设以增强政治领导力，这是农村基层党组织性质和宗旨的根本要求，是以强有力的政治引领推动乡村全面振兴的题中之义和内在诉求。然而基层党组织考核评价体系的低效，导致当前部分农村基层党组织的政治功能发挥不充分。

第一，部分农村基层党组织政治生活简单化、随意化。基层党组织考核评价体系低效导致部分农村基层党组织不能及时主动组织活动，“三会一课”落实不到位，虚化党内政治生活。具体组织开展政治生活时，形式粗放单调，内容枯燥乏味，部分农村基层党组织习惯以组织开会的形式读文件、看视频，照本宣科，简单传达上级讲话精神，没有让党内政治生活这个熔炉真正“热”起来。还有一些党员长期在外务工，游离于党组织之外，基本上无暇参与党内政治生活，甚至存在不服从组织安排、以各种事由拒不参加政治生活的现象，这些都对基层党组织领导乡村振兴的实施产生了不利影响。

第二，少数农村党员理想信念不够坚定。农村基层党组织的政治建设需要农村党员的积极参与。由于基层党组织考核评价体系低效导致部分农村党员专注于农业生产和发展经济，认为理想信念是形而上的东西，对政治理论不学、不懂、不信、不用，出现理想渺茫、信仰动摇的问题。具体表现为少数农村党员思想道德素质较低，群众意识淡薄，组织纪律松弛，对乡村振兴未来的实施发展感到迷茫，在乡村振兴工作中担当和责任意识不足，在个人或家族利益面前结团抱伙，在大是大非面前立场不够坚定。例如，当前某些农村地区宗教活动盛行，甚至出现非法宗教在乡村无序化发展的现象。很大一部分原因是因为农村党员自身理想信念缺失、理论功底薄弱，在面对各种歪风邪气时不敢对群众进行“理直气壮”的教育引导，造成部分农村主流意识形态阵地“沦陷”。

第三，部分农村基层党组织的凝聚动员力不足。基层党组织考核评价体系低效导致部分农村基层党组织政治凝聚力较低，有组织没力量，呈现出“说话群众不听，办事群众不跟”的现象，以致难以实现政治整合。一方面，乡村振兴战略实施过程中，国家向乡村输入了大量的资源，目的是让农民群众切切实实享受到乡村振兴带来的红利。但少数党员干部在资源配置上具有“偏向性”，在政策执行上具有“逐利性”，甚至与民争利，在惠农补贴、低保分发、房屋拆迁等方面挤压农民群众的利益空间。由于农村群众法治意识淡薄，在表达自身利益诉求时往往容易产生过激的行为，使党群干群关系紧张，降低了党和政府的公信力。另一方面，有的农村存在人情复杂、宗族势力交错的情况，加之一些农民群众受教育程度低，小农意识严重，只顾眼前利益。在落实乡村振兴相关政策时，部分党员干部怕得罪人、怕丢面子，往往不敢承担自身的政治责任，缺乏政治担当。因此，在开展乡村振兴的具体事务中，农村基层党组织不能最大限度凝聚起群众参与乡村振兴建设的共识，无法实现集中力量办大事的目标。各类资源也就无法实现最优化的配置，影响着农村基层党组织政治整合功能的发挥。

（二）基层党组织先锋带头作用不够

实施乡村振兴战略，是以习近平同志为核心的党中央着眼党和国家事业全局，切合农村发展现实而作出的重大决策部署。把乡村振兴战略的要求进行细化分解后可以看到，乡村振兴的主体是人，人才是其重要的资源。村看村、户看户，群众看干部。农村基层党员干部直接与群众打交道、面对面与群众交流，他们的思想行为代表着我们党和政府的形象。然而在农村实际工作中，由于基层党组织考核评价体系低效导致党组织中的党员先锋模范作用还没有充分发挥出来。

第一，基层党组织考核评价体系低效导致部分农村的党员队伍结构不合理。当前农村党员队伍老龄化问题较为普遍，当前，部分村的党支部书记年龄较大，虽然在村内威望高，有着丰富的管理经验，但或多或少存在思想固化的问题，思想观念很难适应当今时代的发展要求。体现在乡村振兴工作具体实施过程中闯劲干劲不足，在集体经济发展上踌躇不前，处理乡村社会发展中遇到的新问题新情况往往是“心有余而力不足”，难以充分发挥出引领示范作用。党员是农村基层党组织领导实现乡村振兴的中坚力量，只有积极地投身到振兴乡村发展大局中，主动作为、身先士卒，发挥模范带头作用，才能使乡村发展再上新台阶。

第二，部分农村党员干部作风有待提高。基层党组织考核评价体系低效导致部分党员纪律意识不强，组织意识淡薄，不履行党员义务，不及时学习提升自身能力，缺乏分析解决问题的能力，不能将党对振兴乡村的政策结合当地实际落实到位，未能及时注意到乡村振兴战略实施过程中农民群众的生产生活诉求。只顾虚功，不重实际，作风不够扎实，带头作用不明显。

第三，选人用人机制有待完善。乡村振兴，关键在党、关键在人。支部强不强，关键看班长，农村党支部书记是农村基层党组织的领路人，对于乡村的发展至关重要。但从实际情况来看，基层党组织考核评价体系低效导致选优配强“领头雁”的难度加大。在进行党支部书记选举时往往以家族利益和邻里关系为遵循，推选出来的支部书记不能很好地发挥带头作用。有些真正有致富能力的人才跟着市场走，并不愿意作为“领头雁”参与村内的公共事务管理，出现“好汉子不愿干，懒汉子干不成”的现象，逐步弱化了带头人的作用。

二、干部队伍综合水平不高

（一）干部队伍思想意识不高

第一，缺乏提升政治理论水平的意识。由于基层党组织考核评价体系低效导致村“两委”干部平时不主动加强对理论知识的学习，对上级组织的培训学习积极性也不高，使其流于形式，不能深刻领会到国家新的方针政策的内涵，造成政策贯彻落实不到位，政治素质低下。由于村干部自身学历水平和年龄的局限，存在思想上滞后的问题。同时，村干部自主学习的能力有待提高，很少会去主动学习国家的政策方针。一些村级干部认为完成上级布置的工作任务就可以了，平时很少会自觉主动地学习。理论知识掌握得较少，思想觉悟不够高，观念还停滞不前，不主动接受新的思想和新的方式，甚至有些村级干部对新的理论并不清楚。村级干部队伍内生动力不足，难以适应新时代发展的需要。由于基层党组织考核评价体系低效导致村级干部不能主动转变思想，主动更新自己的知识，这在很大程度上影响到乡村振兴战略的实施。此外，部分村“两委”干部党性修养不够。平时缺乏锤炼个人党性修养的自觉性，加上农村宗族势力的影响，导致个别村级干部做事武断、霸道，只考虑自己的地位、权威和利益。

第二，缺乏开拓进取的意识。由于基层党组织考核评价体系低效导致村“两委”干部往往畏手畏脚，人云亦云，在带领群众致富上缺乏好的思路和做法，不能很好地推动农村各项工作的开展，致使很多村集体经济薄弱，缺少行之有效的产业规划。

（二）干部队伍胜任力不强

第一，乡村治理的能力不足。与以往相比，农村环境更加的复杂，这就需要村级干部具有较强的治理能力。由于基层党组织考核评价体系低效导致村党组织大多依赖镇党委领导干部的管理，在主动乡村治理上力度不够。在基层党建、大气污染防治、意识形态等工作上主动治理性差，大多时候是由分包村的镇直领导反复督促，工作才能推进，经常造成“推就动，不推不动”的不良现象。此外，大部分村级干部缺乏信息化技能。目前是互联网信息化的时代，许多工作都需要村级干部通过电脑进行上报，但是由于他们大多数不会使用电脑或使用电脑不熟练，导致工作推动较难、较慢。

第二，自主创新的能力不够。创新是指在原有的基础上打破常规，推陈出新，顺应新时代社会的发展要求。村级干部应该多学习上级政策，多学习其他村好的发展模式，根据自己村的实际状况，制定适合本村的发展布局，不拘泥于形式。要具有长远的规划敢于创新，做别人未做的事，开拓新的发展局面。由于基层党组织考核评价体系低效导致部分村“两委”干部缺乏创新意识，因循守旧，习惯运用旧思维工作，不敢于突破。

第三，统筹规划的能力不强。农村的工作通常都是“上面千条线，下面一根针”，造成上级的很多工作都压到了基层，需要村“两委”干部进行贯彻与落实。村内的干部职数较少，一般为 3 到 7 个，工作的人数比较少。但很多情况下，村级干部要同时负责多项工作，比如基层党建、扶贫、环保、农业、工业、厕所革命等工作。所以，繁重复杂的工作就要求村“两委”干部要具有很强的统筹规划能力，协调并完成好上级布置的各项工作任务，落实好上级的各项方针政策，以适应新时代对村级干部的要求。但是，由于基层党组织考核评价体系低效导致村内工作的协调统筹推进依然是许多村级党员干部比较容易忽视的一个问题。一是重个人能力的发挥，而忽视相互之间的协调与配合。在村内还不同程度存在着“能力强的多干活、能力差的少干活、没能力的不干活”的问题，所以往往会出现一个村的各项工作每次都是由相同的人完成的情况。二是在全局意识上还有所欠缺，工作上缺乏计划性和统筹规划性，就无法有条理地工作。三是不能统筹协调各方面的资源，往往是等字当头，不主动去挖掘各方面的资源，也不注重积极地去协调，在各种项目“僧多粥少”的情况下，更显得拙于应对。

（三）干部队伍工作作风不实

第一，宗旨意识差。由于基层党组织考核评价体系低效，部分村干部在日常工作中不作为、慢作为，缺乏敢于担当的意识，不能很好地为群众提供服务，不能认真贯彻落实上级镇党委、政府政策，同时对政策理解不够充分。此外，还一定程度上存在“守摊”的思想，等靠要的思想严重，在工作上过度依赖于镇党委、政府以及包村干部，不主动谋出路、谋发展，在执行乡村振兴战略政策上不够积极。

第二，部分干部缺乏民主作风。实行村书记、村主任“一肩挑”，村“两委”交叉任职，在一定程度上有利于巩固党在农村治理中的领导地位，在工作实践中减少了村“两委”干部的矛盾。同时，在很大程度上提高了工作的运行效率。但是，由于基层党组织考核评价体系低效导致这种方式可能会出现村级各项事务不公开，独断专行，“家长制”决断现象的发生。

第三，时有违法违纪现象的发生。村“两委”干部是由村内的党员、村民们通过民主的选举方式选举产生的。作为村民们选举产生的村级干部，更应该为村民谋福利、谋福祉，发挥领头标兵作用，带领村民共同发家致富。但是，在实际的工作中，由于基层党组织考核评价体系低效导致少数村级干部作风存在问题，经不住诱惑，利用村民的信任，强占村集体财产，据为己有，触动法律红线，做出违反法律犯罪的事情。

三、党内政治生态不够纯净

农村基层党内政治生态，是农村基层党内政治文化、农村基层党内政治生活等要素相互作用的结果，集中反映着农村党员的党性修养和农村基层干部的政治行为。全面从严治党以来，农村基层党组织建设取得了显著成效，但是，由于基层党组织考核评价体系低效导致部分地区或者个别单位党内政治生态问题较为突出。

（一）党内政治生活不够规范

严肃规范农村基层党组织党内政治生活是新时代全面从严治党向基层延伸的重要抓手，也是加强农村基层党组织政治建设的重要内容。党的十八大以来，党内政治生活状况有所改善，但由于基层党组织考核评价体系低效导致了新矛盾和新问题的出现。如有的部分农村基层党组织党内政治生活存在随意化和形式化问题；有的农村基层党组织不按时或缺少开展组织生活；有的农村基层党组织党内政治生活只是停留在政治学习表面，不结合实际问题进行深入讨论，组织生活开展的质量不高。基于农村地区“熟人社会”情况，在开展批评与自我批评时碍于情面，自我批评蜻蜓点水，批评他人变成只说优点不提建议，批评没有针对性、实质性、实效性，导致党内政治生活变了味、走了样。

（二）党内政治文化不健康

党内政治文化是党员政治价值观的集中体现，潜移默化地影响着党内政治生态。由于基层党组织考核评价体系低效导致个别农村基层党组织党内政治文化不健康，主要表现为党内“四风”（形式主义、官僚主义、享乐主义、奢靡之风）问题依然突出。有的党员干部信奉“有关系走遍天下”，热衷于找靠山、拉山头、织“关系网”，形成山头主义和圈子文化等政治品质问题。有的党员干部表里不一，对待上级领导的巡查只报喜不报忧，对待农民群众的质问只敷衍不办实，严重污浊了党内政治生态。

（三）党内监督乏力

加强党内政治生态建设，就要遵守党内法规和执行党内监督条例，把权力关在制度的笼子里。在党和政府加大农村和农业投入力度的背景下，农村基层党组织有更多机会接触资源下乡项目，一些政治立场不坚定、宗旨意识淡薄的党员干部容易受到物质诱惑，成为“权力异化者”，出现“微腐败”“蝇贪”现象。由于农村党员干部数量庞大、农村专职监督工作人员较少且任务重、乡镇同级监督效果不佳等原因，基层权力运行在不同程度上存在监督空白，加之基层党组织考核评价体系低效，最终导致党的健康肌体被腐蚀、党内政治生态受污染、党在农村社会的形象被破坏。

四、党内激励关怀帮扶效果不佳

（一）党内激励关怀帮扶的意识不强

思想认识直接决定了工作的成效，目前，由于基层党组织考核评价体系低效，多数基层党组织对党内激励关怀帮扶工作的重视度低，党内激励、关怀帮扶的意识缺失。

第一，部分基层党组织对党内激励关怀帮扶工作认识不到位，重视度不高。党员个体的需求各有不同，但是，基层党组织考核评价体系低效会导致基层党组织漠视党员需求的差异性和合理性，缺乏对党内激励的认识。

第二，部分基层党组织对党内关怀帮扶的认知存在偏移，认为党员理所应当多奉献、多为他人着想，而自身不需要人文关怀，党员自身的社会需求被忽略。党内关怀帮扶的逻辑起点是“人”，但基层党组织考核评价体系低效导致基层党组织对党员的工作“重要求，轻关怀”，疏忽了党员的需求与感受，严重消耗了党员的工作热情，甚至会影响到党内的政治生态。总的来说，基层党组织考核评价体系低效导致党内激励关怀帮扶工作无法成为一个系统性的工作，无法提高基层党组织战斗力，难以激发每个党员个体的办事热情和责任感。

（二）党内激励关怀帮扶力度不够

第一，基层党组织考核评价体系低效导致党内激励和党内关怀帮扶工作分散、粗糙，既没有系统的工作方法，也没有面对具体问题时采取有针对性的做法，执行的主观性与随便性比较强，激励和关怀帮扶的错位、失位，从而使得效果大打折扣，容易引发党员在工作中消极懈怠态度的产生。

第二，执行党内激励关怀帮扶时，由于基层党组织考核评价体系低效，导致手段与激励关怀帮扶的对象不适配，激励关怀帮扶的范围不得当等等问题。这要求基层党组织必须依据考核评价体系建构一套完善的党内激励关怀帮扶机制，才能有效地提升工作的科学性，保证这项工作能够有效、规范的执行。

第三，党内激励、党内关怀帮扶工作的时效性差，无法达到最优激励效果。基层党组织考核评价体系低效导致党组织对党员的需求变化了解不及时，也会导致成效不够显著。党员的需求是动态的，也是在不断变化的。基层党组织把对基层党员的激励关怀帮扶视为不重要的工作，将其推后完成。但是，要扩大和巩固党的执政基础，就必须重视党组织和党员之间的关系，尊重党员的主体地位，这样才能保持基层党组织的战斗力。

第四，缺失配套制度。基层党组织考核评价体系低效导致基层党组织缺乏一套党内激励关怀帮扶、监督、教育的相互链接、相辅相成的机制。不同地域的基层党组织都或多或少地存在党内激励关怀帮扶机制的缺失，组织内部上级与下级党员的沟通与评价的缺乏，这些都会严重影响到党内激励关怀帮扶的执行力。在进行党内激励关怀帮扶工作的时候，部分基层党组织流于党内帮扶的形式，帮扶的效果大打折扣。

（三）党内激励关怀帮扶不够精准

由于基层党组织考核评价体系低效导致基层党组织普遍存在党内激励、党内关怀帮扶的运用不够精准的问题。这是由于党内激励关怀帮扶缺乏制度的构建与系统的设计，在执行的过程中就会减少客观性与准确度，影响了党内激励和党内关怀帮扶的效果，对党员队伍建设未起到良好的作用。基层党组织考核评价体系的低效导致部分基层党组织党内激励和党内关怀帮扶的方式单一，缺乏创新性。事实上，针对不同党员的党内关怀帮扶工作理应是多样化的，而目前一些基层党组织开展党内激励、党内关怀帮扶工作缺乏系统的、多样化的策略。党内激励和党内关怀帮扶是必须重视起来的常态化的服务建设，一旦对于困难党员的关心程度不够会导致这部分党员对党组织丢失依赖感，间接丢失了党员的责任意识，久而久之影响党组织的建设与发展。

第四节　农村基层党组织工作质量考核评价工作低效的原因

一、农村传统价值观念的负面影响

传统乡村社会“是一个熟悉的社会，没有陌生人的社会”，村民聚村而居、联系紧密，相互信任。在这种熟悉的空间里，乡村传统价值观念或多或少地影响着农村基层党组织考核评价体系建设和乡村振兴的开展。

（一）基层党组织的权威淡化

中国传统文化中一些糟粕在农村依然根深蒂固，具体来说就是“小农思想”，其对我国乡村的社会和政治文化仍起着突出影响作用。农村浓厚的家族观念、孝悌观念、尊祖先重传统的观念、讲究人际关系和谐的观念，导致很多事务的处理都是依据关系、面子、血缘而轻视制度、程序、规则。尽管有党纪国法的约束，部分农村党员干部身处在这样的社会环境中也会失去对规章制度敬畏之心，为照顾熟人而“踩雷”“越界”“打擦边球”，在组织内部拉帮结伙，搞“一言堂”，在低保评选、种植补贴等利益分配时，优先分配给本家族的人，没有真正将民主集中制落到实处，造成宗派主义、官僚主义、特权思想在某些农村依然存在。久而久之基层党组织的权威性逐渐被淡化，并且还会导致乡村振兴实施过程中面临既得利益的阻力。

（二）农村传统价值观念保守

农村传统价值观念的保守性，在一定程度上妨碍乡村振兴战略的实施。随着新时代新的生活理念和生活方式注入农村，引发了乡村原有秩序的混乱，而几千年来处于静态中的农民来不及适应新变化，只能以保守的方式保护自身利益不受损害，具体表现为具有浓厚的自我中心意识和宗族圈子意识，对于没有血缘、地缘的人和事往往持有怀疑甚至敌视态度，导致部分农村党员干部存在不愿发展、抵制变革的思想，使得农村基层党组织考核评价体系建设和乡村振兴实施面临一些思想阻力。

（三）政治参与的积极性较低

部分村民对于乡村振兴等农村相关变革举措不关心、不配合、不表态，政治冷漠与政治参与并存，即便参与也是多从自身的利益出发。所以，出于利益的驱动，在一些经济发达地区村民的政治参与率就要比一些贫困地区的村民政治参与率高，参与能力也强，能很好地行使国家赋予他们的权力，乡村振兴也就推进得比较好。这是因为农民政治参与和乡村振兴有着密切内在关联。主要体现在以下几个方面：一是与乡村经济发展的关联。乡村振兴总要求中的“产业兴旺”是对乡村经济产业发展的要求。农民是振兴乡村、发展产业过程中“活”的生产要素。政治是经济的集中表现，农民的政治参与度也关乎着乡村经济的发展表现，通过政治参与可以充分调动农民的生产积极性、可以为乡村产业兴旺争取资金技术等资源，助推乡村经济发展。二是与农村人居环境整治的关系。乡村振兴总要求中的“生态宜居”是对乡村环境的要求。推进美丽乡村建设，提升乡村“颜值”，改善乡村生态环境，必须要激发农民的政治参与积极性，在基层民主政治中体现责任担当意识和主人翁意识，调动村民以热情、激情、真情参与乡村环境治理，实现生态宜居的美丽乡村。三是与乡村治理的关系。乡村振兴总要求中的“治理有效”是对乡村社会治理的要求。农民政治参与是推进乡村治理能力现代化的重要保障。随着乡村治理体系和治理能力现代化的深入推进，乡村治理体系已发生明显变化，治理主体趋向多元、治理事务外延扩展、治理机制完善优化。这就要求农民要提高政治参与意识，主动发挥首创精神，在基层党组织的领导下参与决策乡村事务，促进乡村重大事务决策的民主化和科学化，共同打造“共建、共治、共享”的乡村治理格局，实现乡村善治。

综合以上来看，部分农村依然存在的固守传统、缺乏民主意识的价值观念直接影响着农村民主政治建设、基层党组织考核评价体系建设进程。乡土人情使得农村基层党组织内部的上下级关系较为轻视，农村党员干部往往为顾忌邻里乡亲人际关系的和谐，而不会严格按照党规党纪规范管理党员，这就影响着农村基层党组织的建设、党员先锋模范作用的发挥和乡村振兴战略的实施。因此，提高农村教育水平，提升农民文化素质，改变农民根深蒂固的传统价值观念就显得尤为重要。

二、评价体系建设主体积极性不高

基层党组织考核评价体系建设积极性不是简单的主观表现，是一个较为复杂的概念。它是基层党组织考核评价体系建设主体在对于党的建设的认识、作用、意义等内容掌握的基础上，所采取的一系列举措以及对举措落实效果的评价。基层党组织考核评价体系建设积极性高的主体必然是对党建认识、作用、意义等相关内容内化于心，外化于行，从而在建设工作中采取有力措施，以求达到基层党组织考核评价体系建设的坚定执行。农村基层党组织考核评价体系建设主体积极性的高低关系着乡村振兴战略实施的成色，当前，我国农村基层党组织考核评价体系建设主体积极性总体不高。

（一）农村基层受催化领导影响较深

所谓催化领导，即上级领导力的助推作用。农村基层党建的催化领导就是指农村基层党组织考核评价体系建设的开展往往受上级党委的领导推动，上级党委一旦加强对建设工作的重视，那么这种催化领导的效果就会传导到农村基层党组织，从而使农村基层党组织在催化领导的作用下加强对基层党组织考核评价体系建设工作的重视，并开始着手推动党建工作的落实，相反，一旦上级党委对于农村基层党组织的领导出现了松懈，甚至是空位，自然上级党委对于基层党组织考核评价体系建设工作的领导就会出现松懈，那么农村基层党组织同样就会放松对党建工作的开展。当然这种催化领导的效果是具有传导性的，农村基层党组织受其上级乡镇党委的领导，乡镇党委同样受其上级县委的领导，层层递进，层层传导，因此，农村基层党组织考核评价体系建设工作的开展效果不仅直接受上级乡镇党委领导力发挥的影响，还间接受乡镇党委的上级党委领导力发挥的影响，因此，加强各级党委领导力建设，加强催化领导的贯彻落实作用的充分发挥，对于农村基层党组织考核评价体系建设主体的培养具有重要作用。与此同时，催化领导的强化也会在客观上使农村基层党组织过分依赖其助推功能，从而使农村基层党组织考核评价体系建设工作的开展丧失主动性。

（二）农村基层人员游离公务员之外

农村基层党组织是中国共产党的基层组织，而我国公务员体制的最基层却处于乡镇一级，因此，农村党组织成员（行政村）并不在我国公务员体制范围内，相较于乡镇，农村党支部书记无法通过搞党建树政绩来获得行政级别上的晋升，只能通过定向招录的方式晋升国家公务员行列，这就使得农村基层党组织考核评价体系建设工作搞得好不好在政绩上无关紧要，也只是应付党内任务和上级党委检查而已，从而使得农村基层党组织考核评价体系建设主体积极性不高。

三、评价体系其他配套机制不健全

没有规矩，不成方圆。基层党组织考核评价体系对于加强和改进农村基层党组织建设有着根本性意义。部分农村基层党组织考核评价体系建设中出现的问题很大一部分是其他体制不健全引起的。

（一）激励机制不健全

缺乏规范有效的激励操作方式。农村基层党员干部身处振兴乡村第一线，担负着乡村繁荣稳定的艰巨任务，面临着纷繁复杂的基层工作事务，要想让基层党员干部对乡村振兴事业尽心竭力，势必要做到严管与厚爱相统一。农村党员干部的激励效果直接影响着他们干事创业的积极性，对于农村基层党组织考核评价体系的建设和乡村振兴战略的有效推进起着重要作用。当前，农村基层党组织激励机制建设缓慢，一方面是由于激励资源不充足。激励资源是农村基层党组织健全激励机制的重要前提。当前，农村党员干部在政治激励、经济激励和保障激励上都体现出日益增长的需求。但是，上级组织可以提供的激励资源却非常有限。政治上，村干部不属于国家公职人员，而且国家对于体制人员进出都有严格的文件规定，县乡两级在此类人事安排中话语权较小；经济上，没有专项激励资金，尤其在一些没有产业支撑、集体经济薄弱的村，村党组织没有其他经济收入来源，只能依靠上级财政补贴发放较少的岗位津贴。并且乡村振兴战略提高了农村基层工作的要求，工作任务明显增多，基层党员干部普遍面临着工作付出与所获报酬不成正比的问题。长此以往，挫伤着党员干部的工作积极性。农村基层党组织激励机制建设缓慢，另一方面是由于激励理念不够科学。我国农村基层在人力资源管理方面的理念还相对比较落后，激励措施主要集中在物质层面的激励，难以满足农村党员深层次的激励需求。而且随着乡村各项变革的扎实开展，破旧立新难免会触动既得利益，引发农民群众的不解、议论甚至反对，农村党员干部工作风险大、容易得罪人、晋升空间小。面对农村社会新情况，传统的激励方式如提高工资待遇、表彰表扬等所产生的激励效果大不如前。另外，当前对于农村党员干部更多注重正面激励，很少使用负面激励。只有正面激励和负面激励综合使用，才能使激励机制发挥出更大的效能。综上所述，由于激励机制的建设缓慢，使得部分党员干部感觉在政治上得不到厚待、在经济上得不到厚载、在荣誉上得不到厚爱，陷于“权小、事多、责任大”的困境中。“当干部要吃亏”的思想使农村党员干事创业的积极性和主动性逐渐降低，在落实上级党委的工作任务时，“嘴里喊得响，实际懒得想”，影响乡村振兴事业的推进。

（二）监督机制不完善

十八大以来，随着全面从严治党的深入实施，党风政风明显好转。但同时也要看到随着当前乡村振兴的全面推进，惠农政策的力度逐渐加大，惠农资金的数量逐渐增多，农村基层干部的“微腐败”问题难免会有回弹的“萌芽”。究其原因，主要是农村基层党组织在监督管理机制上仍然存在一些漏洞。首先是农民群众对民主监督权利行使不充分。农民群众享有民主选举、决策、管理和监督的权利，但在现实中农民群众行使监督权利却难以有合适的方法和条件，加之乡村社会难以绕开“情面”二字，有些情面放不下，就会成为群众监督路上的绊脚石，导致民主管理和监督在农村难以真正实现。其次是监督渠道不畅。对基层党员干部的监督渠道主要有上级监督和群众监督，从理论上来说，上级以权威约束下级是非常好的机制手段。当前，乡镇领导干部的晋升主要取决于完成区、县等上级任务的质量。上面千条线，下面一条针。乡镇政府要想高质量地完成区、县等上级安排的任务，还得主要靠各村党员干部的具体落实。但乡镇党委对农村党员干部又没有硬性“抓手”。于是，为了保证任务完成质量和保持村干部的工作积极性，乡镇党委往往会对一些农村党员干部的违规违纪行为选择“睁一只眼闭一只眼”。

部分基层党员干部违反“八项规定”和“四风”问题与乡镇党委的纵容默许是密切相关的。最后，农村监督的覆盖面比较狭窄。现有的监督机制覆盖面和针对性较低，对党员干部八小时内的监督机制已较为完备，而“八小时”以外的时间是违法违纪的“多发时段”，是党员干部腐败的“黄金时间”。只有全面拓宽监督领域，对农村党员干部“八小时”之外的公共场合行为、家庭生活道德作风等进行规范和约束，才能从根源上杜绝党内不良风气的蔓延。另外，虽然很多农村的村务监督委员会为维护农民利益应运而生，具有监督基层党组织的职能，但仍有不足之处：一方面是村务监督委员会的成员文化程度较低，相关的业务知识和工作经验较为缺乏，责任感偏低，监督效率不高，监督工作流于形式。另一方面，监督委员会成员的构成非正式化，不属于村里的正式干部，大多数成员为业余时间兼职出任，没有工作经费补贴，导致开展监督工作的积极性不高，监督力度大打折扣。

第六章　河北省农村基层党组织工作质量评价体系优化

本章为河北省农村基层党组织工作质量评价体系优化，共三节。第一节为工作质量评价体系构建的理论依据，第二节为工作质量评价体系构建的原则，第三节为提升基层党组织工作质量评价的路径。

第一节　工作质量评价体系构建的理论依据

一、绩效管理理论

绩效管理理论强调组织系统的整合，即通过整合组织资源来达成组织目标的管理学基础理论。绩效管理理论是于 20 世纪 70 年代引入公共管理领域，经过多年积累和发展，总结了大量实践经验，已经形成了扎实的理论成果。此外，绩效管理理论还陆续引入了组织行为学、经济学、政治学等其他学科的理论成果，夯实了理论基础。该理论将工资与工作成果挂钩，本质是想通过物质激励手段提升员工的工作效率。基于该理论基础，许多国家都将绩效管理念引入本国政府管理工作当中，特别是在公务员队伍的日常管理中。该理论的应用能够提高公务员的积极性和主动性，工作效率也随之得到了提升，不仅实现了公务员自身的能力提升，也节约了政府的成本，提升了政府的公信力。中国直到 20 世纪 90 年代才开始引入绩效管理理论的相关研究成果。绩效管理作为一种公共管理领域的理念，整合了新公共管理和政府再造运动中的多种思想和理念，与此同时也建立起了自身的制度基础和先决条件；绩效管理作为一种系统，其框架从战略规划角度将各种管理资源系统进行了有效整合，形成了多重价值和多重维度的综合性绩效评估体系。

绩效管理将个人利益与组织目标有效地整合在一起，通过实现共同的目标，来提升组织整体的业绩和组织中个人的业绩，在这一过程中，不仅实现了组织目标，也让员工实现了自我能力的提升和发展。在此就需要引入一个绩效管理的重要方法——平衡积分卡。平衡计分卡产生于20世纪90年代的美国，由美国哈佛大学教授Robert S. Kaplan和复兴全球战略集团总裁David P. Norto于1992年首先提出，之后在学界不断完善和发展，在企业中也得到了多方认可。平衡计分卡概念自1996年传入中国，2001年平衡计分卡作为战略管理的重要方法在中国的企业开始使用。这种管理方法从财务状况、客户管理、内部流程、学习和成长四个不同的维度将组织战略落实成为可操作的衡量指标以及目标值的新型绩效管理体系。平衡计分卡被誉为世界近75年来最重要的管理工具和方法，让传统的绩效管理方式从简单人员考核和单纯的评估工具转变成为组织整体战略的实施工具，是能够确保组织持续健康发展的管理工具。从党组织的绩效管理角度来看，对标企业的四个维度，内部流程，是指党组织内部的业务流程、保证组织内部绩效水平的关键是良好的内部业务运营秩序；客户管理，是指党组织为管理服务对象，即广大人民群众提供优质公共产品和公共服务的能力以及人民群众对党组织提供的产品和服务的满意度和信任度；学习和发展可以与现阶段党组织转型结合起来，在建立创新型和学习型党组织以及保持党组织内部和社会外部环境（物质、人员、信息、资金等）的良性互动方面具有借鉴意义；财务状况，是党组织必须考虑的重要一环，党组织在提供公共服务和公共产品的时候要将成本控制在合理范围之内，尽可能趋近于帕累托最优。

这种绩效管理模式，实现了个体目标和组织目标方向的一致性，充分发挥了组织内个体的主观能动性，使得组织内的个体不断提升个人素质和能力，提高业绩水平，聚沙成塔，最终在合力作用下，组织的整体绩效也自然得到了提升。但这也意味着为了完成绩效目标，就要落实好考核工作，将考核成果和目标结果，即将考核、晋升、奖励、激励等直接挂钩，甚至从更高层面的精神价值追求上去满足被考核者的需求，以便可以更好地发挥绩效考核的作用。

二、目标管理理论

目标管理理论由美国著名学者斯洛克在1967年提出，之后在实践中不断发展，理论成果也不断丰富。目标管理理论是过程激励理论中的重要分支理论，是通过设置目标来激励组织内成员取得满意绩效的理论，其关键环节在于目标设置。

组织的领导者设定好整个组织的整体目标之后，考核管理人员需要对组织整体目标进行解构，以化整为零的方式将组织整体目标转化到组织内部部门当中以及每个员工身上，之后再根据组织中每个个体完成情况按流程来考核、评价和奖惩工作，从而督促全体成员共同实现组织整体目标。因此，管理者在设置目标时应当遵循明确性和认可性两大原则，明确性，即要让组织成员明确目标的内容，以及清楚如何实现目标。认可性，即要让组织内成员认可目标，并愿意为实现目标而努力行动。目标管理理论引入党组织考核工作可具体表现为管理者根据党组织总体工作目标，按照职能承担、工作重点等原则，将总体目标有针对性地分配给各个部门和部门内的相关人员。若将目标管理理论引入考核体系，将单位目标分配到职能部门和相关人员并开展考核，不仅能够进一步明确各个岗位的职责分工，又能够将个人的岗位职责和部门的总体目标结合在一起，从而集体合力完成单位整体目标任务。另外，考核的时间间隔也可以随之进行调整，可以逐渐增加考核的频率，增加平时考核比重、频次。基于目标管理理论，将整体目标按照实施计划进行步骤分解，划分为周、月、季、半年这样的规律周期进行考核，既能够准确细致地评价个体阶段目标的完成情况，又能够促进单位整体目标的实现，也能够及时从完成情况中总结不足和缺失之处，找到薄弱环节和今后的努力方向。

根据以上原理，党组织根据自身的实际特点来制定符合自身实际的整体目标，并将整体目标一层一层地细分到每个部门里的个人，将组织、部门和个人目标有机整合在一起。通过平衡计分卡可以在一定程度上比较全面和系统地评价党组织在整个考核周期内的工作成绩，有助于党组织在体现政府效能、行使社会管理职能的过程当中找到问题，以便政府能够提升其整体绩效，实现政府的总体战略目标。

三、新公共管理理论

新公共管理的本质是基于顾客至上和公共责任理论，政府各部门职能的体现形式变得更加市场化，同时优化改造政府责任机制的主要特征是对绩效和责任的关注。

该理论为党组织绩效考核的产生和兴起提供了一定的理论支撑。新公共管理运动发生之后，在一定程度上使党组织与社会之间的关系发生了一定程度的变化，从而使人民对党组织的所作所为变得更加信任与理解。新公共管理运动后，党组织被认为是公共服务提供者，其重点也变为保证提供服务的质量与提高社会公共的满意度，从而使其政府行为能够为人民提供更优质的服务。同时在进行相关实践的过程中，很好地融入了竞争机制，使得相关的原则以及绩效管理和评估能够通过实践而得到更好的推广。在该活动之后，对党组织权力的规范不仅只是拘泥于死板的条文中，而是将在党组织管理中引进优化的市场机制中，以绩效目标控制代替原有的条文规定，进而满足人民群众对党组织的需求。

其次，绩效考核产生的源头是社会对党组织提出的的需求，但需求与供给往往是共存的，因此，党组织对自身供给能力的提升也是一项很重要的工作。在新公共管理运动后，党组织也开始将对自身的绩效评估置于较高的位置，与此同时，其理论基础和实践探索也在不断深入。除此之外，绩效考核人员能力等各方面的提升也为绩效考核的快速发展提供了良好的外部条件，使公众所需要的绩效考核得以更好地运行。

总而言之，此理论是将市场机制引入党组织管理，基于顾客至上的原则，在党组织管理中，顾客即人民群众，党组织为服务者。这一点，基于我国政府是为人民服务、对人民负责的主体来说是契合的。在该理论中，党组织职能和公共服务输出过程中市场化手段的运用，目的是建立一个高效、经济的党组织。而高效、经济的党组织则需要领导干部基于成本效益原则，在尽可能提高本地区经济水平的基础下，充分考虑人民群众的切实需求，以及关注生态文明情况，统筹多方面来推进当地经济的发展以及切实地将人民生活质量提升到一个新的层级。因此在对基层党组织绩效考核时，就需要将经济建设情况、民生情况、社会建设情况、生态文明情况等纳入基层党组织考核评价体系中。

四、新时代基层党组织建设的重要论述

（一）基层党组织的重要地位和作用

农村基层党组织在农村居于领导核心地位。办好农村的事情，推动农村发展，关键在党。党管农村工作是我们党的优良传统。习近平强调："农村基层党组织是农村各个组织和各项工作的领导核心"。[①] 农村基层党组织的地位与其自身所处的特殊位置和所起的重要作用密切相关。农村基层党组织之所以是党在农村的基础，正是因为其深入在农民群众之中。许多农村党员本身也是农民，他们最熟悉农村发展的实际情况，了解农民真正的生产生活需求，能够与农民群众打成一片，及时想办法解决群众难题。此外，农村基层党组织的地位还表现在职责使命上。农

① 2017 年 12 月 12 日至 13 日，习近平在江苏徐州市考察时的讲话.

村基层党组织负责领导农村各项工作和事务的开展；还担负着在农民群众中吸收、培养党员，对农村党员进行管理教育，以及壮大农村基层党组织的重要职责；肩负着全面领导农村改革发展的重大历史使命。

地位决定作用，作用巩固地位。农村基层党组织的地位和作用相辅相成，共同促进。通过不断巩固自身在农村的核心领导地位，保证作用的充分发挥，服务农民群众。同时，也要通过作用的不断发挥，领导农村基层治理，真真切切地为农村百姓解决实际问题，推动农村的振兴，将百姓团结在党组织周围，更好地巩固农村党组织的地位。第一，具有重要的基础和战斗堡垒作用。只有农村基层党建搞好了，才会更加牢固农村基础，党这艘航船才能更加平稳远航，驶向民族复兴的彼岸。第二，具有重要的桥梁和纽带作用。农村基层党组织与农村百姓进行直接有效地沟通联系，收集并反映真实情况。在农村中积极宣传普及党的理论知识，推动党的路线、方针、政策在农村的实行，促进乡村振兴。除此之外，还是连接群众和上级党组织的重要纽带，既要把群众的意见、农村的实际、政策的实施等情况及时地汇报上级党组织；同时还要把上级指示安排和答复及时地向农民群众反馈并解释说明。只有农村基层党组织的桥梁更加坚实，纽带更加牢固，农村的发展才会更加美好。

（二）村基层党组织党建的重要内容

第一，在政治建设方面，强调切实把政治建设放在首要位置，这说明政治建设的重要性，同时坚决不能动摇的是农村基层党组织领导核心地位，而农村基层党组织政治功能是需要继续强化和提升的；第二，在思想建设方面，强调思想建设处于基础地位，首要任务是坚定理想信念，只有这样才能做好思想建设工作；第三，在组织建设方面，强调农村党支部建设，提升组织力，加强支部建设、党员队伍建设，培养年轻党员，发挥带头人作用；第四，在作风建设方面，严格整顿不良风气，农村干部要为群众服务，坚持正确路线和观点，不断改进工作和生活中的不良风气，坚信改进作风、加强建设是一直不能间断的，是每个农村党员干部必须要做的；第五，在纪律建设方面，坚持纪律在前，牢记心中，要求全体党员必须严格遵守党的纪律，严格执行党的纪律；第六，在反腐倡廉建设方面，加强制度建设，用制度规范农村党员干部党风纪律。强调绝不允许腐败，对腐败惩治力度毫不手软；第七，在制度建设方面，严格制度执行和落实，深化改革，强化落实农村基层党建工作责任制。

（三）加强农村基层党建的重要意义

基础不牢，地动山摇。不论是当前，还是今后，开展农村工作，最关键的还是要加强农村基层党建，把握好这一点是非常必要的。第一，有利于不断夯实党的执政基础。习近平强调党要不断做好基层工作，把每一个战斗在农村一线的组织都建设得坚强有力。只有这样党的执政基础才能坚如磐石。第二，抓好农村基层党建，有助于全面推进乡村振兴。习近平强调："要加强和改进党对农村基层工作的全面领导，提高农村基层组织建设质量，为乡村全面振兴提供坚强政治和组织保证。"① 抓好农村党组织建设，可以筑牢组织振兴这一重要保障。在改革开放发展浪潮不断推进的过程中，正是因为农村党组织这一重要保障，助力农村取得了很大的发展成就，进行了我国小康社会的基本全面建成。之后，农村将朝着更高的目标继续发展前进。第三，加强农村基层党建，有利于开创农村社会治理新局面，从而更好地维护农村社会的繁荣稳定。实践证明，在完成党在农村的各项战略任务中，通过加强农村党建，能够推动任务的完成，取得更多优异成绩。例如，在脱贫攻坚的过程中，正是发挥了每一个农村党组织的作用，深入农民群众之中，领导和协调农村各组织的发展运行，实现了农村地区的如期脱贫。习近平总结指出："农村基层治理能力和管理水平明显提高，党群干群关系不断改善。"② 实践出真知，作为成功经验，必须加以巩固发展，通过加强农村基层党建，来实现和推进农村的进一步振兴。

第二节　工作质量评价体系构建的原则

考核评价体系在农村基层党组织的引入，是为了夯实党在农村的执政根基，完善农村基层党组织的各项功能，引领农村地区的全面振兴。但随着农村基层党组织考核评级体系的不断沉淀发展，农村基层党建在总体上呈现出复杂性与多样性，需要更为全面地审视考核评级体系与农村基层党组织的契合点，必须体现出差异性、严谨性、科学性与合理性，努力实现考核评价体系与农村基层党组织对接精准化与导向化。因此在提出优化对策建议时，应当遵循以下原则。

① 2020年9月17日，习近平在基层代表座谈会上的讲话.
② 2019年4月16日，习近平在解决"两不愁三保障"突出问题座谈会上的讲话.

一、政治性与科学性统一的原则

完善农村基层党组织考核评级体系，既要牢固坚守党的建设的“政治性”，以党的政治建设来统领党的基层组织建设，践行党全心全意为人民服务的根本宗旨，把党建作为最大的政绩，牢记农村基层党组织战斗堡垒的角色定位，加强农村基层党建对一切工作的领导作用，不断夯实党在农村地区的执政基础，也要充分体现考核评价体系的“科学性”，借助考核评价体系的目标管理、过程管理、考核评价、奖惩激励四个维度，运用科学的理论与知识，对农村基层党建进行全流程的优化。考核评价体系与农村基层党建的相互结合，不是二者之间简单的累加，而是要通过政治性与科学性的统一，实现“1+1>2”的效果，不断促成农村基层党建目标全域化、党建引领精准化、党建内容系统化、党建制度常态化、党建主体责任化、党建发展常态化。科学性表现为人们能够正确把握规律，依据规律做出科学准确的对策与决定。贯彻农村基层党组织考核评价体系科学性原则要这样做：一是学习并了解党的理论政策方针，了解农村基层党组织建设的要求，并以此为依据，建立健全现有农村基层党组织建设机制，从而指导考核评价体系构建；二是要敢于面对困难，迎接挑战，正确看待新时代农村基层党组织考核评价体系的不足以及面临的困境与挑战，加强党员素质教育与培养，坚持以人民为中心，考虑村民的利益，同时加强创新，创新现有工作机制，不拘泥于传统工作方式模式，增强农村基层党组织工作的科学性，以此来探索农村基层党组织考核评价体系建设；三是正确看待现有机制建设情况，结合新时代新要求，对现有机制评估，建立适合并能长期适用的考核评价体系，这样才能形成科学长效的考核评价体系，能够长期有效地促进基层党组织发展。

二、系统性与点面性统一的原则

建立健全农村基层党组织考核评价体系要坚持整体性原则，将农村基层党组织看作一个整体，农村基层党组织建设的各项机制是整体的各个部分，要优化基层党组织建设这一整体，协调各部分机制关系，使各机制发挥最大效用，从而形成长效机制。农村基层党组织考核评价体系的形成和发展，是一个综合整体发展过程，受到多重因素的影响，如基层党组织中党员素质不高、学习能力不强、党员干部个人作风因素等都会影响考核评价体系，影响机制执行力，而基层党组织工作考核评价体系发挥作用不强与考核、激励、监督机制不健全相关，良好的考核和激励措施能够督促基层党员干部发挥作用，努力工作，而良好的监督能够改善基层党员干部作风问题，所以农村基层党组织建设考核评价体系要从整体出发考虑，考虑不同因素的影响作用，充分调动党员同志、党员干部、农民、上级党组织的积极性，使各个机制相互协调，相互制约，使农村基层党组织建设的各项机制有机结合，健全完善考核、激励、监督机制，形成一个完整有效的机制链，使各项机制相互促进，共同发挥作用，形成农村基层党组织建设的长效机制。通过考核评价体系发挥长期作用，促进基层党组织建设。

农村基层党建作为我国党的建设大局中的重要组成部分，在整体上要充分贯彻党和国家的方针政策，从党的建设全局工作的系统性出发，坚持与中心工作同步谋划、同步部署、同步考核，从而确保农村基层党组织考核评价体系的建设方向不偏移。但为了能够体现农村地区党建工作的真实情况，对农村基层党组织的考核评价不仅要分类区别，更要因地制宜，考量不同农村地区党组织的主要任务、工作重点及党建特色等等，做出合理科学的选择，找准当地基层党建工作的着力点、落脚点。在农村基层党组织考核评价体系中，要坚持农村基层党组织考核目标管理、过程管理与奖惩激励的系统性，每一个方面都是农村基层党组织考核评价体系中不可或缺的一部分，同时也要注重每个方面出现的农村个性化特点，在考核评价体系中，构建配套的考核程序、监督体系及激励机制，保证考核评价体系的有效运行，做到系统性与点面性的统一。

三、公正性与公开性统一的原则

农村基层党组织考核评价体系需要公正性和公开性两者作为有力支撑。农村基层党组织考核评价体系的运用不是关上门来进行的“内部工程”与“面子工程”，而是面向广大农村群众的自我考核，是为人民群众交上的一份党建工作成绩单。为了加强党与人民群众的血肉联系，让农村基层党建更为透明，需要在农村基层党组织考核评价体系设定、指标选取时，征求多方意见，力求解决农民的迫切需求，促进农业经济的稳步发展，发挥党建的引领作用，带领农村地区实现治理现代化。在过程管理中，夯实农村基层党建的各项制度，着力进行监督机制的完善，引入多元主体参与，尤其注重群众参与，保障农民群众的民主权利。在考核过程中，真抓实干不弄虚作假。在奖惩激励中，公开考核结果，通过奖惩激励手段，激励先进，惩戒落后。在农村基层党组织考核评价体系的各个环节中，都应本着公开、透明、公正的原则，自觉接受人民群众的监督，促进农村基层党建的不断提升。

四、实事求是与时代性统一的原则

建立健全新时代农村基层党组织考核评价体系要坚持实事求是原则，从农村实际情况出发，探索农村基层党组织考核评价体系建设和发展的规律。首先，要坚持实事求是的精神，基层干部要具备实事求是的精神，只有具备这样的精神，在精神上丰富了，才能从村民利益出发，以人民为中心，才能将理论结合实践、理论指导实践，提高机制执行力，建立健全考核评价体系。其次，在工作上要实事求是，不能弄虚作假，要调查了解农村基层党组织建设的实际情况，把握特点，理解内在规律，这样才能在建立健全考核评价体系过程中找到重点，有针对性地解决问题，改善工作作风，从而使现有机制建立健全，使之长效化，能够长期实行，促进基层党建。最后，要将实事求是落到实处，加强日常管理，完善组织管理，完善考核体系，使考核和激励机制长效化，长期激励督促基层干部发挥作用，激励农村基层党组织加强建设；加强监督，完善监督机制，使监督机制能够适应农村基层党组织建设现状，真正发挥作用，形成长效监督机制；完善决策机制，向村民公开征求意见，并真正反馈意见，集体开会讨论村民提供的意见，采纳有效且实用的意见，这样才能真正做到决策取之于民、用之于民。

建立健全农村基层党组织考核评价体系还要坚持时代性原则，紧随时代脚步，了解时代变化，把握时代规律、特征，走在时代前沿，立足长远目标。农村基层党组织在农村工作中发挥着领导作用，要将农村实际与时代特征相联系，着眼于考核评价体系建设长效性，与时俱进建立健考核评价体系。贯彻农村基层党组织考核评价体系时代性原则具体需要这样做：第一，农村基层党组织建设考核评价体系要立足长远目标，完善现有机制，与时俱进，结合时代特征，构建长效机制；第二，要把时代性的原则贯穿于农村基层党组织考核评价体系构建的全过程，使农村基层党组织建设的考核评价体系不断随时间、条件的变化而变化，适时调整，促进农村基层党组织建设。

第三节　提升基层党组织工作质量评价的路径

一、完善党组织引领乡村振兴机制

农村基层党组织考核目标的设定要做到与乡村振兴战略总要求的同步谋划，充分发挥农村基层党建对乡村振兴的引领作用。首先要在目标设定中保障农民群众的广泛参与。要从整体程序上调整传统的管理办法，结合科学的目标管理理念来设定党组织考核目标，促进考核目标的科学性和合理性。在目标设定过程中，改变原有“自上而下”目标层层分解的行政式目标设定方法，在强调各级基层党组织与党员的积极参与的基础上，吸纳农民群众、村社居委会等主体的参与，展开广泛的意见征集，实现共同谋划，加强纵向与横向沟通，尊重农村真实需求，使考核目标真正与农村地区的真实情况相契合。在具体的目标制定程序上，可首先由上级党委牵头，由组织部考评办根据村党组织年度工作要点设定农村基层党组织的第一级目标与第二级目标，主要目的在于指明党组织工作的方向及主要目标。之后由下级党组织交叉循环讨论，下级党组织讨论后将考核目标向全体村民进行公示并进行投票，结合村民意见与建议达成共识后初步拟定第三级目标，再重新返送上级进行综合整理。目标的制定在上下级党组织之间与农村村民之间进行多环节的沟通，最终取得共识，制定出科学合理、贴合实际、重点突出的农村基层党组织工作考核目标。通过自上而下、自下而上双向构建与同级之间的循环交流形成的目标设定方式不仅杜绝了考核目标的盲目模仿与传达，体现出了地区特点，并且杜绝了考核目标的“层层加码”，更能够保障农村村民的政治权利，调动农村地区基层党组织和党务工作人员的工作积极性，使考核目标更贴合人民群众的真实需求，通过广泛基层民主参与，增进农村基层党组织对考核目标的认识，有利于考核目标的高效完成。

其次，在农村基层党组织功能发挥上，要突出党建引领功能的目标设定。在目标设定时，对农村基层党组织工作维度进行划分，可以将农村基层党组织工作划分为党建工作、党的建设、党建引领三个维度，在各个维度中再细化目标，使目标体现出多维度特点。也可以结合农村基层党组织工作目标管理实践，将考核评价客体进行划分，对农村基层组织进行分类，并针对各农村基层组织的政治性、规范性、功能性等各项能力进行下一步的考核评价。党的引领功能发挥由于概念较为抽象，可具体划分为农村基层党建引领乡村振兴成果、引领精神文明建设、党员引领作用发挥等多个方面，并以贫困户消除数、村社精神文明活动开展数、党员帮扶群众次数等作为三级指标，将抽象化指标进行量化，确保党建引领能力在目标设定中得以体现。

最后，农村基层党组织考核目标可结合乡村振兴战略指标体系进行选定。农村所处环境和本身性质的特殊性决定了农村基层党组织工作目标的独特性，要与其他类型的党组织进行区分。农村基层党组织要为乡村振兴“保驾护航”，打造“产业兴旺、生态宜居、乡风文明、治理有效、生活富裕”的新农村。因此，农村基层党组织工作目标必须基于农村实际，聚焦乡村振兴的总要求设置目标内容。具体设定中，可以划分出如发展绿色农业、发展农村集体经济、深化农村改革、改善农村人居环境、推进农村精神文明建设等多个方面的一级目标，之后对一级目标进行分解，考核在党建引领下重点帮扶农村低收入农民户数、带动农村集体经济年收入增长幅度等进行二级及三级指标设定。通过将农村基层党组织与乡村振兴战略的精准对接，将农村基层党组织工作目标与乡村振兴战略的各项重点任务相融合，以具体的目标及指标来体现，并细化具体的可操作指标，同时在实施过程中采取强有力的管控措施，及时修正发展偏差，保障乡村振兴战略在农村基层党组织引领下沿着正确的轨道实施。

二、优化基层党组织绩效考核环境

基层党组织考核关系到基层党组织队伍整体素质的提升，关系到基层政府服务民生的落实，关系到国家治理现代化的有效推动，进一步优化基层党组织考核环境，事关服务型政府的构建。更新基层党组织考核理念、不断优化基层党组织考核机制，是优化考核环境的重要因素。为保障基层党组织考核管理落实有力，优化基层党组织考核环境势在必行。

（一）更新基层党组织考核理念

基层党组织考核讲求与政府管理之间的协调统一，需要平衡个人、组织、政府、公众之间的相互关系，在考核目标设置时形成协调统一的评判标准，形成德、能、勤、绩、廉五位一体的考核体系。但是，基层工作的特殊性、复杂性，决定了基层党组织考核不能单纯地唯结果论，基层政府作为上级政策与落实效果交汇的主阵地，基层党组织的整体素质、基层政府的执政能力决定了政策落实的实际效果。针对不同地区的基层党组织，考核以完成工作实绩为要义，辅以合理诉求的满足、个人能力的提升、综合素质的提高，进而体现在基层党组织服务水平的改善、执政能力的增强、治理能力的现代化上。做好基层党组织的考核，从德、能、勤、绩、廉五方面全方位着手，通过考核激发基层党组织干事创业的积极性，通过考核提高基层党组织成员个人的思想道德业务素质，通过考核保障基层党组织成员个人的发展和需求空间。因此，考核体系的建设应当以提升基层党组织效能为目标，从增强工作实绩出发，针对不同的考核对象，制定特定的考核办法，在考核中基层党组织潜能、改善基层党组织工作环境、提升基层党组织队伍整体素质，实现整体与个人的双提升、双保障。

（二）不断优化基层党组织考核机制

针对考核法制不健全、体系不完善、层次不清晰、权责不明了、考核方式落后等现状，在不违背基层党组织考核原则的大前提下，逐步施行动静结合、量性结合、传统考核与信息化考核相结合的考核方式，从法治化、制度化着手，令考核有法可依。其中，最基础的两点，一是考核有法可依，将基层党组织考核法治化，为基层党组织考核提供法律保障；二是考核办法因地制宜，不论是设置专门的考核机构还是出台具体的考核办法，都要与当地实际相结合，充分考虑各考核要素的全面、客观性，从目标设置到最后的考核结果运用形成完整的绩效考核机制。

第一，健全执行机构。我国基层党组织考核没有专门部门负责，一般是由组织部门兼顾这一方面工作，这是我国基层党组织考核中的一大弊端。没有专门的机构负责此项工作，日常考核如何实现，基层党组织成员个人考核历史如何记录，基层党组织工作实绩如何统计，这一系列的问题随之而来。设置专门负责绩效考核的专业部门，一方面实现基层党组织考核的全程记录，另一方面实现基层党组织考核的高效管理，从而保障考核落到实处。

第二，推进社会监督。为了考核能够公平、公正的进行，一个完善的考核监督体制是非常有必要的，设置专门监督机构，负责监督管理开展考核工作。不断完善考核制度，监督管理工作开展，从体制内发现问题，整改问题。现阶段，基层党组织是直面群众的第一人，是为人民服务的主体，与其他组织有着本质区别，其社会价值实现应当远远高于其自身价值的实现。基层党组织工作考核要充分结合公共服务，提高社会公众的参与度。广泛开展群众监督，积极引导公众参与。将群众监督作为监督体制中的重要环节参与到基层党组织考核中，明确其监督范围，提供其信息反馈渠道，借助自由畅通的网络媒介，更加高效地实现群众监督。引入负面清单制度，定期开展公开活动，让公众参与到考核中，不断建言献策。为考核工作拉清单，列整改事项，不断优化考核体系，保障考核结果公平公正。

三、科学系统地运用目标管理机制

在具体性方面，不论是在公共部门还是其他领域，目标设定或是指标的选取在很多情况下都存在着无法量化的问题，但这并不意味着这些目标及指标就只能以无法确定的形式存在。农村基层党组织指标应当重点突出、清晰明确，尽可能增加其中可测定要素的比重，目标表述是否清晰具体在设定第三级目标时显得尤为重要。在可测量性方面，指标要能够与后期的考核评价环节相契合，制定出在维度、数量、时间等方面可测的农村基层党组织工作指标，从而确保考核评价的进行，保证评估目标得以实现，并以此为标准进行党组织工作指导与优化。在可实现性方面，可实现的指标也可称之为适度的指标。在党组织工作目标设定和向下级分解时，指标完成的难易程度应当进行综合的考量。目标与指标设定过高、难度过大，不仅不易实现，同时会让党组织及党员队伍产生挫败感；而设定过低、难度过小，不仅无法得到发展与进步，同时也会让党组织丧失成就感，无法激发基层的活力与创造力。在相关性方面，设定党组织工作目标的目的是为了更好地引导各基层党组织进行自我提升，从而向党组织工作的总体目标不断迈进，这就要求每一层级的指标不仅要根据上一级的目标设定进行规划，同时要与农村地区重点工作相契合，既能体现全局谋划性，又不忽视重点，使设定的目标能够全面、系统地反映农村党组织各项工作的总要求。在时限性方面，农村基层党组织工作目标的完成虽然是一项长期性的、系统性的工程，并不是一朝一夕可以达成的，但在指标设置上仍然要具有时间限制，根据工作任务的权重具体拟定出完成指标的时间要求，考核评价监督小组以此来定期检查各项指标的完成进度，及时掌握党组织各部分工作的进展情况，从而更好地根据实际情况进行工作指导与修正调整工作目标。评估指标符合“具体化的、可度量的、可实现的、相关的、有时限的”要求的三级指标。例如在对农村基层党组织干部、组织、人才工作进行评估时，在二级指标“领导班子建设”“党员干部思想教育”及“支部规范化建设”中，可在定性与定量相结合的基础上，科学设置具体、可以度量的操作指标，体现目标的成果导向，并强调上下级之间共同参与目标的制定、实施、控制、检查和评价。

基于关键指标法进行指标制定。在指标的制定与选取方面可以充分结合企业绩效管理中的“关键业绩指标法”进行农村基层党组织工作中的指标制定。在帕累托提出的 80/20 法则中，其认为约仅有 20% 的变因操纵着 80% 的局面。因此引入到农村基层党组织工作领域中，可以间接得出在指标的设定时，应当将 80% 的资源利用率投放至 20% 的关键行为中，从而能够有效优化整体的农村基层党组织。采用这种方法的最终目的是为了实现整体农村基层党组织的工作目标，它的核心内驱动力是对于农村地区党组织工作的核心事件进行指标设定，在实质上就是抓住主要矛盾来解决主要问题。首先第一步要对指标进行提取，从农村基层党组织的职能职责、目标、工作任务等方面提取对农村基层考核产生重要影响的指标要素。第二步进行指标筛选，从强化农村基层党组织功能与引领乡村振兴战略的目的出发，通过反复筛选，保留最具有考核性、代表性的关键性指标。第三步进行指标的审核工作，对指标的效力进行审核，确保指标具有客观性与可操作性。第四步为设定指标评价标准，将各项指标融入考核的各个维度，并根据指标的重要性与完成难度进行赋分。对一些不好量化的内容，则通过变换考评主体等方式来达到考评目的。根据各个农村发展情况的不同，选取关键指标，抓住农村发展过程中的关键矛盾。在指标量化方面，增强指标的动态性与可操作性，明确规定完成时限，激发农村基层党组织的创造力，使指标完成更加高效。同时在指标转化方面，尽可能对指标进行量化处理，使农村基层党组织的工作结果更加直观，为后期的考核评价工作提供便利。

设定群众评议与党组织工作创新相关指标。在指标体系中，明确划分出关于群众满意度及党组织创新引领的指标。群众对农村基层党组织工作的肯定才能切实体现出农村基层党组织的实际效果，可将概念化的定性指标纳入群众满意度指标中，例如设定群众对支部书记工作满意度、群众对党支部满意度等指标。同时要针对党组织工作创新能力进行指标划分，区分党组织基础性工作与创新工作，通过评估农村基层党组织与农村党员的创新能力与创新意识，以在实践中做出的突出成果或推广经验作为加分项进行赋值，为党组织“红色引擎”注入源源不断的动力。

四、提升基层党组织绩效考核技术

（一）引入信息化管理平台

随着云计算、大数据分析等新技术的广泛应用，越来越多的考核管理依托信息化管理系统开展，基层党组织的考核体系也需要信息化系统的支撑。第一，实现考核对象责权到人，进一步优化管理结构。在明确考核内容方面，依托信息化管理系统，可以实现对部门构架、岗位职责、个人分工的三级管理，明确工作职责、工作内容、工作标准。该干什么事、干了多少事、有什么成效，一目了然，进一步加强基层党组织的考核，优化政府职能。

第二，实现党组织考核标准的动态管理，进一步加强人员管理。通过考核标准动态化管理，有效突出重点工作，着重考核重点任务，对党组织的工作实绩有一个客观评价。动态标准的设立，更能激发党组织阶段性工作的积极性，有利于政府部门开展急难险重任务，提升基层政府的执政能力和服务水平。

第三，实现党组织考核的纵向对比，进一步展现党组织能力。通过考核信息化系统的记录，党组织成员个人履历、工作实绩、突出贡献、奖惩情况等诸多评价一一列出，通过数据对比，展现个人发展历程、能力提升经过等数据信息。同时，在急难险重任务过程中，党组织成员的具体表现被记录，可以作为识人用人的重要参考，有利于组织部门发现真正的人才。

第四，保障党组织考核的客观公正，进一步激发人才潜力。通过考核信息化系统的数据分析，一方面可以公开公正的评价党组织的具体工作实绩以及党组织成员的个人品行，同时，也对党组织成员的个人能力、整体素质、潜在效能进行深入直观的了解，将日常管理与党组织成员个人能力挖掘有效结合，进一步实现人员能力的提升和重点锻炼。

（二）依托专业评价机构

现阶段我国多数基层政府没有成立专门机构从事考核工作，没有专人负责考核，这对考核体系中资料库设置的影响较大，而考核资料库则是整个考核体系中的数据中心。

第一，政府部门职能分析、责任明确需要专业人员的参与。在考核体系中，考核的内容是由各部门的具体职能、各岗位的具体职责、各个党组织成员的德能勤绩廉的具体表现来决定，如何对其分类分析、体现个体差异，需要专业人员的参与。党组织考核作为公共管理、人力资源管理中的重要课题，其理论基础、管理模式有着相通之处。因此，在对部门职能构架、岗位责任区分、个体能力体现等方面，需要这一方面专业人才的支持。

第二，考核体系构架分析、考核标准细化量化需要专业技术的支持。考核一方面要实现党组织考核，另一方面要体现考核结果客观公正。因此，考核内容科学、规范，考核标准客观、合理显得尤为重要。针对考核内容构架和具体的职能划分，如何对其考核标准量化赋分，预估整个考核体系运行成效，需要有大数据分析系统的技术支持。

五、强化党组织绩效过程管理机制

（一）夯实责任倒逼机制

首先要明确农村基层党组织“责任清单”，紧扣基层党组织书记这一关键，从不同层面、不同主体建立抓农村基层党组织工作的责任清单，将任务工作细化到个体，党组织书记落实好“第一责任人”的责任，班子成员落实好“一岗双责”，推动全面从严治党管党的主体责任向农村工作各领域各行业的延伸。构建统一领导、密切配合、统筹协调、分层落实的基层党组织工作责任体系，夯实责任全覆盖的基层党组织工作格局。其次，根据农村基层“任务清单”划定任务。党组织围绕中心任务，并结合农村基层党组织工作实际，研究制定年度党组织工作要点和重点任务，并分领域、分层级签订党组织工作目标管理责任书，明确各级党组织抓基层党建工作的任务、措施、时限和目标要求。在此过程中进行明察暗访、不定时巡查抽查，结合述评制度与约谈制度进一步倒逼党建责任落实。再者是通过“问题清单”树立正确的价值导向与问题导向。通过自查自省、述职评议及意见征集等多种方式，找寻农村基层党组织中存在的突出问题与薄弱环节。对照问题清单，一条一条抓整改、一项一项抓落实，以突出问题的整改推动农村基层党组织全面提升。

要狠抓各种农村基层党组织制度建设。狠抓农村基层党组织“一岗双责”制度，充分落实农村基层党组织工作责任，对党组织工作进行明确。督促农村基层党组织书记坚持党建工作与业务工作同谋划、同部署、同考核，将每条战线、每个领域、每个环节的党组织工作抓具体、抓深入。夯实书记述职评议制度。党组织书记抓党建述职是加强党的建设的一项重要工作，对于提升书记思想觉悟与行动自觉有着重要的意义。在制度中，农村党组织书记要依据工作职责、季度年度重点任务、自身查摆问题等内容进行述职汇报，对于基层党组织重点、难点、堵点问题进行探讨，并提出解决办法，对下一步的工作措施提出构想，坚持落实书记调研党组织工作的制度。为了能够真正促使基层党组织书记明确农村基层党组织工作“抓什么、怎么抓、抓到什么程度”，使党支部书记搞清楚工作中的矛盾、短板、弱项，搞清楚党员干部群众的真实需求，做到有的放矢、精准施策，便要进一步强化调研制度的落实，围绕农村基层党组织存在现实问题，开展重点研究，不断强化责任意识，充分发挥示范引领作用。

与传统的将农村基层党组织绩效管理结果作为落实党组织工作责任制度不同，以“责任清单”制度狠抓各级党组织的责任意识，使农村基层党组织书记在党组织工作开展的全过程中肩上有责任、有任务、有压力，倒逼党组织书记由原来的“被迫抓”转变为主动抓、用心抓，以此落实党的各项任务，形成农村基层党组织工作新局面。

（二）强化竞争创优机制

引入竞争机制，将党组织工作项目竞赛作为农村基层党组织绩效过程管理的又一项创新举措。通过党组织工作项目竞赛评比，增强各农村基层党支部的创造力与创新能力。以过程方法的视角，将党章党规、制度政策、群众提出的各类要求横向理解为农村基层党组织工作的需求，农村基层党组织工作的最终目标就是持续稳定地满足这些需求，将这些具体的需求划分为若干与之关联的项目活动，通过控制项目开展中的输入输出，评估各农村党组织的执行能力。在具体过程中，首先对农村基层党组织工作的项目进行分类，可将项目划分为基础强化项目、创新探索项目、典型推广型项目，也可根据乡村振兴战略的总体要求，划分为党组织引领产业振兴项目、党组织引领组织振兴项目、党组织引领人才振兴项目等。之后进行项目构建与实施，在此过程中主要针对农村基层党组织工作项目的可实现程度进行评估，核算资源投入力度，制定项目开展计划及预期效果。明确党组织工作项目“做什么、怎么做、谁来做、什么时间做、做成什么样、做得怎么样”。最终通过对项目过程管理的成果分析与反馈，进行各农村基层党组织的党组织工作项目进行评比，有针对性地制定和实施改进提升措施，设定具体的等级划分与奖惩细则，强化竞争思维，形成浓厚的农村基层党组织工作氛围。

（三）重构标准运作机制

流程再造在农村基层党组织绩效管理机制中，以追求农村基层党组织工作最优化为目标，打破原有的不合理的管理方式与运行过程，实现在农村基层党组织结构、党建工作体系方面的标准化运作。在农村基层党组织构架中，首先进行农村基层党组织的标准化建设，切实剔除“空壳支部”，拆分“超大支部”，严格按照要求进行基层党组织组建。其次在村级党组织中，突出党组织工作联盟的建设。随着基层党组织工作的创新发展，如今众多农村地区形成了村与村、村与组织、村与企业等多种形式组成的党组织工作联盟，通过整合资源、高效沟通、同频共振推进农村基层党组织创新。由于农村基层党组织组织结构的变化，农村基层党组织工作也要在工作体系及流程中做出优化，在此过程中要不断梳理党组织工作的运行制度与长效机制，根据农村基层的真实情况，做出制度层面的优化，出台相关法规政策，将农村基层党组织中出现的新主体、新思路融入其中，并制定出与之配套的各项具体工作内容及流程。同时根据农村基层党组织工作中的各个部分要素进行串联，对各个环节进行把控。

（四）完善信息管理机制

首先，加快创立党组织工作绩效管理专用平台。农村党组织工作绩效管理机制的发展应当与现代信息技术进行完美结合，在此过程中，应当进行“绩效考核评价系统”的开发建设，通过平台建设，由各个农村基层党组织进行定期反馈，对各村党组织工作的日常督查、专项检查、半年考核及年终考核，在考核评价时通过平台上传绩效数据及资料，吸纳多元主体进行网上评价，精简考核评价环节，真正实现考核工作的公正化、公开化、电子化、网络化。其次，增强电子党务普及力度。电子党务的使用对当前农村基层党组织工作起着重要的推动作用，不仅能大幅度提升管理工作效率，同时能够形成党组织工作信息的沟通与共享。再者，优化党组织工作电子台账。部分党组织进行考核评价时，往往通过查阅资料台账记录来获取信息及数据，因此针对农村地区党组织工作考核评价，应当优化党务电子台账，强化目标，优化流程，内容应当涵盖村党支部年度重点工作计划、党建工作责任清单、党员基本信息登记、党员积分制管理等多项内容，及时根据工作进展进行信息更新，以便考核评价时作为考核依据，同时也要做好“监督核算”功能设置，上一级党委可运用电子台账对各支部工作情况进行跟踪监督，便于及时发现问题，精准修正。

参考文献

[1] 卢大洋，李凤 . 乡村振兴背景下数字农业发展的路径研究 [J]. 南方农机，2022，53（04）：116—118+121.

[2] 张波 . 乡村振兴背景下农村返贫治理机制研究 [J]. 南方农机，2022，53（04）：85—89.

[3] 马柳丹 . 乡村振兴视域下基层社会治理创新路径研究 [J]. 南方农机，2022，53（04）：82—84.

[4] 丁姝言，丁云峰 . 做好人居环境整治为乡村振兴夯实基础 [J]. 中国农机监理，2022（02）：37—38.

[5] 曲吉 . 民族地区乡风文明建设研究 [J]. 农村 . 农业 . 农民（B 版），2022（02）：21—22.

[6] 弓珊珊 . 乡村振兴战略下农村精神贫困问题略论 [J]. 农村 . 农业 . 农民（B 版），2022（02）：33—34.

[7] 董亚婷，刘新国，陈福和 . 新发展格局下支持乡村振兴的路径 [J]. 农业发展与金融，2022（02）：45—48.

[8] 李新建 . 乡村振兴战略背景下农业经济发展机遇和对策 [J]. 山西农经，2022（03）：73—75.

[9] 敖翔 . 论新时期乡村治理"体系化"[J]. 农业经济，2022（02）：48—50.

[10] 张琳 . 试论如何以基层党建引领乡村治理 [J]. 理论观察，2021（12）：70—72.

[11]2021 年青年英才培训班（第二期）第四课题组 . 基层党建助力乡村振兴路径初探 [J]. 农业发展与金融，2021（12）：62—63.

[12] 孙伟 . 党建引领乡村振兴的实践——基于青岛市即墨区的调研 [J]. 乡村论丛，2021（06）：73—78.

[13] 王玉胜 . 夯实党建基础促进乡村振兴 [J]. 河北农业，2021（12）：10—11.

[14] 贾绍俊 . 强化农村基层党组织建设助推乡村振兴 [J]. 淮北职业技术学院学报，2021，20（06）：13—16+21.

[15] 魏战刚 . 乡贤文化助力乡村振兴的诗上庄样本解析 [J]. 河北农业，2021（12）：

40—41.
[16] 张力 . 抓党建促乡村振兴的路径探索 [J]. 旗帜，2021（12）：53—54.
[17] 赵红革 . 引领激活乡村振兴“加速度”[J]. 中国经济评论，2021（Z1）：146—147.
[18] 马林冲，苗志娟 . 习近平关于农村基层党组织建设重要论述的理论脉络、丰富内涵及其重大意义 [J]. 老区建设，2021（22）：3—10.
[19] 张磊，唐菊花 . 新时期以组织振兴引领乡村振兴的思考 [J]. 农村经济与科技，2021，32（21）：237—238.
[20] 申战 . 加强农村基层党建助力乡村振兴的路径探析 [J]. 农村经济与科技，2021，32（21）：245—247.
[21] 汤晓晖 . 乡村振兴视域下农村基层党组织建设提升研究 [J]. 农村经济与科技，2021，32（21）：220—223.
[22] 叶伟 . 加强农村基层党建扎实推进乡村振兴实践探究 [J]. 农家参谋，2021（22）：5—6.
[23] 黄承伟 . 党建引领乡村振兴的发展方向 [J]. 乡村振兴，2021（11）：22—25.
[24] 张力，庄甲坤 . 乡村振兴战略背景下农村基层党组织建设研究 [J]. 中国延安干部学院学报，2021，14（06）：102—108.
[25] 张铮，何琪 . 从脱贫到振兴：党建引领乡村治贫长效机制探析 [J]. 中国行政管理，2021（11）：37—42.
[26] 饶静 . 数字乡村建设有效提升乡村治理水平 [J]. 农村工作通讯，2021（21）：29.
[27] 姜鹏飞 . 强化党建引领助力乡村振兴 [J]. 支部建设，2021（34）：42—43.
[28] 袁建伟，曾红，蔡彦等 . 乡村振兴战略下的产业发展与机制创新研究 [M]. 杭州：浙江工商大学出版社，2020.
[29] 徐月萍，张建琴 . 乡村振兴背景下乡村群众文化阵地建设 [M]. 南昌：江西高校出版社，2019.
[30] 蔡竞 . 产业兴旺与乡村振兴战略研究 [M]. 成都：四川人民出版社，2018.